rororo

Endlich zu Handlungsfähigkeit und Selbstvertrauen im Finanzdschungel! Dieses Buch zeigt dir Schritt für Schritt, was du tun musst, welche Infos du brauchst und worauf du achten musst, um Kosten- und Risikofallen zu umgehen und dein Geld erfolgreich langfristig anzulegen. Es beantwortet alle Fragen – von der Wahl des Girokontos, der Einrichtung von Sparplänen, der Auswahl eines ETFs bis hin zur gezielten Anlage eines Vermögens und der Auszahlung der Anlage im Rentenalter. Thomas Öchsner zeigt dir, wie du dein Geld überlegt und nach deiner individuellen Risikolust mehren kannst.

Thomas Öchsner ist seit mehr als 30 Jahren Wirtschaftsjournalist, zunächst bei der *Münchner Abendzeitung*, ab 1999 bei der *Süddeutschen Zeitung*. Dort leitete er das Finanzteam in der Wirtschaftsredaktion und entwickelte den Newsletter «SZ Geld» sowie das Magazin *GELD*. Seit 2021 arbeitet er als selbstständiger Autor für die *SZ* und andere Medien.

Thomas Öchsner

DEIN GELD KANN MEHR!

Endlich loslegen, clever investieren,
sorgenlos profitieren

Rowohlt Taschenbuch Verlag

1. Auflage

Originalausgabe
Veröffentlicht im Rowohlt Taschenbuch Verlag,
Kirchenallee 19, 20099 Hamburg, März 2026

Covergestaltung zero-media.net, München
Coverabbildung FinePic®, München
Satz aus der Milo Serif Pro
bei Dörlemann Satz, Lemförde
Druck und Bindung GGP Media GmbH, Pößneck
ISBN 978-3-499-01885-5

Kontaktadresse nach EU-Produktsicherheitsverordnung:
produktsicherheit@rowohlt.de

MIX
Papier | Fördert gute Waldnutzung
FSC® C014496

INHALT

Vorwort 9

KAPITEL I: Warum so viel Geld ungenutzt auf deutschen Konten liegt – und wie sich das ändern lässt 13

Die Zukunft ist weit weg 17
Die Angst vor dem ersten Schritt 19
Die Angst, nicht genug zu wissen 21
Die schlechten Erfahrungen 23
Ein paar Tipps, um endlich loszulegen 25

KAPITEL II: Was du checken musst, bevor du loslegen kannst 31

Der Kassensturz 33
Der Versicherungscheck 35
Die Vorsorgelücke berechnen 42
Mieten oder kaufen? Warum es dabei nicht nur ums Geld geht 48
Die eigene Risikobereitschaft ausloten 56
Die persönlichen Ziele definieren 63
Nicht länger warten – jetzt handeln 67

KAPITEL III: So nutzt du Girokonto, Tagesgeld, Festgeld und Depot richtig 69

Beim Girokonto fängt das Sparen an 70
Der Weg zum passenden Tagesgeldkonto 76
Mit Festgeld flexibel bleiben 86
Das passende Wertpapierdepot finden und eröffnen 107

KAPITEL IV: Der Einstieg in ETFs und Aktienfonds – so geht's 121

Gelassen und klug in Aktien-ETFs investieren 124
Wie der Kauf von Aktien-ETFs abläuft 159
Wie du einen Sparplan einrichtest 165

KAPITEL V: Große Beträge klug verteilen: Die Baukasten-Strategien für unterschiedliche Anlegertypen 173

So lässt sich eine große Summe anlegen 179
Sicherheitsbaustein und ETFs individuell kombinieren: Drei Musterbeispiele 203
Einmalanlage oder Sparplan: Was ist besser? 216
Rebalancing: Was dem Pantoffel-Portfolio guttut 222

KAPITEL VI: Wie du dein Geld in ein Zusatzeinkommen verwandeln kannst 227

Mit einem Bankauszahlplan das Monatseinkommen erhöhen 231
Warum es oft keine gute Idee ist, sich eine Lebensversicherung als private Rente auszahlen zu lassen 236

Wie du mit Dividendenfonds ein Zusatzeinkommen generierst **244**
Pantoffel-Portfolio und Auszahlplan kombinieren **260**
Die Steuern nicht aus den Augen verlieren **269**
Der clevere ETF-Verkauf – So behältst du mehr von deinem Gewinn **275**

KAPITEL VII: Wie Emotionen zu teuren Fehlern bei der Geldanlage führen und wie sich das vermeiden lässt 281
Durchhalten und sich belohnen **298**

Anmerkungen 301

Vorwort

Herzlichen Glückwunsch, du hast plötzlich mehr Geld auf dem Konto als je zuvor? Anstatt dich zu freuen, bist du aber vor allem eines: verunsichert? Willkommen im Club! So geht es nicht nur dir, sondern sehr vielen Menschen. Sei es eine Erbschaft, eine ausgezahlte Lebensversicherung, eine Abfindung, ein sehr gut dotierter Auftrag oder ein fällig gewordener Sparvertrag – plötzlich steht diese gewaltige, Furcht einflößende fünf-, sechs- oder sogar siebenstellige Summe auf dem Kontoauszug. Du weißt, du solltest etwas damit tun, doch was? Deine Bankberaterin zögert nicht, kontaktiert dich, und will dir etwas verkaufen, das du nicht verstehst. Dein Versicherungsvertreter sagt, er hätte auch eine gute Idee, was du mit dem Geld anstellen könntest. Aber du traust ihm nicht. Im Internet findest du Tausende Tipps und Ratschläge, nur steht überall etwas anderes. Also bleibt das Geld einfach erst einmal auf dem Girokonto liegen, wo es durch die Inflation still und heimlich, langsam, aber sicher an Wert verliert.

Nicht nur als Wirtschaftsjournalist habe ich oft erlebt, dass viele Menschen beim Thema Geld in eine Art lähmende Starre verfallen und Entscheidungen auf den Sankt-Nimmerleins-Tag verschieben – weil sie Angst haben. Angst, etwas falsch zu machen. Angst, zu spät dran zu sein.

Angst, ihr Geld zu verlieren. Oder sich zu blamieren, weil sie so viele Fragen haben. Genau hier soll dieses Buch ansetzen: bei deiner Angst. Ich will sie dir nehmen.

So viel kann ich dir schon jetzt sagen: Um Geld sinnvoll anzulegen, muss niemand ein Finanzprofi sein. Du brauchst kein BWL-Studium und auch kein Insiderwissen. Du musst auch nicht jede Woche Stunden deiner Freizeit opfern. Ich will dir helfen, aus «Hilfe, ich habe (auf einmal) Geld!» ein «Gut, dass ich jetzt weiß, was zu tun ist!» zu machen. Einfach und verständlich erklärt, mit praktischen Tipps ohne abgehobenes Finanzkauderwelsch. Nach der Lektüre wirst du deutlich entspannter, couragierter und schlauer unterwegs sein – und dein Geld darf endlich tun, was es wirklich kann: wachsen und für dich arbeiten!

Was erwartet dich auf den nächsten Seiten? Du erfährst, warum so viele von uns ihr Geld ungenutzt liegen lassen, welche mentalen Hürden dich vom Anlegen abhalten können und wie du diese überwindest. Du erfährst auch, warum Zeit der wichtigste Verbündete für Anleger und Anlegerinnen ist. Nach diesem ersten Kapitel wirst du merken: Ich muss nur anfangen, und das schaffe ich auch. Bevor du loslegst, solltest du aber erst mal wissen, wo du stehst. Gemeinsam machen wir einen Kassensturz, schauen uns deine Versicherungen und deine Altersvorsorge an und werfen einen Blick auf deine Ziele. Dabei wirst du herausfinden, wie viel Risiko du eingehen möchtest und kannst – und worauf du vielleicht achten solltest, bevor du mit dem Investieren beginnst. Hier baust du das solide Fundament, auf dem du dein Geld sicher anlegen kannst.

Dann wird es praktisch. Wir schauen uns Girokonto, Tagesgeld, Festgeld und Wertpapierdepot genau an, die Basisbausteine deiner finanziellen Organisation. Du erfährst, wie du mit einem guten Tagesgeldkonto flexibel bleibst, was es mit einer «Zinsleiter» auf sich hat, warum der Kauf einer Immobilie nicht nur eine Frage des Geldes ist und wie du ein günstiges und passendes Depot eröffnest. Mit dieser Grundlage kannst du einen Einstieg in die Welt der ETFs wagen, der Indexfonds und Aktienfonds – und damit Zugang bekommen zu den Werkzeugen, die dein Geld wirklich wachsen lassen. Du erfährst, warum ETFs so beliebt sind, wie sie funktionieren und welche Fehler du vermeiden solltest. Ich zeige dir, wie du dein erstes ETF-Investment oder einen Sparplan aufbaust. Schritt für Schritt, transparent und nachvollziehbar. Nach diesem Kapitel weißt du, wie du dein Geld so anlegen kannst, dass es für dich arbeitet, während du schläfst, ohne dir permanent Sorgen um dein Vermögen machen zu müssen.

Danach geht es darum, wie du dein Geld sinnvoll aufteilst. Ich nenne das die Baukasten-Strategie. Du lernst, wie du deine Anlagesumme auf verschiedene «Bausteine» verteilst: einen Sicherheits- und einen Renditebaustein, mit dem du ein bisschen mehr Risiko eingehst. Anhand konkreter Beispiele für unterschiedliche Anlegertypen – vom eher vorsichtigen Sicherheitsfan bis zur mutigen Renditejägerin – zeige ich dir, wie du deine Anlagestrategie an deine Bedürfnisse und deine Lebenssituation anpasst.

Du wirst auch erfahren, wie du dein Geld in ein regelmäßiges Zusatzeinkommen verwandeln kannst – egal, ob du nun Rentnerin, Arbeitnehmer oder selbstständig bist. Wir schauen dazu auf Bankauszahlpläne oder Dividendenfonds. Am Ende geht es um die klassischen Fehler, die uns allen beim Anlegen passieren können – und darum, wie du sie vermeidest. Von überhasteten Entscheidungen bis hin zu psychologischen Fallen: Du lernst, woran du sie erkennst und wie du gelassen bleibst, selbst wenn die Kurse mal verrücktspielen. Wenn du dieses Kapitel gelesen hast, wirst du dich beim Thema Geldanlage nicht mehr so schnell aus der Ruhe bringen lassen.

Gute Geldentscheidungen bedeuten Freiheit. Die Freiheit, nicht mehr jedem Rat blind glauben zu müssen. Die Freiheit, selbstbestimmt zu handeln und zu wissen, was du mit deinem Geld tun willst. Und die Freiheit, das eigene Leben so zu gestalten, wie du es möchtest – mit der Sicherheit, dass dein Geld für dich arbeitet. Alles, was du brauchst, ist ein bisschen Neugier, Geduld und die Bereitschaft, dich mit dir selbst und deinem Geld auseinanderzusetzen.

Dein Geld kann mehr! Also: Los geht's.

KAPITEL I

Warum so viel Geld ungenutzt auf deutschen Konten liegt – und wie sich das ändern lässt

Du hast selbst eine Menge Geld auf deinem Girokonto und keine Ahnung, wohin damit? Damit bist du nicht allein. Diverse Umfragen zeigen, dass viele Menschen in Deutschland einen großen Teil ihres Vermögens als Bargeld zu Hause herumliegen lassen oder auf dem Girokonto bunkern – sogar wenn es sich um eine größere fünf- oder sechsstellige Summe handelt. Etwa weil sie geerbt oder eine Abfindung bekommen haben, weil ihre Lebens- oder private Rentenversicherung ausgezahlt wurde oder ein langfristiger Sparvertrag fällig wurde. Viele von ihnen warten dann Monate oder Jahre, bevor sie ihr Geld anlegen – wenn sie es überhaupt tun. Das aber ist in etwa so, als ob man «Geld zum Fenster hinauswerfen» würde. So hätte es jedenfalls meine stets sehr sparsame Mutter formuliert. Und damit hätte sie nicht einmal übertrieben.

Woran das liegt? Ganz einfach: an der Inflation, also der Teuerung der Lebenshaltungskosten. Im Sommer 2025, als dieses Buch entstand, lag die Inflationsrate bei etwas mehr als zwei Prozent. Was bedeutet das für Geld, das ungenutzt auf dem Girokonto (Seite 70 ff.) schlummert?

Klar, auf einem Konto, das dafür da ist, Rechnungen bezahlen zu können, die Miete per Dauerauftrag zu überweisen, Gehalt oder Honorare zu kassieren, sollte möglichst immer so viel Geld sein, dass kein Dispokredit nötig ist. Das Girokonto per Dispo zu überziehen, ist nämlich verdammt teuer (häufig kostet das deutlich über zehn Prozent Zinsen). Und wer dauerhaft in den Miesen ist, verschuldet sich durch die hohen Zinsen immer mehr. Nun mag die verständliche Angst davor, einer Bank Geld zu schulden, bei dem einen oder der anderen dazu führen, dass das eigene Vermögen auf dem Girokonto regelrecht geparkt wird. Aber die Angst vor dem Dispo ist noch lange kein ausreichender Grund, sein Geld auf dem Konto versauern zu lassen. Denn das kostet bares Geld, weil das Guthaben durch die Inflation ständig an Wert verliert. Nur sieht man das nicht auf dem Kontoauszug.

Ein Beispiel: Angenommen, du hast 100 000 Euro auf dem Girokonto gebunkert. Dann hätten diese 100 000 Euro nach fünf Jahren bei einer Inflationsrate von zwei Prozent pro Jahr nur noch einen realen Wert von rund 90 570 Euro. Deine Kaufkraft hat sich also um fast 10 000 Euro verringert. Nach 20 Jahren wären die 100 000 Euro sogar auf rund 67 300 Euro geschrumpft – und das nur, wenn die Inflationsrate bei zwei Prozent bleibt, und nicht etwa wie in den Corona-Jahren drastisch steigt. Du kannst das selbst mal gedanklich durchspielen, dafür reicht ein Blick auf diese Tabelle:

Wie die Inflation an der Kaufkraft von 100 000 Euro nagt

Jahre	Inflationsrate					
	1%	2%	3%	4%	5%	8%
5	95 150	90 570	86 260	82 190	78 350	68 060
10	90 530	82 030	74 410	67 560	61 390	46 320
15	86 130	74 300	64 190	55 530	48 100	31 520
20	81 950	67 300	55 370	45 640	37 690	21 450
30	74 200	55 210	41 200	30 830	23 140	9 940

Der reale Wert deines Vermögens verringert sich im Lauf der Zeit – je höher die Inflationsrate, desto drastischer (Zahlen auf Zehnerstellen gerundet). Quelle: zinsen-berechnen.de

Wenn das aber so ist, warum lassen dann Millionen Menschen – und du womöglich auch – so viel Geld auf dem Girokonto verkümmern?

Menschen sind nicht selten verdammt unvernünftig handelnde Wesen. Sie stopfen Süßigkeiten in sich rein, obwohl sie wissen, dass sie dann noch mehr Fettpölsterchen bekommen. Sie kaufen sich einen Thermomix für 1500 Euro und lassen ihn nach einmaligem Benutzen im Schrank verstauben. Sie treiben keinen Sport, obwohl ihnen das eigentlich guttäte. Sie sehen, dass sie dazu beitragen, das Klima zu zerstören, aber ändern ihr Verhalten trotzdem nicht. Genauso irrational verhält sich der Mensch leider auch, wenn es ums Geld geht. Die meisten wissen, dass die gesetzliche Rente allein nicht reichen wird für einen finanziell sorgenlosen Ruhestand, trotzdem können sie sich nicht aufraffen, privat fürs Alter vorzusorgen. Im wahren Leben, schreibt der amerikanische Wirtschaftswissenschaftler und Nobelpreisträger Richard Thaler, seien Menschen eben keine rationalen Egoisten, die nach dem

Modell des Homo oeconomicus stets das Beste für sich und damit auch für ihr Geld tun, so wie es Ökonomen angenommen haben.[1] Der US-Verhaltensökonom Dan Ariely meint sogar: «Unser Gehirn ist nicht dafür gemacht, mit Geld umzugehen.»[2]

Umso besser, dass es für das Nichts-Tun in Sachen Geld einige valide psychologische Erklärungen gibt, die dir hoffentlich helfen werden. Denn wer erst einmal verstanden hat, warum nichts vorangeht, wird sich leichter tun, aus der lethargischen Nichts-Tun-Phase herauszufinden.

DIE ZUKUNFT IST WEIT WEG

Menschen handeln immer noch häufig nach steinzeitlichen Mustern, so als ob sie Jäger wären, die im täglichen Überlebenskampf auf eine schnelle Beute angewiesen sind. «Wir wollen die sofortige Lustbefriedigung haben, den schnellen Gewinn, sofort einen Nutzen sehen», sagte Hans-Jörg Naumer, Leiter der Kapitalmarktanalyse bei Allianz Global Investors, mit dem ich für die *Süddeutsche Zeitung* einmal über dieses Thema sprach. So auch beim Thema Geld: Nicht selten ermahnen uns mehr oder weniger nahe Menschen: «Lebe lieber im Hier und Jetzt» oder, häufiger bei Älteren ab 50 oder 60 Jahren aufwärts: «Genieße dein Leben, solange du es noch kannst.» Das mag gut und richtig sein, womöglich auch gesund, wenn wir uns vergegenwärtigen, dass Arbeit nicht alles ist. Aber fürs eigene Geld ist es fatal, wenn wir permanent kleine Belohnungen und Erfolge in der Gegenwart langfristigen, größeren vorziehen.

Ein Beispiel: Jemand bietet dir 500 Euro sofort an oder 1000 Euro in zehn Jahren. Wenn du bei den 500 Euro zugreifst, handelst du wie deine Vorfahren: Als es noch nicht alle Lebensmittel im Supermarkt zu kaufen gab und kein Kühlschrank fürs längere Aufbewahren zur Verfügung stand, sicherte es die Existenz, sich die Beute gleich zu schnappen, zumal sie einem dann auch keiner wieder abnehmen konnte. Heute verleitet uns die instinktive Ungeduld blöderweise zur Aufschieberitis: Langfristig wirkende Entscheidungen schieben wir deshalb lieber nach hinten. Das Ziel, irgendwann einmal Zinsen zu kassieren oder andere Erträge aus dem Geld zu generieren, ist zu weit weg und zu abstrakt für uns. So bleibt es allenfalls beim guten Vorsatz, sich um das Geld auf dem Konto irgendwann einmal zu kümmern.

In der Verhaltenspsychologie ist dieses Phänomen, manche sprechen auch vom «Gegenwartsfehler», spätestens seit dem Marshmallow-Test bekannt. Dabei untersuchte der Psychologe Walter Mischel von 1968 bis 1974 an der Stanford Universität die Willenskraft von um die vier Jahre alten Kindern mit einem Experiment: Er versprach ihnen eine Belohnung, wenn es ihnen gelingen würde, in einem Raum ohne Spielzeug und andere Möglichkeiten zur Ablenkung ein Marshmallow 15 Minuten lang nicht zu essen. Schaffen sie es, gibt's ein zweites Marshmallow obendrauf, das Kind darf also gleich zwei essen.

Das Ergebnis: Nur wenige Kinder brachten die nötige Selbstdisziplin mit, sich bewusst für die spätere Belohnung zu entscheiden und so lange durchzuhalten: Etwa ein Viertel griff sogar bereits innerhalb der ersten 60 Sekunden zu der verlockenden Süßigkeit.

So ähnlich ist es auch beim Nichts-Tun. Bequemer ist es, sich nicht ums Geld zu kümmern und es auf dem Girokonto weiter vor sich hin dümpeln zu lassen, zumal man sich des Guthabens jederzeit versichern kann. Dafür reicht ein Blick auf den Kontostand.

Erst recht lassen sich die Ergebnisse des Marshmallow-Tests auf den Vermögensaufbau beziehungsweise die Altersvorsorge übertragen: Wer später auf ein schönes Zusatzeinkommen im Alter zurückgreifen will, muss so früh wie möglich anfangen, dafür Geld zurückzulegen. Dummerweise neigen wir aber dazu, das Geld lieber auszugeben als es beiseitezulegen und später dafür mehr zurückzubekommen.

DIE ANGST VOR DEM ERSTEN SCHRITT

Vielleicht geht es dir aber auch so wie einer ehemaligen Kollegin von mir. Sie ist Volljuristin, verdammt schlau, hat schon den einen oder anderen Investmentfonds und die eine oder andere Aktie in ihrem Leben besessen – und verdient so überaus gut, dass sie jeden Monat einen Haufen Geld anlegen könnte. Unlängst gestand sie mir aber am Telefon: «Bei mir lagen zehn Jahre lang 100 000 Euro auf dem Girokonto.» Und warum? «Weil ich mich nicht festlegen wollte.»

Das kennen sicher viele. Dahinter steckt die Angst, etwas falsch zu machen, sich im Dschungel der Geldanlage zu verirren und am Ende gar Geld zu verlieren – die Angst vor dem ersten Schritt. Diese Angst vor Verlusten ist tief in uns verankert, viel stärker als die Hoffnung auf Gewinne. Ein Phänomen, das der Nobelpreisträger Daniel Kahneman und der Psychologe Amos Tversky als «Verlustaversion» beschrieben haben.[3] Wir mögen es gar nicht, wenn wir Verluste machen, und deshalb gehen wir lieber kein Risiko ein und bevorzugen das vermeintlich Sichere auf dem unrentablen Girokonto. Hier haben wir das Geld stets im Blick, begleitet vom trügerischen Gefühl, dass so nichts verloren gehen kann.

Kahneman und Tversky fanden Ende der Siebzigerjahre heraus, dass Verluste uns viel mehr schmerzen, als uns Erfolge und Gewinne erfreuen.[4] Der Schmerz, 1000 Euro zu verlieren, ist weitaus stärker als die Freude, 1000 Euro zu gewinnen. Auch hier mögen Urerfahrungen der frühen Menschen eine Rolle spielen, für die der Verlust von Werkzeugen, Fellen oder Jagdwaffen tödliche Folgen haben konnte. Unsere Verlustaversion wird im Marketing täglich genutzt: Wenn Unternehmen zeitlich begrenzte Angebote machen oder mit Rabattaktionen werben, geben sie den potenziellen Kundinnen und Kunden damit das Gefühl, sie könnten etwas Wertvolles nicht bekommen, falls sie nicht schnell noch zugreifen. Denselben Zweck haben kostenlose Testversionen oder Geld-zurück-Garantien: Die Kunden werden damit zum Kauf bewegt, weil ihnen suggeriert wird, sie könnten mit den Produkten keinen Verlust erleiden. Auch gewiefte Verkäufer nutzen die Verlustaversion. Sie bringen bei Preisverhandlungen andere Interessenten ins Spiel, die angeblich bereit sind, den geforderten Preis zu zahlen, und vermitteln so dem potenziellen Käufer die Botschaft, sie oder er könne die gewünschte Ware verlieren, wenn jetzt nicht zugegriffen wird.

DIE ANGST, NICHT GENUG ZU WISSEN

Klar, vermutlich würde die große Mehrheit derjenigen, die einen Überschuss auf dem Girokonto angehäuft haben, gerne mehr daraus machen. Einen Grund, das nicht zu tun, haben wir gerade gehört, die Angst vor Verlusten. Viele denken aber auch: Ich habe keine Ahnung, wie man Geld sinnvoll anlegt oder fürs Alter klug vorsorgt, also lasse ich lieber die Finger davon. Das zeigt zum Beispiel eine Untersuchung der Frankfurt School of Finance & Management: Mehr als die Hälfte derjenigen, die nicht am Aktienmarkt investieren, glaubt demnach, dass ihnen dafür das Wissen fehlt. Doch liegen sie damit richtig?

Du kennst wahrscheinlich den aus der Antike überlieferten Ausspruch, der fälschlicherweise dem griechischen Philosophen Sokrates zugesprochen wurde: «Ich weiß, dass ich nichts weiß.»

Nur, so viel muss man gar nicht wissen, um sein Kapital vermehren zu können. Weder muss man ein Finanzgenie sein, um etwa jeden Monat 100 Euro für die zusätzliche Altersvorsorge zurückzulegen. Noch muss man zehn Börsenratgeber gelesen haben oder täglich die Aktienkurse verfolgen, um sein Geld selbst anlegen zu können und dabei erfolgreich zu sein. Schon der US-amerikanische Großinvestor Warren Buffett, eine Art Legende unter den professionellen Geldanlegern, sagte: «Der Erfolg hängt nicht vom IQ ab – vorausgesetzt, man hat einen Intelligenzquotienten von über 25.»

Gut möglich, dass zur Verlustangst und dem Gefühl, zu wenig zu wissen, noch andere Beweggründe hinzukommen, warum das Geld letztlich auf dem Girokonto liegen bleibt. Etwa die Macht der Gewohnheit, die ein Motor dafür sein kann, an dem vermeintlich sicheren Geld auf dem Konto festzuhalten. Warum sollen wir etwas ändern, wenn es doch irgendwie gut läuft momentan? Das ist bequem – und Bequemlichkeit ist ein mächtiger Gegner, wenn es darum geht, neue Wege zu gehen. Vielleicht geht es auch einher mit einem übertriebenen Perfektionismus. Wir wollen alles richtig machen, wissen aber nicht, was das Richtige ist, zumal es – wie beim Heraussuchen eines Films oder einer Serie auf Netflix – so viele Möglichkeiten gibt, dass man sich kaum entscheiden kann.

Hinzu kommt: Nicht wenige Menschen sind verunsichert. Wir lesen, hören, sehen täglich, wie unvorhersehbar unsere Welt geworden ist. Der russische Angriffskrieg auf die Ukraine, neue Zölle, der irrlichternde US-Präsident Donald Trump, unsichere und niedrige Renten, mögliche Altersarmut, Deutschland in der Krise. Das mag die eine oder den anderen davon abhalten, eine Entscheidung zu treffen, das eigene Geld anzulegen.

Die Jüngeren wiederum, die in den Schulen leider nicht lernen, was ihnen beim Umgang mit Geld hilft, werden ständig mit den «besten Versionen» des Lebens auf Social Media konfrontiert. Sie sehen dort Influencer und Influencerinnen, die auf Weltreise gehen, teure neue Outfits kaufen, sich mit Luxuswaren eindecken, die sich viele ihrer Follower im Leben nie leisten könnten, während sie dabei stets den Eindruck erwecken, sie würden keine finanziellen Ängste und Probleme kennen. Ob das immer stimmt, sei dahingestellt, aber wer sich mit Reichen oder vermeintlich Reichen vergleicht, mag es als sinnlos empfinden, Geld für die Altersvorsorge zurückzulegen oder Geld anzulegen, weil ein solch luxuriöser Lebensstil ohnehin in unerreichbarer Ferne liegt.

Ein weiterer Grund: Viele Menschen vertrauen dem Finanzsystem nicht. Sie haben in den vergangenen Jahren von Bankenkrisen, Betrugsfällen und schwankenden Börsenkursen gehört und hadern: «Kann ich meiner Bank wirklich trauen? Wollen diese Berater mir nicht nur irgendwelche Produkte aufschwatzen, die ihnen Geld bringen?» Viele Menschen haben das Gefühl, dass sie von Finanzexperten über den Tisch gezogen werden könnten – und deshalb lassen sie lieber die Finger davon.

DIE SCHLECHTEN ERFAHRUNGEN

Nicht selten wird fehlendes Vertrauen begleitet von schlechten Erfahrungen. Die älteren Leserinnen und Leser erinnern sich vielleicht noch an die zweite Hälfte der Neunzigerjahre, als die ARD den *Börsenbericht* vor der *Tagesschau* einführte und der Schauspieler Manfred Krug für den Kauf der Telekom-Aktie («T-Aktie») im Fernsehen warb. Sein Wahlspruch: «Wenn die Telekom an die Börse geht, dann geh ich mit.» Mit diesem Slogan gelang Krug damals etwas, womit nur wenige Experten gerechnet hatten: Als Alleinunterhalter, der in einer Serie von TV-Spots die Zuschauer im direkten, persönlichen Gespräch überzeugte, entfachte er eine Jackpot-Stimmung in der Bevölkerung. Der Schauspieler, bekannt aus der Serie *Liebling Kreuzberg*, kam dabei so gut an, dass Millionen Privatanleger unbedingt die Telekom-Papiere zum damaligen Ausgabepreis von umgerechnet 28,50 D-Mark haben wollten, und das nicht selten, obwohl Aktien für sie vorher noch Teufelszeug gewesen waren. Durch die Kampagne mit Krug wurde die T-Aktie zur «Volksaktie», zu einem Markenartikel, auf einmal interessierten sich die Bundesbürger für die Börse. Doch es folgte das böse Erwachen: Viele machten mit der Telekom-Aktie Verluste, vor allem dann, wenn sie erst 1999 oder 2000 zugegriffen hatten, als das Telekommunikationsunternehmen erneut neue Aktien auf den Markt warf – für 39,50 Euro und dann zum «Frühbucher-Preis» von 63,50 Euro. Ein Kursniveau, das die T-Aktie, die wenige Wochen zuvor sogar auf mehr als 100 Euro gestiegen war, nach Ausgabe nicht mehr erreichen sollte. Der Kurs der T-Aktie rutschte im Herbst 2002 sogar unter zehn Euro. Aktuell, im Sommer 2025, notierte die Telekom-Aktie bei gut 30 Euro. Diese Achterbahnfahrt der «Volksaktie» hinterließ bei vielen Anlegerinnen und Anlegern Narben, die bis heute nachwirken. Sie legen kein Geld mehr an der Börse an, nur um am Ende nicht wieder dumm dazustehen.

Mit den Anfängen der Telekom-Aktie begann auch die kurze Geschichte des Neuen Markts, eines neuen Börsensegments der Frankfurter Börse, der von 1997 bis 2003 das Zentrum der New Economy in Deutschland bildete. Am Neuen Markt wurden die Aktienkurse von bis zu 300 jungen Unternehmen gehandelt, die neu an die Börse gegangen waren. Private Anleger investierten damals sehr viel Geld in die Börsenneulinge, getrieben von der Erwartung, dass die Aktienkurse immer weiter steigen würden. Im Jahr 1999 ließen sich tatsächlich Tagesgewinne von 20 Prozent und mehr einstreichen, wenn man denn die Aktien mit Kursgewinnen rechtzeitig verkaufte. Es war die Hochzeit des Zockens. Doch viele dieser neuen Internet- und Technologiefirmen entpuppten sich bald als Luftnummern. An der Börse waren sie vorübergehend Milliarden wert, bis sich herausstellte, dass ihr Geschäftsmodell nicht tragfähig war und sie nie Gewinne machen würden. Nur wenige der Börsennewcomer überlebten, die meisten sind längst pleitegegangen und verschwunden. Viele Menschen verloren mit diesen Aktien viel Geld – und machen seitdem um die Börse einen großen Bogen. Wie meine ehemalige Kollegin, die zehn Jahre brauchte, um sich von ihren Erfahrungen am Neuen Markt zu erholen. «Ich habe damals viel Lehrgeld bezahlt», sagt sie.

EIN PAAR TIPPS, UM ENDLICH LOSZULEGEN

Nun wird es immer Aktien an den Börsen geben, die sich als Geldvernichtungsmaschinen entpuppen. Davon solltest du dich aber nicht abschrecken lassen. Die Negativbeispiele sollen auch verdeutlichen, was passieren kann, wenn man ohne Planung und Strategie nach Gutdünken willkürlich in irgendwelche einzelnen Aktien investiert. Wenn du aber mehr aus deinem Geld machen willst, wirst du gar nicht um die Aktienmärkte herumkommen. Sonst wird es für dich sehr schwer, dauerhaft Erträge zu erwirtschaften, die über der Inflationsrate liegen. Dieses Buch wird dir dabei helfen, die richtigen Entscheidungen zu treffen. Nur müssen wir dafür erst einmal die Aufschieberitis bekämpfen, die unser Nichts-Tun belohnt.

Klar, wir können jeden Tag einen (neuen) Grund finden, um etwas heute nicht zu tun, was wir eigentlich tun wollten. Eine Ausrede gibt es immer, um abzuwarten, ob bis morgen, bis nächste Woche oder bis wann auch immer. Immer kommt irgendetwas dazwischen, und aus dem Vorsatz wird am Ende gar nichts. Nur, was kann man tun, um das ständige Prokrastinieren in Sachen Geld zu beenden?

Mentale Blockaden erkennen

Du kennst jetzt die Erklärungsmuster, warum viele Menschen mit ihrem Geld nichts Besseres tun, als es auf dem Girokonto liegen zu lassen oder gar zu Hause als Bargeld zu bunkern. Vielleicht hast du dich an der einen oder anderen Stelle selbst erkannt. Das ist die erste Voraussetzung, damit das Thema Geldanlage für dich nicht zum Friedhof deiner guten Vorsätze wird. Wenn du weißt, warum bislang nichts vorangegangen ist, fällt es dir hoffentlich leichter, loszulegen. Was dir dabei helfen kann, ist ein klar definiertes, möglichst konkretes Ziel. Aber Achtung: «Aus den 50 000 Euro sollen 100 000 Euro werden» oder allgemeiner «ich will für die Altersvorsorge sparen» – das wirkt für viele Menschen offenbar wenig motivierend. Zu ambitionierte Pläne können genauso wie zu unkonkrete Pläne Sorgen auslösen und ein Gefühl der Resignation («Das schaffe ich nie!»). Besser du versuchst abstrakte Zahlen mit Leben zu füllen, also das Ziel möglichst konkret zu benennen, dir vorzustellen, wie es genau aussehen könnte, egal, ob es um die neue Einbauküche, ein Geldgeschenk für die Kinder, die Weltreise oder eine Zusatzrente geht. Dazu gehört auch, einen Zeitpunkt festzulegen, zu dem du dein Ziel erreicht haben willst. Das trägt dazu bei, den eigenen Vorsätzen treu zu bleiben. Den Wunschtraum umsetzen kannst du gegebenenfalls immer noch später, aber das Terminieren hilft, überhaupt an den Start zu kommen.

Den Faktor Zeit nicht unterschätzen

Viele Anlegerinnen und Anleger grübeln über das richtige Timing. Sie fragen sich, wann sie anfangen sollen, wann der beste Zeitpunkt ist, um zum Beispiel den ersten Fonds zu kaufen oder Geld auf ein Sparkonto zu legen. Darauf kommt es langfristig aber nicht an – lieber gleich anfangen, um den Zinseszinseffekt, also die sofortige Wiederanlage der Zinsen und deren Mitverzinsung zu nutzen. Beispiel: Eine 30-Jährige hat 100 000 Euro geerbt. Sie braucht das Geld im Moment nicht, will auch keine Immobilie kaufen, sondern einfach nur das Geld gut arbeiten lassen. Sie entscheidet sich für eine Anlage, die 2,5 Prozent Zinsen Jahr für Jahr bringt; welche das sein soll, spielt hier erst einmal keine Rolle. Aus den 100 000 Euro sind inklusive Zins und Zinseszins nach fünf Jahren rund 113 141 Euro geworden, nach 10 Jahren 128 008 Euro und nach 20 Jahren 163 862 Euro. Die Zahlen zeigen schon: Jedes Jahr, in dem sie das Geld etwa in Erwartung eines höheren Zinssatzes auf dem Girokonto vergammeln lässt, ist ein verlorenes Jahr mehr, weil ihr jedes Jahr mehr an Zinsen entgehen. Je früher sie aber anfängt, desto mehr kann sie vom Zinseszinseffekt profitieren. Das Geld vermehrt sich schneller, weil jeder Ertrag wieder angelegt wird und zusätzliche Erträge generiert, die wiederum das Sparkapital vergrößern. Nicht umsonst bezeichnete der Mathematiker und Nobelpreisträger Albert Einstein den Zinseszinseffekt als «achtes Weltwunder».

Automatisch geht's einfacher

Angenommen, du willst jeden Monat Geld zurücklegen, etwa für die Altersvorsorge, dann ist es kontraproduktiv, deinen inneren Schweinehund jedes Mal von Neuem überwinden zu müssen. Wer einen Dauerauftrag einrichtet, agiert sozusagen automatisch diszipliniert. Diesen Dauerauftrag solltest du so terminieren, dass das Geld abgebucht wird, wenn gerade das Gehalt, deine Honorare oder deine Rente/Pension aufs Konto überwiesen wurde. Unser Gehirn nimmt jeden Sparvorgang als Verlust wahr. Geht aber das Geld vom Konto ab, wenn es gerade gefüllt ist, spüren wir das gar nicht so. Und was weg ist, können wir nicht mehr ausgeben.

Kleinvieh macht auch Mist

Fang lieber klein an, als gar nichts zu tun! Du hast eine Stange Geld auf dem Konto? Willst aber erst einmal sehen, ob das alles so funktioniert mit dem Geldanlegen und ob du damit mental klarkommst? Du kannst auch mit kleinen oder kleineren Beträgen anfangen. Gleiches gilt für alle, die noch nicht so viel auf dem Konto haben. In einen Fondssparplan einzahlen kannst du bei vielen Banken und Sparkassen schon ab 25 Euro monatlich. Damit lässt sich, früh genug angefangen, eine Menge anhäufen: So werden aus 25 Euro, 40 Jahre lang jeden Monat eingezahlt, nicht ganz 30 000 Euro bei einer Rendite von vier Prozent pro Jahr. Aus 100 Euro pro Monat werden nach vier Jahrzehnten so mehr als 116 000 Euro und aus 200 Euro monatlich im selben Zeitraum gut 233 000 Euro (Seite 165 ff.).

Auch wenn die 30-jährige Erbin überfordert ist von den 100 000 Euro, die sie vielleicht vermacht bekommen hat, kann sie ganz vorsichtig anfangen. Sie kann zum Beispiel erst einmal jeden Monat 5000 Euro in einen Fonds anlegen, bis das gesamte Geld langsam angelegt ist. Das dauert dann 20 Monate. Angenommen, die Rendite für jede 5000-Euro-Anlage beläuft sich auf durchschnittlich 3,5 Prozent nach Zahlung von Kapitalertragsteuern, dann wäre ihr Vermögen nach 20 Monaten inklusive Zinseszins auf immerhin rund 103 089 Euro angewachsen. Sie hätte ihr Vermögen also um gut 3000 Euro vermehrt. Hätte sie ihr Guthaben auf einem verzinsten Tagesgeldkonto angelegt und von dort die jeweils 5000 Euro entnommen, wäre aus ihrem Anfangsguthaben sogar noch etwas mehr geworden. Wie das alles im Detail geht, erfährst du in den folgenden Kapiteln.

Bevor wir loslegen und du erfährst, wie du ganz konkret Geld anlegen kannst, sind noch ein paar wichtige Fragen zu klären. Stell dir den Oberbefehlshaber oder Kommandeur einer Armee vor, der sein Land verteidigen soll. Dafür braucht er einen klugen Plan beziehungsweise eine gute Strategie. Das gilt im übertragenen Sinn auch für deine Geldanlage. Um im Bild zu bleiben: Ohne Übersicht über deine Streitkräfte (das sind deine finanziellen Verhältnisse und Möglichkeiten), ohne Plan und Strategie (ursprünglich verstand man darunter tatsächlich die Kunst der Heeresführung) greifst du die Kapitalmärkte im Blindflug an und erlebst mit ziemlich großer Wahrscheinlichkeit unliebsame und kostspielige Überraschungen. Lass dich im nächsten Kapitel daher erst einmal gut ausrüsten.

KAPITEL II

Was du checken musst, bevor du loslegen kannst

Wenn du in eine Bankfiliale gehst und fragst, wie du 50 000 Euro, 100 000 Euro oder mehr anlegen sollst, passiert fast immer das: Nach einem mehr oder weniger langen Vorgespräch wird dir angeboten, in Fonds X, Y oder Z zu investieren, oder in alle gleichzeitig, vielleicht sollst du auch ein bisschen Gold kaufen und / oder einen Teil sicher und fest in einem (fast immer unterdurchschnittlich verzinsten) Sparbrief oder in Festgeld (Seite 85 ff.) anlegen. Womöglich wird dir auch nahegelegt, das Geld komplett auf einen Schlag in eine fondsgebundene Rentenversicherung zu investieren, ein Produkt, das dir irgendwie rätselhaft erscheint und das dir nicht so richtig erklärt wird. Kommt dir bekannt vor? Dann solltest du in Zukunft um solche «Berater» und «Beraterinnen» einen großen Bogen machen. Sie beraten nicht und sind auch keine Berater im wörtlichen Sinne, sondern Mitarbeiter in einer Bank oder Sparkasse und letztlich Verkäufer, die nicht selten Vorgaben erhalten, welche Produkte sie gerade an die Frau oder den Mann bringen sollen. Salopp gesagt: Wenn dir Asienfonds verkauft werden sollen, sind gerade «Asienwochen» – die es mal bei einer großen Imbisskette gab – in deiner Bank.

Wenn du das Geld aus einer Erbschaft, deiner Lebensversicherung oder das bereits Ersparte vermehren willst, solltest du nicht «blind» einfach so anlegen, sondern zunächst eine finanzielle Bestandsaufnahme machen – wie ein Unternehmer, bei dem Ende des Jahres die Inventur fällig sein wird. Konkret heißt das: Du verschaffst dir einen Überblick über deine Einnahmen und Ausgaben jetzt und so weit wie möglich in die Zukunft. So ein Kassensturz ist nicht schwer, du führst ja vermutlich kein großes Unternehmen.

DER KASSENSTURZ

Zunächst kannst du monatlich wiederkehrende Ausgaben notieren. Dazu zählen vor allem die Kaltmiete und die Wohnnebenkosten (Wasser, Abfall, Strom, Heizung) oder die Raten für den Immobilienkredit, plus die Ausgaben für Telefon, Internet, Medien, Kultur, Sport und Freizeit, Ernährung und Bekleidung, Haushalt, Beiträge für Versicherungen, die nicht schon von deinem Gehalt abgezogen sind, Raten für Sparverträge oder Fondssparpläne, Ausgaben fürs Auto oder für die Betreuung der Kinder. Hinzu kommen unregelmäßige Ausgaben in unterschiedlicher Höhe wie für eine Autoreparatur, Reisen und Urlaub. Ausgaben, die nicht monatlich anfallen, sind auf den Monat umzurechnen. Hilfreich ist dafür eine Analyse der Kontoauszüge über mehrere Monate und/oder eine Finanz-App wie Finanzblick (kostenlos), Finanzguru (teilweise kostenpflichtig) oder Outbank (kostenpflichtig) beziehungsweise ein Haushaltsbuch oder eine einfache Excel-Datei. Wenn du alles eingetragen hast, gewinnst du recht bequem einen Überblick über deine Gesamtausgaben, womöglich sogar zum allerersten Mal. Ich kenne jedenfalls nicht viele Menschen, die wissen, wie viel Geld sie im Monat durchschnittlich verbrauchen. Das ist Teil eins deines Kassensturzes.

Bei Teil zwei geht es um deine Einnahmen. Diese zählst du ebenfalls zusammen, also dein Netto-Gehalt oder, falls du selbstständig bist, deine durchschnittlichen Monatshonorare oder, falls du Ruheständler bist, deine ausgezahlte Rente oder Pension oder andere Altersbezüge wie eine Betriebsrente. Vergiss auch Zusatzeinkünfte nicht. Vielleicht hast du ja schon Geld angelegt und kassierst Zinsen. Oder zum Beispiel Dividenden (Seite 244 ff.), die Unternehmen ihren Aktionären oder Genossenschaften ihren Mitgliedern auszahlen. Diese Kapitalerträge findest du in der Mitteilung, die du von deiner Bank Anfang des Jahres für deine Steuererklärung erhältst. Dort siehst du auch, ob von den Erträgen bereits Kapitalertragsteuer, bekannt auch als Abgeltungsteuer, abgezogen wurde oder nicht (weil du die Erträge per Freistellungsauftrag von der Steuer befreien konntest (S. 268 ff.). Diese Erträge notierst du bei den Einnahmen ebenfalls. Heraus kommen dabei nur Annäherungswerte, denn Dividenden und bestimmte Zinsen können steigen oder fallen. Was du im laufenden und in den kommenden Jahren kassieren wirst, lässt sich so aber zumindest abschätzen.

Bist du Eigentümer einer Immobilie, die du vermietet hast, musst du die Mieteinnahmen bei deinen Einnahmen ebenfalls berücksichtigen. Kalkuliere dabei vorsichtig! Du solltest von der Bruttomiete die von dir zu bezahlenden Betriebskosten, Ausgaben für die Verwaltung, Zins und Tilgung und eine von dir festgelegte Instandhaltungsrücklage abziehen, um ein realistisches Bild von deinen Mieteinnahmen zu gewinnen.

Die Schulden nicht vergessen

Schulden gehören zur finanziellen Bestandsaufnahme genauso wie Einnahmen und Ausgaben. Bedenke auch, dass du für Kredite in der Regel höhere Zinsen zahlen musst, als du durch eine sichere Geldanlage wieder hereinbekommen kannst. Bevor du also überhaupt Geld in größerem Umfang anlegst, solltest du prüfen, ob du nicht zunächst einen Ratenkredit ablösen oder zum Beispiel durch Sondertilgungen die Schulden für deine eigenen vier Wände schneller verkleinern kannst.

DER VERSICHERUNGSCHECK

Zu deinem Finanzen-Check sollte auch ein Versicherungscheck gehören. Warum? Weil es dich viel Geld kosten und deine Geldanlagepläne über den Haufen werfen kann, wenn du gar nicht oder falsch versichert bist. Deshalb solltest du zunächst grundsätzlich sämtliche Versicherungen auf Kosten und Leistungen kontrollieren.

Die meisten Menschen haben irgendwann im Leben privat ein paar Versicherungen abgeschlossen. Sechs Verträge sind es im Durchschnitt, meist sauber abgeheftet in einem Versicherungsordner. Um dann vergessen zu werden. Macht nichts? Leider doch. Zum einen kosten Versicherungen eine Menge Geld. So gibt jeder Bundesbürger im Durchschnitt jährlich mehr als 2000 Euro für Versicherungen aus. Zum anderen kann es ganz schön riskant sein und schlimmstenfalls den finanziellen Ruin bedeuten, wenn du falsch versichert bist. Hier deshalb eine kleine Handreichung, zumindest für die Versicherungen, die für dich und deine langfristige Finanzplanung eminent wichtig sein können.

Sich einen Durchblick verschaffen: Anfangen kannst du mit einem Blick in den Versicherungsordner. Sind dort Verträge drin, die über fünf Jahre alt sind, kannst du diese schon mal zur Seite legen für eine genaue Inspektion. Oft (aber nicht immer) haben neuere Verträge bessere Bedingungen als alte Policen. Bei Stiftung Warentest oder den Verbraucherzentralen und bei den einschlägigen Vergleichsportalen wie Verivox oder Check24 lässt sich schnell ermitteln, ob es günstigere Alternativen gibt. Dafür muss du aber wissen, dass bestimmte Anbieter wie die HUK-Coburg oder CosmosDirekt bei den Vergleichsportalen nicht immer vertreten sind. Verbraucherschützer empfehlen deshalb, die Recherche durch eine Abfrage bei solchen Direktanbietern zu ergänzen.

Allerdings ist auch klar: Was günstig ist, muss nicht immer gut sein. Deshalb solltest du dich stets fragen: Welchen Schutz brauche ich wirklich? Passt das, was ich habe, noch zu meiner Lebenssituation? Außerdem kannst du einen ganz einfachen Spartipp befolgen: Jährlich Beiträge an die Versicherung zu zahlen, ist günstiger als vierteljährlich oder sogar monatlich.

Die Haftpflichtversicherung: Ein vergessenes Teelicht im Hotelzimmer – und das Hotel brennt ab. Das neue Smartphone der Freundin fällt dir herunter, eine Reparatur ist fällig. In beiden Fällen sollte eine private Haftpflichtversicherung zahlen. Ob Leichtsinn, Missgeschick oder Vergesslichkeit, mit einer Haftpflichtpolice sind Personen-, Sach- und Vermögensschäden abgedeckt, die durch fahrlässiges Handeln im Privatleben entstehen. «Ohne private Haftpflichtversicherung würde ich nicht auf die Straße gehen», sagte eine Versicherungsexpertin einmal zu mir. Doch nicht jeder Haftpflichtvertrag bietet das, was sich die Kundin oder der Kunde wünscht. Du solltest daher auf drei Dinge achten:

- Die Versicherungssumme sollte hoch genug sein, mindestens zehn Millionen Euro.
- Du solltest genau prüfen, wie lange die Kinder, falls vorhanden, mitversichert sind und unter welchen Bedingungen (Alter, Ausbildung, Wohnort).
- Schäden an geliehenen oder gemieteten Sachen sollten explizit eingeschlossen sein, ebenso die sogenannte Forderungsausfalldeckung. Damit ist auch der Schaden abgesichert, den ein Dritter an den eigenen Sachen verursacht, der aber selbst keine private Haftpflichtversicherung hat.

Ebenfalls nicht zu vergessen: Wenn sich die Lebenssituation ändert, Kinder zum Beispiel ausziehen, man heiratet oder sich scheiden lässt, oder wenn der Vertrag schon älter ist, solltest du auf jeden Fall prüfen, ob alles noch passt.

Die Wohngebäudeversicherung: Bist du Hauseigentümer, hast du eine Wohngebäudeversicherung. Die Police schützt vor Schäden durch Feuer, Leitungswasser, Sturm und Hagel an deiner Immobilie. Doch Achtung, sie kann böse Überraschungen im Kleingedruckten enthalten, weil die Leistungen sehr unterschiedlich sein können. Oft sind in den Policen zum Beispiel sogenannte Elementarschäden (Starkregen, Überschwemmung, Erdbeben, Erdrutsch, Schneedruck) nicht enthalten. Dann solltest du prüfen, ob eine Zusatzdeckung möglich ist, um bei einem solchen Schaden (du erinnerst dich bestimmt an die Bilder von den Überschwemmungen im Ahrtal) nicht auf fünf- oder sechsstelligen Kosten sitzen zu bleiben. Der Preis hängt allerdings vom Wohnsitz ab. Wer etwa direkt an einem Fluss oder unterhalb eines Berges in den Alpen (Lawinengefahr) wohnt, zahlt einen höheren Beitrag oder bekommt gar keinen passenden Schutz mehr. Gut auch, wenn Rauch- und Rußschäden nach einem Feuer oder die neue Solaranlage auf dem Dach abgedeckt sind.

Die Hausratversicherung: Es kann ganz schnell gehen. Im Bad löst eine defekte Waschmaschine einen Brand aus, und das gesamte Mobiliar einer Wohnung wird unbrauchbar. Einbrecher nehmen Schmuck im Wert von mehreren Tausend Euro mit. Starkregen überschwemmt den Weinkeller. In allen drei Fällen kann eine Hausratversicherung helfen. Damit entschädigt der Versicherer dich, wenn dein Hausrat durch Feuer, Einbruch, Leitungswasser, Sturm, Hagel, Raub und Vandalismus zerstört, beschädigt oder gestohlen wird. Nur: Die beste Hausratpolice nützt nichts, wenn die Versicherung nicht zahlt, weil das, was dir lieb und teuer ist, nicht penibel dokumentiert wurde oder der Schutz nicht ausreichend ist. Daher ist es sicherer, von allen Wertsachen Fotos zu machen, vom Polstersessel genauso wie vom Fernseher oder dem Schmuck. So kannst du auch kleine Schäden exakt belegen. Ein guter Nachweis kann auch ein Video vom deinem Zuhause sein. Die Fotos und das Video sollten dann aber so hinterlegt sein, dass du auch bei einem Verlust des Smartphones darauf zurückgreifen kannst. Ebenso hilfreich: Rechnungen, die den Kauf von teuren Wertgegenständen eindeutig belegen.

Die Berufsunfähigkeitsversicherung: Wer wegen einer schweren Krankheit, eines Unfalls oder psychischer Leiden dauerhaft nicht mehr oder nur zum Teil arbeiten kann, fällt schlimmstenfalls in die Armut. Die gesetzliche Erwerbsminderungsrente reicht allein nicht, um in einem solchen Fall den Lebensstandard auch nur einigermaßen halten zu können. Wenn du nicht gerade mehrfacher Millionär bist, werden dir auch bestens angelegte 100 000, 200 000 oder gar 500 000 Euro nicht reichen, wenn du in jungen Jahren unversichert erwerbsunfähig wirst. Du solltest deshalb, falls das dein Monatsbudget erlaubt, unbedingt eine Berufsunfähigkeitsversicherung abschließen, am besten in jungen Jahren: Dann ist es günstiger, auch weil es normalerweise noch nicht so viele gesundheitliche Vorbelastungen gibt. Bei Vorerkrankungen verlangen die Anbieter nämlich höhere Beiträge oder schließen bestimmte Krankheitsmuster vom Versicherungsschutz aus. Doch auch ein gesunder, junger Mensch muss sich so eine Police erst einmal leisten können. Schon Angestellte mit Bürojob zahlen schnell mehr als 100 Euro pro Monat. Und für Bauarbeiter oder andere körperlich Tätige ist es noch teurer. Eine solche Police darfst du daher auch auf keinen Fall leichtfertig beim nächstbesten Versicherungsvertreter abschließen. Vielmehr lässt du dich am besten in einer Verbraucherzentrale beraten, die aus den Angeboten vieler Gesellschaften die für dich besten heraussuchen kann und dir bei der korrekten Beantwortung der Gesundheitsfragen hilft. Oder du gehst zu einem unabhängigen Versicherungsmakler oder einer Maklerin. Eine Berufsunfähigkeitsversicherung ist eine kostspielige Lebensentscheidung, die man nicht mal eben so online mit ein paar Klicks treffen sollte.

Die Risikolebensversicherung: In jungen Jahren sterben – wer denkt schon daran? Passieren kann es trotzdem. Gut für die Angehörigen, wenn der oder die Verstorbene eine Risikolebensversicherung abgeschlossen hat. Wenn die versicherte Person stirbt, fließt Geld, sofern der Vertrag dann noch besteht. So eine Police ist allerdings kein Sparvertrag. Die Beiträge sind weg. Die Versicherungssumme wird nur ausgezahlt, wenn es wirklich zum Schlimmsten kommt. Dafür kannst du deinen Angehörigen schon für um die zehn Euro im Monat eine Auszahlung von 100000 Euro für den schlimmsten Fall sichern. Besonders empfehlenswert ist eine solche Lebensversicherung, wenn du eine Wohnung oder ein Haus gekauft hast und die Finanzierung für deine Angehörigen nach deinem frühen Tod ohne dich und dein Geld nicht mehr zu stemmen sein wird. Aber Vorsicht: Lass dir keine Kapitallebensversicherung andrehen, bei der Kapital angespart wird. Der Risikoschutz ist für denselben Beitrag viel geringer, weil der größte Teil der Summe für die spätere Auszahlung angespart wird. Außerdem solltest du dir gut überlegen, welche Laufzeit für die Risikolebensversicherung angemessen ist. Wer wegen seiner Kinder eine solche Police abschließt, kann die Laufzeit ja gleich auf zum Beispiel 25 Jahre begrenzen. Dann sollten die Kinder auf eigenen finanziellen Füßen stehen.

Überflüssige Miniversicherungen kündigen

Versicherungsvertreter leben von ihren Provisionen. Also verkaufen sie gern auch mal Policen, die ihre Kunden nicht unbedingt brauchen. Dazu zählt zum Beispiel die Reisegepäckversicherung: Diese zahlt nur, wenn du nachweisen kannst, dass du akribisch auf das Gepäck aufgepasst hast. Allerdings brauchst du keine Versicherung, wenn du das wirklich tust. Überflüssig sind auch Elektrogeräte-Reparaturversicherung, Brillenversicherung oder Unfallinsassenversicherung. Solche punktuellen Versicherungen lohnen sich in der Regel nicht, weil das Verhältnis von Beitrag zum Umfang der von vornherein eingeschränkten möglichen Leistung für die Kunden schlecht ist. Auch die Extra-Police fürs Smartphone kannst du dir sparen. Ein Einbruch zu Hause mit dem Diebstahl des Handys ist über die Hausratversicherung mitversichert. Und wenn dir jemand das Gerät in der U-Bahn aus der Hosentasche zieht, zahlt die Versicherung sowieso nicht. Eine Glasversicherung ist auch nicht nötig, außer du hast einen Wintergarten oder eine teure Glasüberdachung. Selbst Versicherungen gegen Krebs werden inzwischen angeboten. Auch das ist Unsinn. Was soll dir eine Police bringen, die dir eine einmalige Zahlung für eine Krankheitsart zusichert, aber bei allen anderen schweren Krankheiten keinen Cent zahlt? Weg also mit den unnützen Verträgen. Das Geld, das du dadurch sparst, kannst du cleverer anlegen.

DIE VORSORGELÜCKE BERECHNEN

Wie viele Jahre hast du noch bis zum Ruhestand? Nur noch wenige Jahre? Oder noch Jahrzehnte, weil du zwischen 25 und 45 bist? Bevor du Geld anlegst, solltest du unbedingt vorher klären, wie es um deine Finanzen im Ruhestand stehen könnte. Damit du so anlegst, dass es zu deiner Ruhestandsplanung passt. Denn es kann sehr gut sein, dass du das angelegte Geld später brauchen wirst, um deine Vorsorgelücke zu stopfen. Wie groß diese ist, musst du zunächst einmal herausfinden. Das unbestimmte Gefühl «das wird fürs Alter nicht reichen» kennst du womöglich, oder? Aber das reicht nicht!

Was also tun?

Zunächst ein kurzer Blick zurück: 70 Jahre, das war das Renteneintrittsalter, als Reichskanzler Bismarck die gesetzliche Rentenversicherung 1889 in Deutschland ins Leben rief. Die Lebenserwartung betrug damals 40 Jahre – von der Rente hatte also kaum einer was. Heute ist es fast umgekehrt: Hunderttausende gehen Jahr für Jahr schon mit 63 in Rente. Mittlerweile beläuft sich die Lebenserwartung für Frauen aber auf 83, für Männer auf 78,2 Jahre. Ruheständler können also darauf hoffen, dass sie noch zwei Lebensjahrzehnte vor sich haben. Umfragen zeigen allerdings, dass mehr als die Hälfte der Menschen hierzulande die Sorge umtreibt, ob ihr Alterseinkommen ausreichen wird. Umso wichtiger ist es für dich, eine mögliche Versorgungslücke zu erkennen und noch rechtzeitig ausgleichen zu können.

Am Anfang steht auch hier die Kassenprüfung. Diese besteht aus drei Teilen:

1. Du zählst die eigenen monatlichen Einnahmen und Ausgaben zusammen, so wie sie derzeit sind. Dadurch wird auch klar, wie viel Geld du im Monat maximal erübrigen kannst, um es so anzulegen, dass es dir helfen kann, die Lücke bei der Altersversorgung zu schließen.
2. Du kalkulierst die möglichen Ausgaben, die du haben könntest, wenn du in den Ruhestand trittst.
3. Du berechnest die zu erwartenden Einnahmen zum Rentenbeginn. Die Differenz, der Fehlbetrag zwischen Ausgaben und Einnahmen zu Beginn des Ruhestands, ist die monatliche Versorgungslücke.

Nun ist ein solcher Kassensturz mit vielen Unwägbarkeiten verbunden, zumal keiner die Zukunft voraussagen kann. Aber so bekommst du zumindest ein Bild deiner persönlichen Versorgungslücke und kannst besser einschätzen, wie viel du zur Verfügung haben wirst und wie viel dir im Rentenalter womöglich fehlen wird.

Was sich bei den Ausgaben im Alter ändert

Deine derzeitigen Einnahmen und Ausgaben hast du bereits ermittelt. Bei den möglichen Ausgaben im Ruhestand stellt sich zunächst die Frage, ob du als Rentner oder Rentnerin wirklich weniger Geld zum Leben brauchen wirst, was viele annehmen. Auf der einen Seite fällt natürlich einiges weg, etwa die Beiträge für die Renten- oder Arbeitslosenversicherung sowie für die Berufsunfähigkeitsversicherung, die Sparraten für die Altersvorsorge, der Zuschuss fürs

Studium oder die Ausbildung der Kinder, idealerweise Zins und Tilgung für den Baukredit oder etwa das Monatsticket für den Weg zur Arbeit. Auf der anderen Seite können im Alter zusätzliche Ausgaben entstehen, zum Beispiel für eine Haushaltshilfe, Pflegedienste, Medikamente, einen Treppenlift, die Enkelkinder, die Renovierung des Hauses – oder etwa kostspielige Reisen, wenn man sich als Ruheständler etwas gönnen mag. Vielleicht fallen solche Reisen, wie sie während des Arbeitslebens immer mal wieder möglich waren, im Alter aber auch weg, weil man sich dafür nicht mehr fit genug fühlt. Ein Finanzexperte der Verbraucherzentrale Bayern, mit dem ich schon viele Gespräche über das Thema geführt habe, fragt bei seinen Beratungsgesprächen stets auch: «Wie wollen Sie im Alter wohnen? Wollen Sie es eher kleiner haben? Oder komfortabler? Und können Sie eine womöglich hohe Miete mit Ihrem voraussichtlichen Alterseinkommen überhaupt bezahlen? Oder ist deshalb ohnehin ein Umzug nötig?»

Was auch immer dabei herauskommt: Es sind Annäherungswerte, um zumindest ein Gefühl für die Ausgaben im Alter zu bekommen. Du solltest dabei zunächst mit den heutigen Preisen rechnen, bis eine Summe X herauskommt. Im zweiten Schritt kannst du die verbleibenden Jahre bis zur Rente zählen und etwa mithilfe des Inflationsrechners bei zinsen-berechnen.de berechnen, wie hoch die voraussichtlichen Ausgaben zum Rentenbeginn dann tatsächlich sein werden. Du kannst dabei zum Beispiel mit einer Inflationsrate von zwei Prozent kalkulieren, das ist die Zielrate der Europäischen Zentralbank. Beispiel: Du kommst, Stand jetzt, auf erwartete Ausgaben von 3000 Euro im Monat. In zehn Jahren willst du in Rente gehen. Bei einer Teuerungsrate von zwei Prozent würdest du so auf Ausgaben in Höhe von 3657 Euro kommen.

Wie du die Einnahmen im Rentenalter kalkulierst

Natürlich musst du dir auch einen Überblick über dein voraussichtliches Einkommen im Alter und dein Vermögen verschaffen, das dir bestenfalls Zusatzeinkünfte im Ruhestand beschert. Dazu zählen:

- Zuallererst die gesetzliche Rente, die bei den meisten Ruheständlern hierzulande noch immer den größten Batzen zum Alterseinkommen beisteuert. Wie viel du bekommen wirst, entnimmst du der Renteninformation, die du einmal im Jahr von der Rentenversicherung zugeschickt bekommst, sofern du mindestens 27 Jahre alt bist und fünf Beitragsjahre in der gesetzlichen Rentenversicherung vorweisen kannst. Darin steht, wie hoch deine Bruttorente in Euro und Cent ausfallen wird, wenn du weiter wie im Durchschnitt der vergangenen fünf Jahren in die Rentenkasse einzahlst. Der Brief enthält zwei Varianten: eine Erhöhung der Rente um ein Prozent und eine um zwei Prozent. Gemessen an den Rentenerhöhungen in den vergangenen zehn Jahren sind zwei Prozent nicht unrealistisch. Die Bundesregierung rechnet sogar damit, dass die Renten bis zum Jahr 2038 um insgesamt rund 50 Prozent oder durchschnittlich 3,0 Prozent pro Jahr steigen werden.

- Falls du eine Lebensversicherung, eine private Rentenversicherung oder eine Riester-Rente hast oder dir eine Betriebsrente zusteht, kalkulierst du diese Ansprüche bei deinen Einnahmen mit ein. Was dir zusteht, erfährst du in den jährlichen «Standmitteilungen». Hier kannst du auf Nummer sicher gehen und erst mal nur mit den Leistungen rechnen, die dir der Versicherer garantiert und sicher auszahlen wird.
- Wenn du eine Immobilie vermietet hast, zählen die Mieterträge natürlich auch zu deinem zukünftigen Alterseinkommen. Aber Vorsicht: Ein Teil des Geldes wirst du nicht für ein schöneres Leben im Ruhestand verwenden können, weil du davon besser Rücklagen für mögliche Renovierungskosten bildest.
- Bei deinen Einnahmen zählt natürlich auch mit, wie viel im Monat ungefähr durch einen bereits geplanten Hinzuverdienst im Rentenalter obendrauf kommt.
- Außerdem solltest du einen Blick auf deine Konten werfen und, falls vorhanden, dein Wertpapierdepot. (Seite 107 ff.) Womöglich verfügst du über regelmäßige Zinseinnahmen oder Dividenden, mit denen du dein Alterseinkommen aufbessern kannst. Oder es liegen fünf- oder gar sechsstellige Beträge ungenutzt auf deinem Girokonto.

Wie hoch die Einnahmen netto ausfallen werden, ist allerdings schwer zu berechnen, schon weil sich Steuerregeln und Sozialabgaben ändern und zum Beispiel die Steuer auf Lebensversicherungen (Seite 236 ff.) vom Vertrag abhängt. Trotzdem weißt du am Ende deines Kassensturzes hoffentlich mehr: Auf der einen Seite stehen die möglichen

Ausgaben, die ausreichen sollten, um den angestrebten Lebensstandard im Alter zu finanzieren. Auf der anderen Seite sämtliche Einkünfte, die du im Alter hast. Der mögliche Fehlbetrag dazwischen ergibt die Lücke bei der monatlichen Versorgung. Und davon solltest du zumindest eine ungefähre Vorstellung haben, damit du dein Geld, und hier kommen wir zurück zu unserer Ausgangsfrage, für dich und deine Bedürfnisse sinnvoll anlegen kannst.

Tipp: Mit einer Pauschale rechnen

Dir ist das alles zu schwierig, vor allem wenn du versuchst, zu berechnen, was bei dir netto an Einnahmen herauskommen könnte? Dann ziehe einfach ein Drittel bis ein Viertel vom voraussichtlichen Brutto-Alterseinkommen ab. Das ist aber nur eine sehr grobe Schätzung, weil bei höheren Einkommen die Steuerlast steigt und privat Krankenversicherte womöglich mit hohen Beiträgen belastet sind. Wenn du dir unsicher bist, was für ein Einkommen im Ruhestand vorhanden sein sollte, kannst du auch davon ausgehen, dass du 80 Prozent des letzten Nettogehalts zur Verfügung haben solltest. Aber auch das kann je nach Ausgabeverhalten stimmen oder nicht. Vergiss bei der Ermittlung deiner Vorsorgelücke auch deinen Partner oder deine Partnerin nicht! Wenn ihr zusammenlebt, solltet ihr Einnahmen und Ausgaben separat zusammentragen. So seht ihr auf einen Blick, wer wie jeweils finanziell dasteht und wer eventuell nicht ausreichend abgesichert ist.

Häufig wird unterschätzt, wie sehr die Inflation die Kaufkraft des Geldes mindert. Wer zum Beispiel aus heutiger Sicht im Rentenalter monatlich über 3000 Euro netto verfügen will, müsste bei einer Inflationsrate von durchschnittlich zwei Prozent in 20 Jahren schon knapp 4600 Euro haben. Wenn du bei den erwarteten Ausgaben die Teuerungsrate einkalkulierst, musst du das bei den zu erwartenden Einnahmen natürlich auch, sonst wird die Rechnung schief. Auch deine gesetzliche Rente wird ja auf jeden Fall steigen.

Was dir außerdem hilft: Es lohnt sich, die eigene Finanzplanung zum Beispiel alle fünf Jahre zu aktualisieren. Dabei solltest du prüfen, ob die Annahmen noch passen, etwa beim Einkommen, bei den Renditen deiner Anlagen, den derzeit stark steigenden Ausgaben für die Kranken- und Pflegeversicherung, der Höhe der Inflation oder den Rentenerhöhungen. So hast du immer einen einigermaßen aktuellen Stand über deine Daten, ob sich daraus eine Versorgungslücke ergibt und den nötigen Bedarf, um sie zu schließen.

MIETEN ODER KAUFEN? WARUM ES DABEI NICHT NUR UMS GELD GEHT

Wenn du schon eine Immobilie hast oder diese behalten willst, kannst du diesen Abschnitt auch überspringen. Alle anderen Leser und Leserinnen sind gut beraten, sich darüber klar zu werden, ob sie sich eine Immobilie zulegen wollen und können. Es wäre nämlich sehr ärgerlich, wenn du dein Geld so anlegst, dass du nicht zum gewünschten

Zeitpunkt oder womöglich nur noch mit (deutlichen) Verlusten an es herankommst, wenn du es als Eigenkapitel für eine Immobilie brauchst. Die Entscheidung «Mieten oder kaufen, für die Eigennutzung oder als Kapitalanlage – was ist für mich die beste Lösung?» ist aber nicht nur eine Frage des Geldes. Du solltest dich vor allem fragen, ob du eher der Typ Mieter oder der Typ Eigentümer bist.

Für wen der Kauf einer Immobilie infrage kommt – und für wen eher nicht

Selbst wenn genug Geld vorhanden ist (also zumindest 20 bis 30 Prozent Eigenkapital), um einen günstigen Hypothekenkredit für die Finanzierung einer Immobilie zu erhalten, spricht dies nicht zwangsläufig für den Kauf einer Immobilie. Vorher solltest du dir überlegen, ob du eine Immobilie wirklich als Eigentum haben willst und das Eigenheim zu deiner Vorstellung von einem idealen Leben überhaupt passt.

Wann Kaufen besser passt

Auch wenn du schon immer von den eigenen vier Wänden geträumt hast, schadet es nicht, diesen Traum trotzdem noch einmal zu hinterfragen. Vielleicht bist du in einem Haus mit Garten oder in einer Eigentumswohnung in der Stadt aufgewachsen und möchtest unbedingt wieder so wohnen. Vielleicht fühlst du dich auch im eigenen Zuhause sicherer, nicht zuletzt deshalb, weil du dir dann keine Sorgen mehr machen musst, im Ruhestand steigende Mieten nicht mehr bezahlen zu können. Das spricht auf jeden Fall fürs Kaufen. Dann solltest du aber auch ruhig mit dem Wissen schlafen können, dass du einer Bank womöglich mehrere 100 000 Euro schuldest und zwei, drei Jahrzehnte brauchen wirst, um die Schulden abbezahlen zu können. Aber nicht nur das: Du musst auch damit zurechtkommen können, dass du (und deine Familie) gerade in den ersten Jahren der Schuldentilgung oft sorgsam haushalten musst. Und ihr keine schlechte Laune bekommt, wenn ihr deshalb weniger oft in den Urlaub fahren könnt, zweimal im Monat weniger essen geht oder das alte Auto länger fahren müsst, um zum Beispiel genug Geld für die jährliche Sondertilgung zu haben. Auch solltest du dir als Selbstnutzer einer Immobilie sicher sein, dass du dort, wo du kaufst, auf absehbare Zeit auch bleiben willst. Ein Job- und damit verbundener Ortswechsel ist für dich also eher kein Thema. Das Wort Immobilie ist hier Programm: Wer eine Immobilie erwirbt und darin wohnt, läuft Gefahr – wie es der Name schon sagt –, *immobil* zu werden (wobei sich eine Immobilie an einem einigermaßen guten Standort auch wieder verkaufen lässt). Das aber macht dir nichts aus.

Was ebenfalls für einen Kauf spricht: Dir gefällt es, wenn du siehst, was dir gehört, und du darin leben kannst. Mit einem Wertpapierdepot und den Zahlen auf einem Bildschirm kannst du hingegen nicht so viel anfangen. Und noch etwas solltest du bedenken: Ein ehemaliger Kollege von mir hat mal vor vielen Jahren ein inzwischen für einen Normalverdiener unbezahlbares Einfamilienhaus in München verkauft, weil er keine Lust mehr hatte, jedes Wochenende in dem Haus oder im Garten irgendetwas tun zu müssen. Was ich damit sagen will? Dich sollte es nicht nerven, dass so ein eigenes Haus Arbeit macht. Mal regnet es durch den Balkon herein. Mal taucht an einer Wand Schimmel auf. Mal muss die Heizung gewartet werden – irgendwas ist immer zu tun, wissen erfahrene Immobilieneigentümer. Entweder muss man dann selbst Hand anlegen oder Handwerker beauftragen, was in Großstädten häufig kein leichtes Unterfangen ist.

Wann Mieten besser passt

Wer das alles nicht auf sich nehmen will, lebt wahrscheinlich besser als Mieter oder Mieterin. Dafür können auch ökonomische Überlegungen sprechen, nicht nur weil zum Beispiel weltweit anlegende Aktien-ETFs (Seite 121 ff.) zumindest bisher langfristig bessere Renditen abgeworfen haben als Immobilien. Was auch fürs Mieten spricht: Wer lieber mobil bleiben will, holt sich mit einer eigenen Immobilie kein «Klumpenrisiko» ins Haus. Das ist aber der Fall, wenn, wie bei vielen jungen Familien nicht selten üblich, alles Geld in der Immobilie steckt und für andere Anlagen nichts oder kaum mehr etwas übrig bleibt.

Was zudem oft vergessen wird: Wer sich eine Eigentumswohnung kauft, muss sich mit anderen Eigentümern herumschlagen. Muss sich schlimmstenfalls mit Menschen, mit denen man privat wirklich gar nichts zu tun haben will, darauf einigen, wie etwa das Dach saniert oder eine Wärmepumpe eingebaut wird. Auch das ist nicht jedermanns Sache, mal abgesehen davon, dass du mit einer Immobilie finanziell in der Lage sein musst, Rücklagen zu bilden für irgendwann fällige Sanierungsarbeiten, falls du dich nicht zusätzlich verschulden willst.

Wer sich eine Immobilie leisten kann

Angenommen, du bist der Typ Eigentümer/Eigentümerin, dann geht es natürlich auch um die Frage, ob du dir die eigenen vier Wände leisten kannst. Eine Immobilie kostet normalerweise mehrere Hunderttausend Euro, in gefragten Regionen wie in München und Umgebung sogar mehr als eine Million Euro plus x. So viel Geld haben nur wenige Menschen auf der hohen Kante, die meisten sind auf einen Kredit angewiesen. Und diesen Kredit musst du dir erst einmal leisten können. Diese Voraussetzungen solltest du idealerweise erfüllen:

- Du kannst mindestens 20 Prozent des Kaufpreises aus deinem Ersparten oder Ererbten zahlen. Denn je weniger Eigenkapital du mitbringst, desto höhere Zinsen verlangt die Bank.
- Du hast zusätzlich noch genug Geld (zum Beispiel auf dem Tagesgeldkonto), um die Nebenkosten zu bezahlen. Dazu zählen die Grunderwerbssteuer von je nach Bundesland 3,5 bis 6,5 Prozent des Kaufpreises. Hinzu kommen mit rund 1,5 bis 2 Prozent Notar- und Grundbuchkosten. Hat eine Maklerin oder ein Makler die Immobilie vermittelt, ist zusätzlich eine ortsübliche Provision von 3,57 bis 7,14 Prozent fällig. Allein diese Standardnebenkosten können zusätzlich bis zu 15 Prozent des Kaufpreises ausmachen. Diese Nebenkosten werden in der Regel von den Banken nicht vorfinanziert. Beispiel: Kostet das Haus 400 000 Euro, sind bei Gesamtnebenkosten von 12,5 Prozent 50 000 Euro extra fällig.
- Du mutest dir nicht mehr zu, als du kannst. So sollte am Anfang stets die Frage stehen: Was kann ich mir

leisten? Wenn du ein Haushaltsbuch führst, hast du bereits einen Überblick über deine Einnahmen und Ausgaben. Deine monatlichen Einkünfte müssen ausreichen, um die Kreditrate zahlen zu können. Dabei solltest du nicht zu knapp kalkulieren. Es sollten immer genügend Reserven vorhanden sein, um unvorhergesehene Ausgaben (zum Beispiel eine größere Autoreparatur) weiter stemmen zu können. Dazu zwei Faustregeln. Erstens: Du solltest dir eine monatliche Kreditrate leisten können, die mindestens so hoch ist wie deine vorherige monatliche Kaltmiete plus einen Zuschlag von mehreren Hundert Euro, um sicher zu sein, dass du dich finanziell nicht übernimmst. Zweitens: Du solltest nicht mehr als 30 Prozent, allenfalls 40 Prozent, des verfügbaren Nettoeinkommens für Zins, Tilgung und Unterhaltungskosten (Strom, Heizung, Wasser, Rücklagen) deiner Immobilie ausgeben müssen. Sonst bleibt dir zu wenig zum Leben übrig. Hilfreich für die Kalkulation ist der Rechner «Eigenheimfinanzierung» der Stiftung Warentest.[5]

Zinsen realistisch einschätzen

Wie viel du unterm Strich zahlst, hängt maßgeblich von den Bauzinsen für ein Hypothekendarlehen ab (bei dem die Bank deine Immobilie als Sicherheit verwerten darf, wenn du deine Kreditraten nicht mehr zahlen kannst). Aber wann sind die Zinsen eigentlich hoch und wann niedrig? Im Sommer 2025 beliefen sich die Zinsen für einen Baukredit mit zehn Jahren Laufzeit auf etwa 3,7 Prozent. Nun klingen Zinsen von mehr als drei Prozent eher hoch – zumindest verglichen mit den niedrigen Zinsen, die es noch vor ein paar Jahren gab. Im Frühjahr 2020 etwa war es möglich, ohne Probleme einen Hypothekenkredit von unter 1,0 Prozent Zinsen zu bekommen. Im historischen Vergleich sind Zinssätze von deutlich unter vier Prozent aber niedrig. So lagen die Zinsen vor gut 30 Jahren bei knapp neun Prozent, im 30-Jahres-Durchschnitt belaufen sie sich auf etwa 4,5 Prozent.

Wie sich ausrechnen lässt, was sich mehr lohnt

Wer grundsätzlich dazu bereit ist, eine Immobilie zur Eigennutzung zu kaufen, sollte einmal durchkalkulieren, ob das auch finanziell ein lohnendes Investment im Vergleich zum Mieten werden kann. Fachleute empfehlen dafür, den Kaufpreis mit der aktuell zu zahlenden Jahreskaltmiete ins Verhältnis zu setzen. Dabei wird der Kaufpreis durch die Jahreskaltmiete geteilt: Je höher dieser Wert, desto weniger lohnt sich ein Kauf im Vergleich zur Miete.

Liegt das Ergebnis bei etwa 20, kann man von einem sehr günstigen Kaufpreis sprechen. Tatsächlich zahlen heute nicht wenige Menschen auch das 30- bis 40-Fache der Jahresnettokaltmiete in Ballungsräumen, wo die Einkommen überdurchschnittlich hoch und die Beschäftigungslage gut ist. Das aber bedeutet nichts anderes, als dass der Kaufpreis einer Immobilie erst nach fast 30 oder 40 Jahren Jahresmieten «abbezahlt» ist. Die Stiftung Warentest hielt in einer Analyse der Immobilienpreise 2025 fest: «Günstig ist ein Kaufpreis-Miete-Verhältnis von unter 22, ungünstig ist ein Wert von über 27.»

In vielen Städten Deutschlands liegt der Wert zum Teil deutlich darüber, auch wenn sich das Verhältnis von Kaufpreis zur Jahresnettokaltmiete, im Fachjargon «Vervielfältiger» genannt, nach dem Ende des Immobilienbooms in Deutschland zugunsten der Käufer verändert hat. Wobei es ein großer Unterschied ist, welche Miete man vergleichsweise heranzieht. Die Mietpreise für Neumieter sind oft viel höher als für die Mieter, die zum Teil schon seit Jahrzehnten in derselben Wohnung leben. So können gerade hohe und stetig steigende Mieten dazu beitragen, dass man überhaupt erst anfängt, sich zu überlegen, ob Kaufen auf Dauer nicht viel günstiger ist.

Tipp: Nichts übereilt entscheiden

Das Kaufpreis-Miete-Verhältnis ist nur ein Orientierungspunkt. Wer es sich leisten kann und unbedingt im Eigenheim leben will, kann natürlich auch bei einer Immobilie zuschlagen, die nach dieser Faustregel eher teuer erscheint, um sich den Lebenstraum von den eigenen vier Wänden zu erfüllen. Du solltest dich aber nicht zu einer Entscheidung drängen lassen. Diejenigen, die am Immobilienmarkt ihr Geld verdienen, nutzen gerne jede Gelegenheit, um den Eindruck zu erwecken: Wer jetzt nicht zuschlägt, ist selbst schuld. Kommt dir bekannt vor? Genau. Da kommt sie wieder ins Spiel, die Verlustaversion. Deshalb lieber alles in Ruhe durchkalkulieren und sich nicht von der Angst, eine großartige Gelegenheit oder gar die Chance des Lebens zu verpassen, zu einer übereilten Entscheidung verleiten lassen.

DIE EIGENE RISIKO-BEREITSCHAFT AUSLOTEN

Die meisten Menschen wollen bei ihrer Geldanlage am liebsten alles auf einmal: Dazu zählen möglichst hohe Erträge (Finanzmenschen reden hier von der Rendite), die Sicherheit, nichts von dem angelegten Geld verlieren zu können, und idealerweise soll das Geld auch noch immer verfügbar und nicht so festgelegt sein, dass man für eine bestimmte Zeit nicht herankommt. Die «eierlegende Wollmilchsau» gibt es aber auch bei der Geldanlage nicht. Kein Anlageprodukt bietet alles auf einmal. Und wenn dir jemand über den Weg läuft, der genau das verspricht, kannst du davon ausgehen, dass du es mit einem Hochstapler, Gauner, Scharlatan oder unseriösen Verkäufer zu tun hast. Was aber möglich ist: Du kannst verschiedene Anlagen so mixen, dass du von jedem etwas hast. Das bedeutet:

- Es steht stets genug Geld sofort zur Verfügung (Liquidität), falls du einen teuren Urlaub machen willst oder eine happige Steuernachzahlung fällig ist oder eine teure Autoreparatur anfällt oder, oder, oder ... Das ist Baustein eins für deine finanziellen Reserven.
- Du hast Geld, das sicher angelegt ist und nicht an Wert verlieren kann – außer durch die Inflation. So kannst du regelmäßig mit Zinsen rechnen, vielleicht auch weil du dir von deiner Erbschaft, deiner Abfindung oder aus der Auszahlung deiner Lebensversicherung ein monatliches Zusatzeinkommen auszahlen lassen

willst (Sicherheit). Das ist Baustein zwei deiner Geldanlage.

- Und du hast Geld, das so angelegt ist, dass es Erträge deutlich über den Sparzinsen abwirft und die Inflation somit mehr als ausgleicht (Rendite). Dafür musst du aber ein höheres Risiko eingehen. Es gilt die Faustformel: Je höher der mögliche Gewinn, desto größer dein Risiko – und damit die Gefahr, Verluste einzufahren. *No risk, no fun – no money*. Das ist Baustein drei deiner Geldanlage.

Du legst aber nur dann erfolgreich an, wenn du dir vorher klargemacht hast, wie der Mix dieser drei Bausteine aussehen könnte, welches Gewicht jeder Baustein haben sollte und mit welcher Version du ruhig schlafen kannst. Wirf also mal einen Blick in dein Inneres! Keine Angst: Dafür musst du dich nicht auf die Couch eines Psychoanalytikers legen oder zur Gesprächstherapeutin gehen. Bei deiner persönlichen Risikoanalyse sind zunächst zwei Punkte zu unterscheiden:

Die subjektive Risikoneigung: Hier geht es, überspitzt gesagt, um die Frage, ob du eher ein Zocker-Typ oder Typ Angsthase bist. Würdest du einen Berater zuerst nach dem Risiko oder nach möglichen Gewinnen einer Anlage fragen? Könntest du ruhig schlafen, wenn der Kurswert deines Vermögens binnen weniger Wochen oder Monate um 10, 20 oder gar 50 Prozent beziehungsweise um 10 000, 20 000 oder 50 000 Euro sinkt? Oder bevorzugst du lieber eine sichere Anlage, die möglichst wenig oder gar nicht im Wert schwankt, dafür aber weniger Rendite bringt? Wie viel Risiko du verträgst, solltest du für dich entscheiden.

Die Risikotragfähigkeit: Hier ist zu klären, wie viel Risiko du dir in deiner Lebenssituation und bei deinem Einkommen und Vermögen leisten kannst und solltest. Das reicht bis zu der Frage, inwieweit du finanzielle Verluste verkraften kannst, ohne dadurch in finanzielle Not zu geraten. Klar, dafür gibt es keine pauschalen Lösungen, keine Formel, die genau aussagt, welchen Anteil ihres Kapitals Menschen mit welchem Risiko anlegen sollten. Du wirst dafür aber gute Annäherungswerte finden, wenn du dir einige Fragen vorher durch den Kopf gehen lässt.

Der finanzielle Puffer: Hast du bereits eine finanzielle Reserve, auf die du bei Bedarf jederzeit zurückgreifen kannst? Diese Rücklage dient dazu, unerwartete und / oder größere Ausgaben wie für eine neue Waschmaschine oder das neue Fahrrad für die Tochter schnell und unkompliziert bezahlen zu können – unabhängig davon, wie sich deine Geldanlagen entwickeln. Nicht nur Verbraucherschützer raten, mindestens zwei bis drei Monatsgehälter als Notgroschen bereitzuhalten. Solltest du Immobilien besitzen, empfiehlt es sich, einen noch größeren Betrag vorzuhalten, weil höhere Ausgaben früher oder später fällig sind, egal, ob für eine Dachreparatur, neue Fenster oder den Einbau einer Wärmepumpe. Sicherheitshalber kannst du zum Beispiel jährlich ein bis zwei Prozent des Immobilienwerts für Reparaturen einplanen. Bei älteren oder renovierungsbedürftigen Objekten kann sogar ein noch höherer Betrag sinnvoll sein. Falls du das bislang nicht getan hast, ist es besser, wenn du das berücksichtigst, bevor du anfängst, größere Summen so anzulegen, dass du an das Geld nicht mehr oder nur noch mit finanziellen Einbußen herankommst.

Finanzielle Verpflichtungen: Bedienst du laufende Kredite, zahlst Unterhalt oder planst größere Anschaffungen wie etwa den Kauf eines neuen Elektroautos? Dann verringert sich deine Risikotragfähigkeit ebenfalls. Für diese Verpflichtungen solltest du ebenfalls entsprechende Rücklagen bilden oder einen Teil deines Einkommens reservieren. Durch deine Geldanlagen darfst du nicht in die unbequeme Lage geraten, diesen Verpflichtungen nicht mehr nachkommen zu können.

Deine finanzielle Lage: Wie stabil und wie hoch ist dein Einkommen? Sieht es hier gut aus, kannst du ein größeres Risiko tragen. Wer als Freiberufler eine sehr schwankende Auftragslage hat oder nur befristet angestellt ist, sollte weniger Kapital riskant investieren. Das gilt auch für Menschen, die bei einem Verlust ihres Arbeitsplatzes womöglich große Schwierigkeiten bekommen, eine neue, ähnlich gut bezahlte Stelle zu finden. Außerdem hängt deine Risikotragfähigkeit davon ab, ob du zum Beispiel bereits über ein «größeres» Vermögen verfügst, und ob dein bestehendes oder zukünftiges Alterseinkommen schon so ausreichend ist, dass du dir deswegen keine finanziellen Sorgen machen musst. Oder ob du zum Beispiel mit hundertprozentiger Sicherheit sagen kannst, dass du in absehbarer Zeit ein Erbe erwarten kannst.

Die Lebensphase: Je jünger du bist, desto mehr Zeit hast du in der Regel, mögliche Verluste «auszusitzen». Entsprechend höher ist deine Risikotragfähigkeit. Je näher du dem Ruhestand und dem absehbaren altersbedingten Ende deines Lebens kommst, desto weniger Zeit hast du, Verlustphasen durchzustehen und zu warten, bis sich die Börsenkurse wieder erholen. Das kann vor allem dann zum Problem werden, wenn du das Geld brauchst, um dir daraus ein für dich unbedingt notwendiges Zusatzeinkommen auszahlen zu lassen. Auch wenn du planst, in naher Zukunft eine Familie zu gründen, empfiehlt es sich, einen größeren Teil des Kapitals sicher und risikoarm anzulegen.

Das Ziel: Willst du zu einem ganz bestimmten Zeitpunkt eine bestimmte Summe zur Verfügung haben? Das schränkt deine Risikotragfähigkeit ebenso ein. Du solltest dann zumindest den Teil des Geldes, den du zum Zeitpunkt X brauchst, nicht in Anlagen investieren, bei denen du mit Kursschwankungen rechnen musst. Bist du nämlich mit diesen Anlagen genau dann in den roten Zahlen, wenn du auf das Geld zugreifen willst, musst du mit Verlust verkaufen.

Der Anlagehorizont: Wie lange willst du das Geld anlegen? Oder gibt es gar kein Limit, weil du nichts davon brauchst und zum Beispiel sowieso alles deinen Kindern vermachen willst? Je länger du das Geld liegen lassen kannst, desto eher kannst du Wertschwankungen durchstehen und entsprechend riskanter investieren. Wer hingegen zum Beispiel mit 30 Jahren beginnt, Geld zu sparen, weil sie oder er in zehn Jahren ein Sabbatical plant, kann nicht so riskant investieren wie Gleichaltrige, die mit ihrem Eintritt in den Ruhestand 37 Jahre (oder bis dahin vielleicht eher 40 Jahre) später rechnen. Auch wer in ein paar Jahren sein Geld als Eigenkapital für einen Immobilienkredit verwenden will, sollte nicht das Risiko eingehen, vorher noch Geld zu verlieren.

Nach diesen Vorüberlegungen siehst du hoffentlich schon ein bisschen klarer, wie viel Risiko du eingehen kannst und willst und wie du die drei Bausteine Liquidität, Sicherheit und Rendite am besten kombinierst. Damit dir das noch leichter fällt, stelle ich dir hier drei archetypische Anlegertypen vor, die im Buch als Musterbeispiele für verschiedene Anlagestrategien herangezogen werden. Es hilft dir vielleicht, dich bei einem dieser Anlegertypen einzuordnen, oder irgendwo dazwischen.

Die Vorsichtigen

Ihr Motto bei der Geldanlage: «Ein Spatz in der Hand ist besser als die Taube auf dem Dach.» Sie begnügen sich lieber mit niedrigeren, sicheren Erträgen, als ihr Geld so anzulegen, dass höhere Gewinne möglich wären, die aber auch mit einem höheren Verlustrisiko einhergehen. Nachts könnten sie nämlich nicht schlafen, wenn ihr Vermögen an Wert verliert, und sie würden sich sicher Vorwürfe machen, nicht auf Nummer sicher gegangen zu sein. Die Vorsichtigen wollen am liebsten nichts entscheiden, nur um keine Fehler zu machen. Ihr Geld liegt bei der örtlichen Genossenschaftsbank oder der Sparkasse, wenn überhaupt, dann unterdurchschnittlich verzinst. Hauptsache, keine Verluste. Die Börse ist für die Vorsichtigen ein Casino, in dem man nur Geld verlieren kann. Bei der Geldanlage kommt ihnen ihre ausgeprägte Verlustaversion in die Quere: Sie überschätzen, wie Befragungen von Sparern und Sparerinnen zeigen, notorisch die langfristige Verlustwahrscheinlichkeit an den Aktienmärkten. Aber dazu später mehr.

Die Gelassenen

Die Gelassenen sind der Überzeugung, dass man im Leben ab und zu auch mal was riskieren kann. Auch bei der Geldanlage, um mehr herauszuholen als die mageren Zinsen für

Tagesgeld oder Festgeld. Sie investieren deshalb bewusst am Aktienmarkt, kaufen weltweit anlegende Aktienfonds, und haben genug Geduld, um bei Kurseinbußen wieder auf bessere Zeiten zu warten. Die Gelassenen sind, wie es mein ehemaliger Kollege bei der *Süddeutschen Zeitung* Victor Gojdka einmal formuliert hat, die «Zenmeister der Börse». Sie lassen sich durch nichts aus der Ruhe bringen, vertrauen darauf, dass sie in der Lage sind, ihre Finanzen in Ordnung halten zu können, wagen keine unnötigen Experimente und haben stets ihre langfristigen Ziele und ihre Rente im Blick. Sie versuchen, rational zu handeln und sich nicht von Emotionen zu unüberlegten Fehlentscheidungen bei der Anlage ihres geschätzten Geldes verleiten zu lassen.

Die Zocker

Die Zocker haben die Kurse ihrer Aktien oder ihrer Finanzwetten auf dem Handy ständig im Blick, immer auf der Suche nach einer neuen Investmentchance: Der Kurs des Chipherstellers Nvidia ist gefallen? Jetzt schnell zugreifen, bevor er wieder hochgeht. Rheinmetall ist gestiegen? Schnell noch ein paar Aktien des Rüstungsherstellers nachkaufen, weil der Kurs weiter hochschießen könnte. Sie lieben es, zu spekulieren, gerne auch intuitiv und von ihrem Bauchgefühl geleitet mit dem Smartphone auf dem Weg zur Arbeit. Zocker sind die Lottospieler an der Börse, sie brauchen den Kick wie Drogensüchtige neuen Stoff. Das Spiel mit dem Geld können sich diese hyperaktiven Anleger aber auch leisten, meistens zumindest. Sie sind in der Lage, es zu verschmerzen, wenn sie eingesetztes Kapital ganz oder teilweise verlieren. Die Zocker probieren gerne mal etwas aus, setzen auf neue Trends an der Börse, egal, ob Wasserstoff oder künstliche Intelligenz, und geben sich keinesfalls wie die Gelassenen damit zufrieden, regelmäßig und diszipliniert jeden Monat per Sparplan in kostengünstige ETFs zu investieren. Der Kick, viel gewinnen oder alles verlieren zu können, gibt ihnen eine tiefe Befriedigung, auch wenn das auf Dauer meist schiefgeht. Deshalb wird dieser Anleger-Typ auch *sensation seeker* («Sensations-Sucher») genannt.

DIE PERSÖNLICHEN ZIELE DEFINIEREN

Jetzt fehlt nur noch ein Schritt, bevor es losgehen kann. Ehe du im nächsten Kapitel lesen wirst, wie du konkret Geld anlegen kannst, solltest du deine persönlichen Ziele einmal für dich aufschreiben. Denn Geld einfach so zu investieren, ohne zu wissen, wann du was davon wieder brauchen wirst und was du damit bezwecken willst, ist keine gute Strategie. Das geht fast immer schief, und schlimmstenfalls ärgerst du dich hinterher, dass du einfach so unüberlegt angelegt hast. Hinzu kommt: Wenn du deine finanziellen Ziele konkret notierst, bist du besser motiviert und wirst dich leichter damit tun, das Vorgenommene auch systematisch umzusetzen, gerade dann, wenn es um ein langfristiges Vorgehen geht, das erst in 7, 10 oder 15 Jahren Früchte tragen soll. Aber der Reihe nach.

Die ersten Schritte hast du schon geschafft und damit schon ganz schön viel. Du kannst jetzt treffsicher einschätzen, was für ein Anlegertyp du bist. Du hast ein Gefühl dafür, wie viel Risiko du eingehen willst. Du hast auch geklärt, wie viel Risiko du dir in deiner Lebenssituation und bei deinem Einkommen und Vermögen leisten kannst und willst. Und du hast deine finanzielle Bestandsaufnahme gemeistert. Nun gilt es, den persönlichen Finanzfahrplan festzulegen. Dafür kannst du dir Gedanken zu folgenden Punkten machen:

Was sind größere Ausgaben, die in den nächsten Jahren unumgänglich sind? Wann fallen sie voraussichtlich an, und wie viel werden diese vermutlich ungefähr kosten? Deine Vermögensübersicht hat leider ergeben, dass dir dafür noch Mittel fehlen? Dann halte diese Lücke schriftlich fest.

Hast du zudem bei der Betrachtung deiner künftigen Alterseinkünfte eine mögliche Versorgungslücke ausfindig gemacht? Wenn du noch unter 50, erst recht unter 40 bist, ist es sogar recht wahrscheinlich, dass du eine solche Lücke hast. Auch dann, wenn du in die gesetzliche Rente, in eine Riester-Rente und eine Betriebsrente einzahlst. Alle drei Renten sind selbst zusammengenommen oft noch zu dürftig, um später ein auskömmliches Alterseinkommen zu haben. Derzeit bekommt zum Beispiel ein West-Rentner, der 45 Versicherungsjahre auf dem Buckel hat, eine Rente von durchschnittlich 1773 Euro ausgezahlt, bei Frauen sind es 1341 Euro. Oft sind die Renten sogar noch deutlich niedriger, weil die meisten Menschen so viele Beitragsjahre nicht zusammenbekommen. Die durchschnittliche Riester-Rente beläuft sich auf monatlich rund 132 Euro, eine Betriebsrente auf durchschnittlich 535 Euro. Diese Summen werden in Zukunft sicherlich steigen. Trotzdem ist es recht wahrscheinlich, dass das Ergebnis deiner Analyse für dich erst einmal beunruhigend ist, weil du vom Ziel – etwa 80 Prozent deines letzten Nettogehalts im Alter zur Verfügung zu haben – noch weit entfernt bist. Lass dich davon aber nicht abschrecken oder vom Vorhaben abbringen, jetzt endlich anzufangen mit dem sinnvollen Anlegen deines Gelds. Denke daran: *Dein Geld kann mehr!* Also besser erst einmal ermitteln, wie viel zusätzliches Kapital nötig ist, um im Ruhestand daraus eine ergänzende Rente zu beziehen. Mit Online-Rechnern sowie Sparplan- oder Entnahmeplan-Tools (z. B. unter www.zinsen-berechnen.de) kannst du zügig herausfinden, welche Beträge für bestimmte Zeiträume und unter Annahmen bestimmter Renditen erforderlich sind.

Der Zinseszins oder die wundersame Geldvermehrung

Ein Beispiel: Du hast bereits 100 000 Euro zur Verfügung. Du brauchst weitere 200 000 Euro, um deine Versorgungslücke bis zum Eintritt in den Ruhestand in 20 Jahren zu schließen. Du schafft es, die 100 000 Euro so anzulegen, dass du eine jährliche Rendite von drei Prozent hast. Dann sind inklusive Zins und Zinseszins aus den 100 000 Euro in 20 Jahren etwas mehr als 180 000 Euro geworden. Fehlen immer noch 120 000 Euro. Um die 300 000 Euro zu erreichen, müsstest du nun noch zusätzlich 365 Euro im Monat anlegen, vorausgesetzt, du erzielst damit ebenfalls eine Rendite von drei Prozent im Jahr, nach Abzug von Steuern. Auch hier gilt: Der Zinseszinseffekt macht vieles möglich und sorgt für eine fast wundersame Geldvermehrung. Denn mit den 100 000 Euro Startkapital erwirtschaftest du Zinsen in Höhe von genau 80 611 Euro in 20 Jahren. Und mit den insgesamt 240 Monatsraten à 365 Euro zahlst du 87 600 Euro ein, holst damit aber 32 004 Euro an Zinsen heraus.

Hast du eine Immobilie, die zu einem bestimmten Zeitpunkt, idealerweise spätestens zum Rentenbeginn schuldenfrei sein wird? Dann solltest du das in deine Planung einfließen lassen. Wenn du später mietfrei darin wohnst, kannst du bei deinen Kapitalanlagen ein größeres Risiko eingehen. In deine Pläne einbeziehen solltest du aber auch, wenn du als Immobilieneigentümer planst, ein vermietetes Objekt zu verkaufen, etwa weil du herausgefunden hast, dass du als Vermieter oder Vermieterin vielleicht nicht so geeignet bist. Der Verkaufserlös soll ja nicht auf dem Girokonto bleiben.

Vielleicht hast du schon geerbt – oder erbst bestimmt bald noch einmal oder zum ersten Mal. Dann solltest du dies ebenfalls mitberücksichtigen. Steht schon sicher fest, dass du künftig einen nennenswerten Betrag oder eine teure Immobilie erben wirst, fällt deine Rentenlücke womöglich deutlich geringer aus. Wenn dir etwa einmal eine Villa am Starnberger See oder auf Sylt gehören wird, hast du womöglich sogar schon «ausgesorgt» – anders sieht es mit einer Immobilie in Unterfranken im Landkreis Rhön-Grabfeld oder im Kyffhäuserkreis in Thüringen aus. Allerdings dauert es manchmal länger als erwartet, bis das erhoffte Erbe da ist, deshalb darfst du nicht zu optimistisch kalkulieren. Kann ja sein, dass du zum Beispiel zwischen 67 und 73 eine Rentenlücke hast und du erst danach «im Geld schwimmen» kannst. Das aber sollte dich nicht unerwartet treffen.

NICHT LÄNGER WARTEN – JETZT HANDELN

Entscheidend ist jedoch, endlich zu beginnen. Je früher du startest, desto mehr profitierst du vom Zinseszinseffekt, nicht nur beim monatlichen Sparen per Sparplan. Wenn du schon eine nicht unbeträchtliche Summe auf dem Girokonto liegen hast, lässt du besser nicht noch viele Monate zwischen deiner Bestandsanalyse, dem Planen und Zieleformulieren und dem Loslegen verstreichen. Jeder Monat und jedes Jahr zählen.

Beispiel 1: Du hast festgestellt, dass dir 300 000 Euro fehlen, damit du sorgenfreier in den Ruhestand mit 67 Jahren gehen kannst. Um nach 30 Jahren Ansparzeit 300 000 Euro bei einer Rendite von zum Beispiel 3,5 Prozent nach Steuern zusammengespart zu haben, musst du im Monat immerhin rund 475 Euro zurücklegen. Hast du hingegen dafür nur 15 Jahre Zeit, müsstest du monatlich bereits 1272 Euro sparen – das ist selbst für Gutverdienende kaum zu schaffen.

Beispiel 2: Du verfügst bereits über 100 000 Euro auf deinem Girokonto, hast das Geld aber bislang nicht investiert. Bleiben wir bei der jährlichen Netto-Rendite nach Abzug von Steuern in Höhe von 3,5 Prozent. Dann wären die 100 000 Euro nach 15 Jahren auf rund 167 535 Euro angewachsen. Würdest du hingegen das Kapital ein Jahr lang ungenutzt liegen lassen und es erst danach für 14 Jahre zu 3,5 Rendite anlegen, kämen zwar immer noch 161 869 Euro heraus. Das sind allerdings fast 6000 Euro weniger. Jedes Jahr zählt!

KAPITEL III

So nutzt du Girokonto, Tagesgeld, Festgeld und Depot richtig

Egal, ob du deine ersten Euros zur Seite legen, endlich mit dem Sparen durchstarten oder dein Geld clever vermehren willst – du brauchst dafür verschiedene Konten. Wahrscheinlich besitzt du bereits das eine oder andere, weißt aber nicht, ob sich das noch optimieren lässt. Deshalb erfährst du hier, was ein Girokonto und ein Wertpapierdepot, was Tagesgeld und Festgeld bringen sollten und warum es sich auszahlt, die Unterschiede, Fallstricke, Vor- und Nachteile zu kennen. Denn mit den passenden Konten verringerst du deine Kosten und meidest teure Fehler, fällst auf keine Zinsfalle mehr herein und holst mehr aus dem eigenen Geld heraus – und das ganz ohne Finanzakrobatik. Los geht's.

BEIM GIROKONTO FÄNGT DAS SPAREN AN

Sicher hast du schon ein Girokonto, auf dem genug Geld liegt, um deine Rechnungen, deine Miete oder die Rate für deinen Hypothekenkredit oder die Rundfunkgebühren zu bezahlen. Aber das Girokonto ist mehr als ein Tool für den Zahlungsverkehr im Alltag. Es ist die Ausgangsbasis für deine Geldanlagen. Deshalb zunächst ein paar Worte zum Girokonto.

Wenn es um ihr Girokonto geht, sind Bankkunden und -kundinnen treue Seelen. Nicht selten regen sie sich über neue Gebühren, geschlossene Filialen oder die miese Beratung auf – zu einem anderen Institut zu gehen, kommt für die meisten trotzdem nicht infrage. Vielen ist das schlicht zu kompliziert und zu zeitaufwendig. Du solltest dich aber wenigstens im Rahmen deiner finanziellen Bestandsaufnahme vergewissern, ob du wirklich noch beim richtigen Anbieter bist oder nicht vielleicht doch wechseln solltest. Der einfache Grund: Mit der Wahl des richtigen Girokontos kannst du jeden Monat ein paar Euros sparen, die du bestimmt für etwas Besseres, etwa für einen Sparplan, verwenden kannst, als das Geld der Bank zu überlassen. Diese Punkte solltest du dabei einmal durchgehen.

Der Preis: Auf deinem Kontoauszug steht in der Regel einmal im Monat, wie viel du an «Entgelten» zahlst, so nennt die Bank oder Sparkasse das, was sie dir regelmäßig fürs Girokonto abknöpft. Alles, was insgesamt bis zu fünf Euro im Monat kostet, ist angemessen und nicht zu teuer. Das sagt auch die Stiftung Warentest. Tatsächlich zahlten aber 2025 viele fast das Doppelte: Laut einer Erhebung der Warentester zahlen Bankkunden nämlich durchschnittlich 117 Euro pro Jahr für ein Girokonto. Teilweise sind sogar mehr als 300 Euro fällig.

Das Kontomodell: Du kannst auch bei deiner Hausbank bleiben und trotzdem eine Menge Gebühren sparen, wenn du ein günstigeres Kontomodell wählst. Womöglich hast du zum Beispiel immer noch ein klassisches Girokonto mit vollem Filialservice gewählt, mit dem du etwa einen Dauerauftrag in der Filiale ändern lassen kannst. Das aber ist teuer, so eine Filiale zu unterhalten, kostet die Bank nun mal Geld. Wechselst du zu einem reinen Online-Angebot deiner Hausbank, weil du sowieso seit Jahren nicht mehr in einer Filiale warst, kannst du dir oft die Hälfte deiner Kosten sparen. Dann musst du allerdings alle Geschäfte online abwickeln und die Kontoauszüge kannst du nur noch an deinem eigenen Drucker ausdrucken. Willst du dir trotzdem zum Beispiel etwa Bargeld am Schalter holen, Überweisungen auf Papier abgeben oder Kontoauszüge am bankeigenen Drucker herauslassen (sofern das überhaupt noch geht), kassieren die Banken bei dir extra ab. Man könnte auch von «Strafgebühren zur Abschreckung» sprechen.

Die versteckten Kosten: Beim Blick auf die «Entgelte» solltest du genau hinschauen. Fast alle Banken und Sparkassen haben in den vergangenen Jahren nicht nur ihre Basispreise erhöht. Wenn es ums Girokonto geht, legen die Geldhäuser eine schon fast bewundernswerte Fantasie an den Tag, Dinge zu bepreisen, die gestern noch kostenlos waren. So sagt ein niedriger Basispreis nicht immer alles über die wahren Kosten aus. Nicht selten täuscht dieser sogar darüber hinweg, wie hoch die tatsächlichen Kosten sind, weil viele Preise für Extras versteckt erhöht worden sind. Mal verlangen Banken plötzlich Geld für Überweisungen oder Daueraufträge. Mal werden ein paar Cent für jede Gutschrift oder jede Lastschrift extra kassiert. Oder die Girokarte (früher EC-Karte) gibt's nicht mehr für 12,50 Euro im Jahr, sondern für 15 Euro. Klar, das ist wenig Geld, aber über die Jahre läppert es sich eben doch zu einem drei-, wenn nicht vierstelligen Betrag, der locker für einen Wochenend-Urlaub gereicht hätte. Nichts ist bei den Banken unmöglich – deshalb unbedingt genau hinschauen. Übrigens sind selbst in der monatlichen Entgeltinformation nur die «maßgeblichen» Posten genannt. Verlangt zum Beispiel eine Bank bei der bargeldlosen Zahlung per Girokarte im Supermarkt ein paar Cent extra, ist das dort nicht aufgeführt.

Wie du herausbekommst, was du wirklich zahlst

Um zu wissen, was du wirklich zahlst, kannst du dir von deiner Hausbank eine sogenannte Entgeltaufstellung für das gesamte Kalenderjahr, also zum Beispiel für 2025, ausstellen lassen. Das müssen die Geldinstitute auf Antrag vorlegen und darin sämtliche Kosten und Gebühren, aber auch Dispozinsen aufführen.

Der Dispokredit: Du hast ihn bestimmt schon mal genutzt, den Dispokredit für die genehmigte Überziehung des Girokontos. Bis zu einer gewissen Grenze darfst du in die Miesen geraten, ohne vorher die Bank zu fragen, ob du Schulden bei ihr aufnehmen darfst. Oft liegt der Rahmen für den Dispo bei einem Betrag in Höhe von zwei oder drei Netto-Monatseinkommen. Dabei greifen die Kreditinstitute gerne zu. Oft sind dafür um die zehn Prozent fällig, mal mehr, mal weniger, je nachdem wie sich die Zinsen am Kapitalmarkt entwickeln. Und das geht richtig ins Geld: Wenn du zum Beispiel dauerhaft dein Girokonto ein Jahr lang um 2000 Euro für zehn Prozent Dispozinsen überziehst, zahlst du dafür allein 200 Euro Zinsen.

Richtig teuer kann es bei kleinen Geldhäusern wie regional tätigen Volks- und Raiffeisenbanken werden, die auch schon mal 14 oder 16 Prozent für einen Dispokredit verlangen. Bevor du Geld anlegst, solltest du also schauen, dass auf deinem Girokonto immer genügend Geld ist, um die laufenden Abbuchungen problemlos bezahlen zu können und nicht in die roten Zahlen zu rutschen. Solltest du hingegen immer mal wieder Dispozinsen zahlen müssen, lohnt es sich zu prüfen, ob du nicht bei einer Bank mit niedrigeren Schuldzinsen und einem für dich passenden Kontomodell besser aufgehoben bist. Aber ehrlich gesagt: Wer ständig in den Miesen ist, gibt mehr Geld aus als reinkommt. Und bevor du überhaupt Geld anlegst, solltest du zunächst immer erst ein Minus auf dem Girokonto ausgleichen und dann in Zukunft so disponieren, dass du einen Dispokredit erst gar nicht in Anspruch nehmen musst.

Das Bargeld: Vielleicht zahlst du gern noch mit Bargeld, zum Beispiel beim Imbissstand deines Vertrauens, wo es deinen Lieblingsdöner gibt, oder um Trinkgeld im Restaurant oder im Frisiersalon zu geben. Dann solltest du ein Girokonto haben, mit dem du kostenlos und bequem an möglichst vielen Bankautomaten an deine Scheine kommst. Auch das kann ein entscheidendes Kriterium für deine Entscheidung sein, ob du wechseln willst oder nicht, und wenn ja, zu welcher Bank.

Viele fürchten sich allerdings vor einem Kontowechsel, aus Angst, die Abläufe nicht zu beherrschen, oder weil sie schon einmal davon gehört haben, dass sich Angebote nicht gut vergleichen lassen. Doch es gibt gute Nachrichten: Beim Wechseln hilft dir jetzt sogar eine Behörde.

Vielleicht hast du schon mal von der BaFin gehört. BaFin steht für Bundesanstalt für Finanzdienstleistungsaufsicht. Dort arbeiten Deutschlands amtliche Finanzaufseherinnen und -aufseher, die darauf aufpassen sollen, dass bei den Banken und Versicherungen alles mit rechten Dingen zugeht. Die BaFin bietet seit Anfang 2025 eine werbefreie Website mit einer aktuellen Übersicht aller verfügbaren Girokonten für Privatpersonen. Insgesamt sind das fast 6900 unterschiedliche Kontenmodelle von rund 1100 Anbietern. Dadurch hast du die Möglichkeit, Kosten und Leistungen von allen Girokonten zu vergleichen. Dazu zählen etwa die Monatsgebühr, die Preise für Debit- und Kreditkarten sowie die Zinssätze für den Dispokredit. Neben Girokonten führt der BaFin-Kontenvergleich auch Kontenmodelle für Minderjährige, Auszubildende, Studierende oder Menschen in Rente auf.[6]

Der Kontenvergleich der BaFin ist ein gutes Werkzeug. Bislang war es für Bankkunden nämlich gar nicht so leicht, das für sie beste Girokonto zu finden. Sie sind dafür auf unabhängige und vollständige Informationen angewiesen. Doch genau das war das Problem. Viele der bekannten Vergleichsportale im Internet bieten keinen umfassenden Marktüberblick oder haben eigene Vertriebsinteressen, weil sie von Provisionen profitieren, die Anbieter ihnen zahlen, wenn ein Kunde über das Portal zu ihnen kommt. Bei der BaFin haben die Geldinstitute nun eine Meldepflicht. Der amtliche Kontenvergleich dürfte tatsächlich «die einzige aktuelle und marktbreite Übersicht über Girokonten sein». So hatte die Finanzaufsicht ihr Angebot angekündigt.

Die Zahl der kostenlosen Konten ist in letzter Zeit stetig gesunken. Laut der BaFin-Webseite gab es 2025 aber noch mehrere Dutzend Anbieter, die Konten auch ohne Kontoführungsgebühr anboten. Man muss aber schon sehr genau hinschauen, was «kostenlos» bedeutet. Mitunter wird trotzdem Geld für eine Debitkarte verlangt und für die Kreditkarte. Oder die Kontoführung ist nur dann kostenlos, wenn jeden Monat eine bestimmte Summe auf dem Konto eintrifft, zum Beispiel 500 oder 700 Euro. Jungen Erwachsenen, vor allem wenn sie im Studium oder in der Ausbildung sind, gewähren aber nach wie vor viele Geldinstitute ein kostenloses Girokonto, ohne Wenn und Aber.

Tipp: Banken müssen helfen

Ein Kontowechsel ist heute leichter als früher, weil die alte Bank gesetzlich verpflichtet ist, beim Umzug zur neuen Bank zu helfen. Den Dauerauftrag für die Miete zum Beispiel musst du dann nicht selbst ändern. Viele Banken bieten neben der vorgeschriebenen Kontowechselhilfe auch einen freiwilligen Service, um Kundinnen und Kunden zu unterstützen.

DER WEG ZUM PASSENDEN TAGESGELDKONTO

Inzwischen dürften die meisten Bankkunden und -kundinnen neben dem Girokonto auch ein online geführtes Tagesgeldkonto haben. Das ist ein Konto, auf dem das Geld, wie es der Name schon sagt, täglich verfügbar ist, ohne dass dafür bei der Eröffnung des Kontos ein Mindestguthaben verlangt wird. Du kannst also jeden Tag von deinem Girokonto auf das Tagesgeldkonto Geld einzahlen oder dir Geld von deinem Guthaben auf dem Tagesgeldkonto auf dein Referenzkonto, in der Regel das Girokonto, auszahlen lassen.

Dieses Referenzkonto kannst du aber auch bei einer anderen Bank haben. Das Tagesgeldkonto kostet nichts, dafür steht es aber auch nicht für deine alltäglichen Bankgeschäfte zur Verfügung. Du kannst daher das Tagesgeldkonto nicht fürs Bezahlen von Rechnungen nutzen oder es überziehen, es gibt kein Dispolimit wie beim Girokonto. Vielmehr ist das Tagesgeldkonto ein reines Sparkonto, dabei aber viel flexibler als ein Sparbuch, bei dem bestimmte Kündigungsfristen zu beachten sind, und auch noch besser verzinst. Die Bank ist allerdings auch flexibel. Sie kann die Zinsen, nach Ablauf von bestimmten Garantiezeiten, jederzeit ändern. Man spricht deshalb von variablen Zinsen. Ein Risiko, dass deine Anlage durch Kursverluste an Wert verliert, wie bei Aktien oder Aktienfonds, hast du beim Tagesgeldkonto aber nicht. Auch ist dein Geld auf dem Tagesgeldkonto sicher, jedenfalls in der Regel bis zu einem Guthaben von mindestens 100 000 Euro. Man spricht hier von der Einlagensicherung (Seite 83 ff.).

Ein Tagesgeldkonto kannst du heutzutage ganz einfach eröffnen: Du gehst online auf die Homepage des gewählten Anbieters, klickst auf Tagesgeldkonto eröffnen, folgst den Anweisungen und gibst deine persönlichen Daten ein. Dafür solltest du deine Steueridentifikationsnummer bereithalten. Viele Banken haben inzwischen das mühsame Postident-Verfahren abgeschafft. Du musst also nicht mehr mit einem Ausdruck zur nächsten Postfiliale gehen, um deine Identität zu bestätigen. Mittlerweile geht das meist online per Videoident-Verfahren, du musst nur deinen Personalausweis bereithalten und ihn in die Kamera halten. Am Ende bekommst du eine Kontonummer mitgeteilt, und schon kann es losgehen.

Solltest du also ein Tagesgeldkonto nutzen? Zunächst eignet es sich für alle, die immer mal wieder Geld übrig haben, auf das sie flexibel zurückgreifen wollen. Das kann Geld für größere Reparaturen, für den Urlaub oder eine Steuernachzahlung sein. Es kann das Eigenkapital für den in Kürze geplanten Kauf einer Immobilie sein, die Reserve, falls du mal vorübergehend arbeitslos werden solltest, oder der Sicherheitsbaustein in deiner Anlagestrategie (Seite 173 ff.). Und wenn du geerbt oder aus anderen Gründen plötzlich eine große Summe auf dem Girokonto hast, kannst du das Geld erstmal aufs Tagesgeldkonto schieben, bis du weißt, was du mit dem Geld anstellen willst. Dort verliert es wenigstens nicht an Wert, sofern die Zinsen auf dem Tagesgeldkonto zumindest die aktuelle Inflation ausgleichen können. Wie viel Geld auf deinem Tagesgeldkonto sein sollte, hängt vom Einzelfall, von deinen Bedürfnissen ab. Wenn es nur um eine Rücklage für vorübergehende Notfälle geht, sollten zwei bis drei Netto-Monatsgehälter reichen.

Wie du passende Anbieter findest

Bei der Suche nach einem passenden Anbieter sind ein paar Dinge zu beachten – auch hier gilt der Grundsatz: *Dein Geld kann mehr!*

Vergleichen lohnt sich: Wenn du ein Girokonto bei einer Filialbank hast und einfach dort ein Tagesgeldkonto eröffnest, hast du schon den ersten Fehler gemacht. Die Genossenschaftsbanken und Sparkassen, die sich noch ein, wenn auch stetig kleiner werdendes Filialnetz leisten, bieten – von wenigen Ausnahmen abgesehen – meist unterdurchschnittlich niedrige Zinsen an. Etliche Banken rückten im Sommer 2025, wie auch schon früher in der Phase der Null- und Niedrigzinsen, sogar nicht einmal einen Cent Zinsen für täglich verfügbare Guthaben heraus. Besser, du vergleichst erst mal und schaust, wer was bietet. Das geht online superbequem. Einfach im Internet eines der einschlägigen Vergleichsportale ansteuern und Zinsen vergleichen, zum Beispiel bei biallo.de, verivox.de oder raisin.com (früher weltsparen.de). Dort siehst du auf einen Blick, welche Bank knausert und welche etwas großzügiger ist (Seite 102 ff.). Vergleichen lohnt sich. Ein fiktives Beispiel: Angenommen, du hast kontinuierlich 10 000 Euro auf dem Tagesgeldkonto und bekommst dafür im Durchschnitt zwei Prozent Zinsen pro Jahr, dann hast du am Ende des Jahres schon 200 Euro verdient. Zahlt die Bank nur 0,5 Prozent, hättest du gerade mal 50 Euro mehr auf dem Konto. Zugegeben, der Unterschied ist nicht groß, aber unterschätzen sollte man das nicht. Und mit 200 Euro kannst du immerhin deinen Partner oder deine Partnerin zweimal schön zum Essen ins Restaurant einladen.

Der genaue Blick auf die Zinsen: Wenn du einen Anbieter für dein Tagesgeldkonto suchst oder nach einem Vergleich wechseln willst, wirst du feststellen, dass viele Banken Aktionszinsen für wenige Monate bieten. Beispiel: Die größte Direktbank hierzulande, die ING, lockte einmal mit dem Slogan: «Gönn Dir eine Extrawurst. Mit dem Extra-Konto.» Die Extrawurst, nämlich 3,5 Prozent Zinsen, gab es aber nur für sechs Monate. Danach galt für das Tagesgeldkonto ein variabler Zins von gerade einmal 1,0 Prozent. Nach diesem Prinzip – Neukunden und -kundinnen werden mit Topzinsen hofiert, Bestandskunden mit Magerzinsen abgespeist – agieren viele Anbieter. Der Grund: Die Banken setzen darauf, dass der Kunde oder die Kundin zu träge ist, um sich nach ein paar Monaten um eine neue Anlage zu kümmern, und das Geld trotz der nun miesen Verzinsung auf dem Konto lässt. Du solltest deshalb für dich entscheiden, wie du vorgehen willst:

Möglichkeit 1: Du wirst zum Banken-Hopper, wechselst ständig von einer zur nächsten Bank, immer auf der Suche nach den bestmöglichen sicheren Zinsen, die für einen bestimmten Zeitraum garantiert sind. Der Aufwand lohnt sich vor allem dann, wenn du keine Notreserve von zwei bis drei Nettogehältern auf dem Tagesgeldkonto hast, sondern große Summen etwa im oberen fünfstelligen oder sechsstelligen Bereich. Dann lohnt sich die Mühe, regelmäßig von Bank zu Bank zu springen und dir die jeweils besten Aktionszinsen zu sichern. Jedes Mal ein Konto neu zu eröffnen und sich dafür auszuweisen, geht online mittlerweile recht schnell. Trotzdem ist es mühsam, dauernd das Identifizierungsverfahren zu durchlaufen und die Konditionen aller Banken stets im Blick zu haben, um rechtzeitig zum nächsten Anbieter wechseln zu können, der gerade wieder Top-Top-Aktionszinsen anbietet. Hinzu kommt: Wenn du deine Kapitalerträge von der Kapitalertragsteuer, bekannt auch als Abgeltungsteuer, sofort befreien willst, brauchst du einen Freistellungsauftrag. Nur so können die

Zinsen ohne Steuerabzug aufs Konto kommen, sofern der Sparerpauschbetrag von 1000 Euro (Alleinstehende) bzw. 2000 Euro (Verheiratete) pro Jahr noch nicht ausgeschöpft ist (Seite 268 ff.). Nicht wenigen Sparenden dürfte es aber zu aufwendig sein, sich dauernd bei einer neuen Bank um einen neuen Freistellungsauftrag zu kümmern – dir vielleicht auch. Dann hast du eine gute Alternative.

Möglichkeit 2: Du suchst dir eine Bank aus, die auch Bestandskunden überdurchschnittliche Tagesgeldkonditionen bietet. Nur, wie findest du solche Banken, wenn du nicht gerade seit Jahren den Markt beobachtest? Auch das lässt sich mittlerweile online lösen: Du klickst dich beim Vergleichen auf den Zinsportalen durch die Details und schaust nach, wie hoch die Zinsen für Neukunden und für Bestandskunden sind. Oder du probierst aus, ob du einen Filter nutzen und gezielt nach Anbietern mit attraktiven Zinsen für Bestandskunden suchen kannst. Im Sommer 2025 gehörten zu den Banken, die überdurchschnittlich hohe Zinsen zahlten, etwa der schwedische Finanzdienstleister Klarna, der liechtensteinische Vermögensverwalter willbe, die BMW-Bank, die Bank 11, die Luxemburgische Advanzia Bank oder die Renault-Bank. Die Namen deuten schon darauf hin, meist handelt es sich hier um Privatbanken ohne Filialnetz, bei denen ein Abschluss nur online möglich ist. Allerdings haben 2025 zahlreiche Banken ihre Zinsen gesenkt. Nur noch knapp zwei Prozent Zinsen waren für Bestandskunden bei sicheren Banken drin. Natürlich kann sich das, wenn du dieses Buch liest, schon wieder geändert haben. Trotzdem ist es für den Erfolg von Tagesgeld-Anlagen entscheidend, auf die Bestandskundenzinsen zu schauen.

Auf Aktionszinsen zu setzen, ist auch deshalb riskant, weil solche Konditionen zur Zinsfalle werden können. Das zeigt ein einfaches Beispiel: Kunde A bekommt für 10 000 Euro auf dem Tagesgeldkonto gleichbleibend 1,5 Prozent. Nach 12 Monaten sind daraus 10 150 Euro geworden. Kundin B mit ebenfalls 10 000 Euro bekommt zwar für drei Monate von ihrer Bank drei Prozent Aktionszinsen, danach aber nur noch ein Prozent. Auch bei ihr springen nach einem Jahr somit 150 Euro heraus. (Schreibt die Bank die Zinsen monatlich oder vierteljährlich gut, wäre Kundin B allerdings leicht im Vorteil, weil sie mit den drei Prozent in den ersten drei Monaten stärker vom Zinseszinseffekt profitiert.) Aber schon im zweiten Jahr wendet sich das Blatt. Kunde A wird mehr von seinem Geld haben als Kundin B, sofern sich an den Zinssätzen nichts ändert. Angenommen, beide starten mit 10 150 Euro. Dann sind nach einem Jahr bei Kunde A daraus gerundet 10 300 Euro geworden. Kundin B hätte dann um die 50 Euro weniger auf dem Konto. Deutlich größer wäre der Unterschied, wenn es um größere Guthaben geht und die Differenz zwischen den Bestandszinsen noch deutlicher ausfällt.

Darüber hinaus gibt es noch weitere Sonderklauseln, die dich Zinsen kosten können, wenn du nicht darauf achtest.

Beispiel 1: Die Bank zahlt die Zinsen nur bis zu einer bestimmten Obergrenze beim Guthaben. So gab es im Sommer 2025 bei einer Bank zum Beispiel 1,9 Prozent Zinsen bis zu einer Anlage von 50 000 Euro. Beträge oberhalb davon verzinste die Bank aber nur noch mit 1,6 Prozent. Und für Beträge über 150 000 Euro gab es nur 0,25 Prozent.

Beispiel 2: In Ausnahmefällen kann es auch umgekehrt sein: Vermögende werden extra belohnt – mit Mini-Bonuszinsen. So rückte eine oberbayerische Sparkasse tatsächlich bis zu einem Guthaben von 10 000 Euro schlichtweg null Prozent Zinsen heraus. Darüber gab es 0,40 Prozent Zinsen, ab 50 000 Euro mit 0,60 Prozent etwas mehr, ab 250 000 Euro dann 0,80 Prozent und ab 500 000 Euro (immer noch mickrige) 1,00 Prozent.

Achte auf die Sicherheit deines Tagesgelds

Banken mit Sitz im Ausland haben oft bessere Tagesgeldangebote als die meisten deutschen Konkurrenten. Der Schutz des angelegten Spargelds (der sogenannten Einlagen) ist dort aber nicht so gut wie bei allen Sparkassen, Volks- und Raiffeisenbanken sowie Privatbanken mit Sitz in Deutschland. Zwar schreibt eine EU-Richtlinie vor, dass mindestens 100 000 Euro pro Kunde zu sichern sind. Die Einlagensicherung und damit der Schutz dieser 100 000 Euro ist allerdings nur so gut wie die Solidität des Staates, in dem die Bank sitzt. Denn im Falle einer Bankenpleite trägt letztendlich die Regierung des jeweiligen Landes die Verantwortung dafür, ausländische Sparer zu entschädigen. Das ist vor allem dann wichtig, wenn eine große Bank oder mehrere kleine Banken pleitegehen, die übrigen Banken nicht aushelfen können beziehungsweise die Mittel im jeweiligen Entschädigungsfonds nicht reichen.

Bevor du dich für ein Tagesgeldkonto entscheidest, solltest du deshalb checken, welche Sicherheit die jeweilige Bank bietet. Natürlich kannst du von Anfang an sagen: Ich nehme nur eine Bank mit einer Einlagensicherung, wie es sie nur in Deutschland gibt. Dann bist du auf der sicheren

Seite. Deine Auswahl unter den Topanbietern ist dadurch allerdings von vornherein eingeschränkt.

Bei der Suche nach einem für dich geeigneten Anbieter kannst du aber auf den einschlägigen Vergleichsportalen gezielt nach Anbietern mit guter oder sehr guter Einlagensicherung suchen. Dort findest du auch zu jedem Anbieter und seiner Einlagensicherung weitere Informationen.

Hilfreich ist auch ein Service von Stiftung Warentest: Die Warentester bieten im Internet einen Rechner an, mit dem sich prüfen lässt, wie und wo im Fall einer Bankenpleite das Ersparte geschützt ist.[7] Die Stiftung Warentest empfiehlt Kunden grundsätzlich, nicht mehr als 100 000 Euro pro Person bei einer Bank anzulegen, und das auch nur bei Banken in Ländern mit sehr guter Wirtschaftskraft, also Staaten, die bei einer Bankenpleite notfalls einspringen und den Sparern ihr Geld zurückzahlen. Für nicht empfehlenswert halten die Berliner Warentester zum Beispiel Anbieter aus Bulgarien, Kroatien und Malta, an deren Produkte Anleger vor allem über Zinsplattformen wie Check24, Raisin oder Zinspilot herankommen. So mussten nach Angaben der Stiftung zum Beispiel Kunden nach der Pleite der bulgarischen Corpbank im Jahr 2014 ein halbes Jahr bangen, bevor es mit der Entschädigung losging. Es gibt aber auch etliche Angebote aus dem Ausland mit guter Einlagensicherung, etwa von Banken aus Schweden.

Wie gut die Wirtschaftskraft eines Landes ist, kannst du leicht herausfinden. So findest du bei den meisten Vergleichsportalen ein Länderrating. Das sind quasi Noten, die große sogenannte Ratingagenturen wie Fitch, Standard & Poor's oder Moody's für die Wirtschaftskraft und Zahlungsfähigkeit eines Landes vergeben. Diese Noten sind mit entscheidend dafür, zu welchen Konditionen ein Land oder ein Unternehmen Kredite bekommt. Wichtig für dich ist vor allem zu wissen, wie die Noten aussehen. Verwendet werden dafür nicht die Noten 1 bis 6, sondern Buchstabencodes. Los geht's in der Regel mit der Bestnote «AAA», die etwa Deutschland regelmäßig erhält. Es folgen «AA», «A», «BBB», «BB», «B», «CCC», «CC» und «C». Meist wird sogar noch feiner unterteilt, mit zusätzlichen Plus- und Minuszeichen. Und «D» gibt es auch noch – das bedeutet jedoch, dass der Schuldner zahlungsunfähig ist. Die Stiftung Warentest nimmt beispielsweise nur solche Banken in ihre Zinsübersichten auf, die aus wirtschaftlich starken Ländern stammen (Rating AAA oder AA).

Tipp: Ruhig schlafen können

Wenn du Tagesgeld anlegst, solltest du mit deiner Entscheidung ruhig schlafen können. Selbst dann, wenn die Bank wider Erwarten pleitegehen sollte. Nimm deshalb nicht das Risiko auf dich, wegen ein paar Euro mehr an Zinsen nach einer Bankenpleitewelle bei der Entschädigung leer auszugehen oder lange auf dein Geld warten zu müssen. Die Sicherheit deines Geldes sollte im Zweifelsfall immer wichtiger sein als die letzte Nachkommastelle beim Zinssatz.

MIT FESTGELD FLEXIBEL BLEIBEN

Wenn du Geld anlegst, ist es nie gut, alles auf eine Karte zu setzen. Gerade wenn du ein fünf- oder sechsstelliges Guthaben oder gar noch mehr auf einmal zur Verfügung hast, solltest du auf keinen Fall das Geld in eine einzige Anlage stecken. Schon deine Oma wusste: nicht alle Eier in denselben Korb legen. Viel sicherer ist es, das Geld auf verschiedene Körbe zu verteilen. Das verringert das Risiko, dass du mit deiner Anlage Verluste einfährst.

Einer dieser Körbe kann auch ein Klassiker der Geldanlage sein: Festgeld. Wie du das in eine für dich passende Anlagestrategie einbauen kannst, erkläre ich noch. Vorher ist es aber gut zu wissen, wie du clever in Festgeld anlegen kannst.

Der Name sagt es schon: Ein Festgeldkonto bei einer Bank (kurz auch nur Festgeld genannt, manche sagen auch «Termingeld») ist ein Sparkonto, auf dem du einen bestimmten Betrag für einen gewählten Zeitraum fest anlegst. Anders als beim Tagesgeld kannst du auf das Konto nicht je nach Belieben Geld einzahlen oder dir von dort Geld auszahlen lassen. Dafür garantiert dir die Bank für den gewählten Anlagezeitraum einen festen Zinssatz, der nicht variabel ist. Was dir die Bank an Zinsen zusagt, hast du also sicher. Abschließen kannst du einen Festgeldvertrag bei fast jeder Bank und Sparkasse, meist geht dies ganz bequem online, wie beim Tagesgeld auch.

Die üblichen Laufzeiten reichen beim Festgeld von wenigen (meist drei oder sechs) Monaten bis zu zehn Jahren. Häufig verlangen Banken aber einen Mindest-Anlagebetrag von zum Beispiel 1000 Euro oder 5000 Euro, in seltenen

Fällen auch mehr. Die Zinsen bekommst du fast immer einmal im Jahr, in seltenen Fällen erst am Ende der Laufzeit.

Dein Geld bekommst du am Ende der gewählten Laufzeit zurück. Doch Vorsicht: Du solltest dich unbedingt vorher vergewissern, wie die Bank hier im Detail vorgeht:

- Manche Kreditinstitute wollen schon bei der Kontoeröffnung wissen, was mit dem Geld am Ende der Laufzeit geschehen soll. Du kannst dann wählen zwischen der Auszahlung und einer Verlängerung (im Fachjargon: Prolongation) des Vertrags. Bei einer Verlängerung legt die Bank dein Guthaben zu den bei ihr dann geltenden Zinsen für eine weitere Laufzeit fest. Der große Nachteil dabei: Du kennst die Konditionen vorher nicht. Vielleicht bietet die von dir gewählte Bank dann viel niedrigere Zinsen als die Konkurrenz. Meistens wird aber das eingezahlte Kapital automatisch am Ende der Laufzeit ausgezahlt.
- Manche Banken verlängern das Festgeld auch automatisch, sofern du nicht widersprochen hast. Und das wäre fatal, wenn du das Geld brauchst, damit gerechnet hast und dann nicht mehr an das Gesparte herankommst. Deshalb immer beim Vertragsabschluss prüfen, was die Bank am Ende der Laufzeit vorhat. Und bei Bedarf sicherheitshalber nach Vertragsabschluss gleich die Kündigung hinterherschicken, damit du das später nicht vergisst und dein Vertrag nicht automatisch verlängert wird.

Manchmal sprechen gerade Sparkassen statt von Festgeld von Sparbriefen. Das muss dich nicht irritieren. Letztlich sind sich beide Produkte sehr ähnlich: Auch bei Sparbriefen ist das Geld fest für eine bestimmte Zeitspanne angelegt. Meist werden Sparbriefe eher für längere Laufzeiten von vier bis zehn Jahr angeboten, Festgeld hingegen eher für kürzere von bis zu drei Jahren. Sparbriefe werden aber nie automatisch verlängert, wie dies beim Festgeld manchmal passieren kann. So oder so, Festgeld hat vor allem einen Vorteil: Geld so anzulegen, ist einfach, kostet keine Extra-Gebühren und ist ohne Kursrisiko. Du kannst damit sicher planen und weißt genau, wann du wie viele Zinsen kassieren kannst. Dafür bist du weniger flexibel als mit Tagesgeld.

Nun fragst du dich womöglich: Brauche ich wirklich ein Festgeldkonto, wenn ich schon Tagesgeld habe? Dafür gibt es vor allem drei Gründe:

1. Neben dem Tagesgeld solltest du idealerweise ein Konto für größere, mehr oder weniger geplante Anschaffungen haben. Du willst dir zum Beispiel in zwei, drei Jahren ein anderes Auto kaufen. Oder du planst mit dem Eintritt in den Ruhestand oder während eines Sabbaticals eine kostspielige Weltreise – das Geld dafür ist auf einem Festgeldkonto gut aufgehoben, wenn du den Anlagezeitraum entsprechend planst. Und dabei kannst du dich darauf verlassen, dass am Ende deiner Investitionen genau das herauskommt, womit du gerechnet hast.
2. Du möchtest einerseits kein Risiko bei der Geldanlage eingehen und das Geld in ein paar Jahren wieder zur Verfügung haben, andererseits dein Vermögen aber wenigstens erhalten, einen gewissen Schutz vor der Inflation haben und höhere Zinsen kassieren als mit deinem Tagesgeldkonto –

dann bist du mit Festgeld auf der sicheren Seite. Denn wer sein Geld mehrere Jahre fest anlegt, erhält normalerweise höhere Zinsen als für kurzfristig angelegtes oder wie beim Tagesgeld täglich verfügbares Kapital.

3. Du willst auch Geld an der Börse anlegen, um höhere Renditen zu erzielen, aber nicht dein ganzes Vermögen in Aktien und Aktienfonds stecken, weil dir das zu riskant ist. Dann brauchst du einen Sicherheitsbaustein. Je nachdem, welcher Anlegertyp du bist und welches Risiko du tragen willst und kannst, legst du einen bestimmten Teil deines Geldes sicher an. Am einfachsten geht dies mit Festgeld, aber es gibt auch andere Alternativen (Seite 186 ff.).

Augen auf bei den Festgeld-Zinsen

Wenn du nach Festgeldanbietern suchst, leisten dir Zinsportale wie biallo.de oder raisin.com gute Dienste. Im Sommer 2025 waren je nach Laufzeit noch Zinsen von gut zwei Prozent für Festgeld bei Anbietern mit guter oder sehr guter Einlagensicherung drin – also mehr als Bestandskunden im Durchschnitt für Tagesgeld erhielten. Zu diesen Topanbietern zählten zum Beispiel die deutschen Geldinstitute Grenke Bank, CreditPlus und IKB sowie Klarna und ein paar andere ausländische Institute. Vergleichen lohnt sich beim Festgeld erst recht: Bei einem größeren Vermögen können schon kleinere Zinsunterschiede ein paar Hunderte Euro weniger oder mehr im Jahr ausmachen.

Du solltest bei deiner Wahl aber nicht nur auf die Höhe der Zinsen schauen, sondern auch darauf, wie die Bank verzinst. Kleinkram? Mitnichten. Es kann dabei um mehrere 1000 Euro gehen. Zunächst sind bei über mehrere Jahre angelegten Festgeld vier Verzinsungsvarianten zu unterscheiden:

- regelmäßige Zinszahlung aufs Referenzkonto
- regelmäßige Zinszahlung aufs Festgeldkonto
- Zinszahlung am Laufzeitende mit Zinseszins
- Zinszahlung am Laufzeitende ohne Zinseszins

Die Fachleute vom Verbraucherportal biallo.de haben sich einmal die Mühe gemacht, durchzurechnen, wie viel jeweils bei welcher Art von Zinszahlung herauskommt, und zwar am Beispiel einer zehnjährigen Anlage von 50 000 Euro zu drei Prozent Zinsen nach Zahlung von Steuern. Dabei wird unterstellt, dass der jährliche Sparerpauschbetrag von 1000 Euro vollständig für die Festgeldanlage genutzt wird. Für weitere Zinseinnahmen zahlt der Musterkunde bzw. die Musterkundin die übliche Abgeltungsteuer plus Soli in Höhe von insgesamt 26,375 Prozent. Eine zusätzlich mögliche Kirchensteuer, die auf die zu zahlende Steuer bei Kirchenmitgliedern noch fällig wäre, wurde nicht berücksichtigt. Die Ergebnisse sind so frappierend, dass ich sie dir nicht vorenthalten möchte.

Jährliche Zinszahlung aufs Referenzkonto: Die meisten Banken zahlen die Zinsen bei Laufzeiten von zwei, drei und mehr Jahren einmal jährlich auf ein Referenzkonto aus, also auf dein eigenes Girokonto oder manchmal auch auf das Tagesgeldkonto, das du bei dem Festgeld-Anbieter hast. Vorteil: Du hast einmal im Jahr regelmäßige, planbare Erträge, die du ausgeben oder erneut anlegen kannst. Außerdem kannst du den Steuerpauschbetrag jährlich nutzen, wodurch ein Großteil der Erträge steuerfrei bleibt. Nachteil: Zinseszinsen erhältst du nur, wenn du die Zinsen möglichst gleich wieder anlegst.

Ergebnis: Jährlich gibt es 1500 Euro, das summiert sich nach zehn Jahren auf 15 000 Euro. Abzüglich Steuern bleiben 13 681,25 Euro.

Jährliche Zinszahlung aufs Festgeldkonto: Häufig bekommst du die jährlichen Zinsen auch direkt auf das Festgeldkonto. Vorteil: Die Erträge werden bei der jeweils nächsten Zinszahlung mit verzinst. Dadurch erhöht sich die jährliche Zinszahlung jedes Jahr, und der Gesamtertrag nimmt dank des Zinseszinseffekts spürbar zu. Nachteil: Du bekommst den Ertrag erst am Ende der Laufzeit auf einen Schlag zusammen mit den eingezahlten 50 000 Euro.

Ergebnis: Die gesamten Zinszahlungen belaufen sich nun auf immerhin 16 960,07 Euro, es bleiben nach Abzug von Steuern 15 124,35 Euro.

Zinszahlung am Laufzeitende mit Zinseszins: Vom Zinseszins profitierst du auch, wenn dir die Zinsen erst am Ende der Laufzeit gutgeschrieben werden. Man spricht auch von der endfälligen Zinszahlung. Dann bekommst du die Zinsen wie im vorigen Beispiel komplett mit dem angelegten Betrag heraus. Es gibt aber einen großen Unterschied zur jährlichen Zinsgutschrift. Das Finanzamt knöpft dir jetzt nicht jährlich von den Zinserträgen den Obolus für den Fiskus ab, sondern auf einen Schlag am Ende der Laufzeit. Vorteil: Der Ertrag vor Steuern ist zunächst höher als bei anderen Auszahlungsvarianten, weil zehn Jahre lang die Zinszahlungen von der Steuer verschont bleiben. Das verstärkt den Zinseszinseffekt. Nachteil: Du erhältst die Zinsen erst am Laufzeitende, kannst den jährlichen Sparerpauschbetrag also nur einmal nutzen. Darüber kann sich leider nur das Finanzamt freuen.

Ergebnis: Die Zinszahlung summiert sich auf 17 195,82 Euro, abzüglich Steuern bleiben jedoch nur magere 12 660,42 Euro. Wenn du den Freibetrag aber ohnehin schon ausgeschöpft hast und für deine Festgeld-Anlage gar nicht nutzen kannst, wäre dies für dich trotzdem die lukrativste Variante, weil du so optimal vom Zinseszinseffekt profitierst.

Auszahlung am Laufzeitende ohne Zinseszins: Es gibt allerdings auch Geldinstitute, die die Zinsen am Ende der Laufzeit auszahlen, ohne die Zinsen während der Laufzeit weiter zu verzinsen. Das ist für dich die schlechteste von allen Varianten: Du kannst erst bei Fälligkeit der Anlage über die Zinsen verfügen, trotzdem profitierst du nicht vom Zinseszinseffekt und kannst den jährlichen Steuerpauschbetrag nicht nutzen. Entsprechend niedrig ist der Ertrag, vor allem nach Steuern.

Ergebnis: Von der Zinszahlung in Höhe von 15 000 Euro bleiben dir abzüglich Steuern gerade einmal 11 043 Euro.

Du siehst, bei den Rechenbeispielen beläuft sich der Unterschied auf mehr als 4000 Euro. Das zeigt: Auch Kleinigkeiten entscheiden über den Erfolg einer Anlage. Welche Variante sich für dich am besten eignet, musst du aber selbst entscheiden, je nachdem, wie flexibel du bleiben willst, wie du den Sparerpauschbetrag nutzen kannst und ob du die Zinsen lieber selbst wieder anlegen willst. Es lohnt sich, die für dich beste Version rauszusuchen, gerade bei längeren Laufzeiten und größeren Anlagebeträgen im fünfstelligen Bereich.

Tipp: Zinsen nicht liegen lassen

Wenn du Zinsen jährlich auf dein Girokonto ausbezahlt bekommst, lass das Geld dort nicht ungenutzt liegen. Du kannst dann zum Beispiel ganz einfach die Zinsen aufs Tagesgeldkonto überweisen. So erwirtschaftest du sofort wieder Zinsen, und wenn du genug für den erforderlichen Mindestanlagebetrag zusammenhast, kannst du wieder ein neues Festgeldkonto eröffnen.

Flexibel bleiben trotz Festgeld: Eine Frage der Laufzeiten

Normalerweise gilt das eherne Finanzgesetz: Je länger die Laufzeit, desto höher der Zins. In den vergangenen Jahren war es jedoch immer mal wieder umgekehrt: Längere Laufzeiten brachten oft eher weniger Zinsen als kürzere. Man spricht dann von einer inversen Zinsstruktur. Wie hoch die Zinsen sind und wie sie sich entwickeln, hängt von mehreren Faktoren ab. Maßgeblich ist dafür die Geldpolitik der Europäischen Zentralbank (EZB). Diese legt den Leitzins fest, den die Geschäftsbanken bekommen, wenn sie Geld bei der EZB über Nacht anlegen, also quasi parken. Senkt die EZB den Leitzins, etwa weil die Inflation nachgelassen hat und die Konjunktur angekurbelt werden soll, erhalten die Geschäftsbanken weniger Zinsen. Dann verringern sie auch die Sparzinsen für ihre Kundinnen und Kunden. Zum anderen beeinflussen aber auch die Zinsen am Kapitalmarkt, was du für dein Tagesgeld oder Festgeld bekommst. Wenn die Bundesregierung sich zum Beispiel neu verschuldet für die Aufrüstung oder für Investitionen in die marode Infrastruktur, steigen die Zinsen, vor allem für langfristige Anlageprodukte. Der Grund: Die Großanleger, Banken, Versicherungen, Fonds und Pensionskassen, erwarten, dass der Staat wegen der höheren Schulden künftig mehr Zinsen auf seine Anleihen zahlen muss. Kurzum, wenn die Banken erwarten, dass die Zinsen steigen, werden die Konditionen für Tages- und Festgeld eher besser. Erwarten sie, dass die Zinsen fallen, werden die Sparzinsen mickriger.

Für dich als Festgeldanleger oder -anlegerin stellt sich dabei vor allem die Frage: Wie lange sollte ich mein Geld binden? Zunächst solltest du die Wahl der Laufzeit vom persönlichen Bedarf abhängig machen. Wenn du weißt, dass du in ein, zwei oder drei Jahren zu einem bestimmten Zeitpunkt Geld brauchst, solltest du das Geld dafür auch nicht länger anlegen. Wenn du das Geld zu keinem bestimmten Zeitpunkt brauchst, musst du dich auch nicht auf eine bestimmte Laufzeit fixieren. Besser ist es, du versuchst, soweit dies mit Festgeld möglich, flexibel zu bleiben.

Das geht ganz einfach: Du baust dir eine Zinsleiter, manche sprechen auch von der Zinstreppe oder Zinsleiter- beziehungsweise Treppenstrategie. Dabei wird eine Gesamtsumme in kleinere Chargen aufgeteilt und zu verschiedenen Laufzeiten angelegt, zum Beispiel für ein, zwei, drei und vielleicht auch fünf Jahre. Dann läuft jedes Jahr oder zum Beispiel alle zwei Jahre ein Festgeldkonto aus, den frei werdenden Betrag kannst du erneut anlegen. Das bringt dir mehrere Vorteile:

- Du hast die Möglichkeit, immer mal wieder über einen Teil des Ersparten zu verfügen und neu investieren zu können. Vielleicht gibt es dann bei einer anderen Bank ein besseres Angebot.
- Wenn du mit einer Zinstreppe kurze und kürzere Laufzeiten von sechs Monaten bis drei Jahren mit längeren Laufzeiten von beispielsweise fünf bis zehn Jahren kombinierst, kannst du dir mit den langen Laufzeiten die derzeit bestehenden Zinsen sichern. Fallen die Zinsen in der Zwischenzeit, ist das kein Problem. Die Bank ist beim Festgeld verpflichtet, den einmal zugesagten Zins bis zur fälligen Auszahlung des Geldes zu bezahlen, auch wenn am Markt die Zinsen inzwischen niedriger sind. Mit den kürzeren Laufzeiten wiederum hältst du dir die Möglichkeit offen, von einem Zinsanstieg zu profitieren, weil du immer relativ rasch wieder Kapital für eine Neuanlage zur Verfügung hast.

Du kannst deine Zinsleiter auch vereinfachen. Beispiel A: Du teilst 30 000 Euro in drei Chargen à 10 000 Euro auf. Teil 1 legst du ein Jahr an, Teil 2 zwei Jahre, Teil 3 drei Jahre. Beispiel B: Mach fünf Chargen draus und lege Teil 4 entsprechend vier Jahre und den letzten Teil fünf Jahre an. Wenn nach und nach die drei Chargen Festgeld fällig werden, wählst du bei der Wiederanlage beim Beispiel A immer eine Laufzeit von drei Jahren, im Beispiel B von fünf Jahren. Vorteil: Dein Geld ist stets angelegt, längere Laufzeiten bringen meist etwas höhere Erträge als kürzere, trotzdem wird jedes Jahr ein Teil des Geldes frei. Du gewinnst also an Flexibilität, ohne auf möglicherweise gute Zinsen verzichten zu müssen.

Wie du nun im Detail deine Zinsleiter aufbaust, musst du selbst entscheiden, je nachdem, wie deine Finanzplanung ausgefallen ist und wie viel von deinem Vermögen dafür vorgesehen ist. Du solltest dabei aber auch auf die Zinsstruktur achten. Wenn die Zinsen niedrig sind und du für Festgeld und Sparbriefe von vier bis zehn Jahren gerade einmal um die zwei Prozent pro Jahr bekommst, lohnt es sich kaum, in die Zinsleiter so lange Laufzeiten einzubauen. Wegen ein paar Zehntel mehr hinter dem Komma – zum Beispiel 2,5 statt 2,3 Prozent – solltest du dich nicht so lange binden. Dafür kommt verglichen mit den kurzfristigen Anlagen zu wenig zusätzlich heraus. Du hast dann zwar die 2,5 Prozent sicher, aber wenn es in drei oder vier Jahren vier Prozent gibt, ärgerst du dich, weil du so lange Laufzeiten mit niedrigeren Zinsen gewählt hast. Besser, du baust dir in diesem Fall deine individuelle Zinsleiter mit ausschließlich kürzeren Laufzeiten. Das gilt auch in Zeiten, in denen kurze Laufzeiten mehr Zinsen bringen als lange.

So gehst du beim Bau der Zinsleiter vor:

- Bestimme die maximale Laufzeit deiner Festgeldanlage, zum Beispiel drei, fünf, sieben oder zehn Jahre.
- Lege fest, wie viele Festgeldkonten du zu jeweils anderen Laufzeiten eröffnen willst und in welchem

Rhythmus du auf Geld zurückgreifen können willst – jedes Jahr oder alle zwei Jahre.

- Beachte die Mindestanlagebeträge. Wenn du zum Beispiel 10 000 Euro auf fünf Konten gleichmäßig aufteilen willst, kann das daran scheitern, dass eine der Banken eine Mindestanlagesumme von 5000 Euro verlangt.
- Vergleiche die Konditionen und schließe die Verträge mit den gewünschten Laufzeiten im Netz ab. Wie beim Tagesgeld auch musst du dich dafür durch die Anmeldeformulare klicken, möglicherweise noch ausgedruckte Verträge unterschrieben einsenden und dich per Postident- oder Videoident-Verfahren ausweisen.

Die Steuern bei der Festgeldtreppe

Du kannst natürlich das Geld in Chargen auf mehrere Festgeldkonten mit unterschiedlicher Fälligkeit bei ein und derselben Bank anlegen. Mehr kannst du aber herausholen, wenn du bei deinem Angebotsvergleich jeweils eine Bank nimmst, die für die gewünschte Laufzeit Top-Zinsen mit einer für dich passenden Verzinsungsvariante bietet. So ist das Geld optimal auf verschiedene Geldhäuser verteilt. Allerdings erhöht das den Aufwand, um deine Anlagen von der Steuer freistellen zu lassen. Du musst dann den jährlichen Sparerpauschbetrag entsprechend den erwarteten Zinszahlungen aufteilen und mehrere Freistellungsaufträge einrichten. Der verfügbare Gesamtbetrag (1000 Euro für Alleinstehende, 2000 Euro für Ehepaare) darf dabei nicht überschritten werden.

Tipp: Dein Festgeld soll dich nicht nerven

Nun mag es sein, dass dich die Vorteile der Leiterstrategie beim Festgeld überzeugen. Aber vielleicht ist es dir zu mühsam und zu betreuungsintensiv? Dann nimm dir die Freiheit und binde dich für einen bestimmten Zeitraum bei einer Bank mit deinem Festgeld – und du hast einige Jahre Ruhe. Die Leiterstrategie kommt nur für Anlegerinnen und Anleger infrage, die Lust und Zeit haben, sich regelmäßig um ihr Erspartes zu kümmern – und davon überzeugt sind, dass es keinen Sinn hat, irgendwelchen Zinsprognosen zu vertrauen und entsprechend anzulegen. Mit der Prognose «die Zinsen gehen runter, entscheiden Sie sich für lange Laufzeiten, um sich das bestehende Zinsniveau zu sichern» können Experten genauso danebenliegen wie mit der Prognose «die Zinsen gehen in Zukunft rauf, entscheiden Sie sich für kurze Laufzeiten, damit Sie schnell wieder Geld haben, um von den steigenden Zinsen zu profitieren». Nicht selten kommt es anders, als man denkt, auch an den Kapitalmärkten. Im Prinzip geht es aber immer um eine Wette: Wenn du dich für längere Laufzeiten entscheidest, erhältst du vielleicht ein paar Zehntel mehr Zinsen als für eine ein- bis dreijährige Anlage, aber du musst dich länger gedulden, bis du dein Geld zu dann vielleicht viel besseren Zinsen wieder anlegen kannst.

Achtung: Auch mit Festgeld kannst du Geld verlieren

Was für Tagesgeld gilt, gilt auch für Festgeld. Entscheide dich nur für Banken mit guter und sehr guter Einlagensicherung. Am sichersten bist du bei Privatbanken mit Sitz in Deutschland sowie bei Sparkassen und Volks- und Raiffeisenbanken, die jeweils über eigene zusätzliche Sicherungssysteme verfügen. Auch solltest du die 100 000-Euro-Grenze beachten, bis zu der deine Einlagen in der EU pro Kunde gesetzlich gesichert sind. Hast du also mehr Geld zu verteilen, zum Beispiel 500 000 Euro, dann bist du auf der absolut sicheren Seite, wenn du jeweils nicht mehr als 100 000 Euro fünf verschiedenen Banken in Ländern mit hoher Finanzstärke und bester Bonität anvertraust. Zu diesen zählt die Stiftung Warentest neben Deutschland zum Beispiel die Niederlande, Österreich, Luxemburg, Frankreich, Schweden, Norwegen oder Großbritannien. Trotzdem sind bei der Einlagensicherung von Festgeldanlagen ein paar Besonderheiten zu beachten.

Gefährliche Topangebote: Es kommt immer wieder vor, dass ausländische Banken, etwa aus Italien, Griechenland, Litauen oder Bulgarien, weit überdurchschnittliche Zinsen anbieten. Bei solchen Angeboten solltest du vorsichtig sein: Wenn du nicht gerade den Nervenkitzel brauchst, lass lieber die Finger davon, selbst wenn die Bank mit einem Prozentpunkt mehr Zinsen lockt. Denn geht die Bank pleite, bist du darauf angewiesen, dass die EU-Einlagensicherung funktioniert und schlimmstenfalls genauso wie beim Tagesgeld bei einer Welle von Bankpleiten in einem Land notfalls der

Staat für die Einlagen geradesteht. Klar, es kann sein, dass es nicht so schlimm kommt. Aber vielleicht willst du auch sichergehen, dass du nach einer größeren Bankpleite wirklich innerhalb von sieben Werktagen, wie in der EU vorgeschrieben, entschädigt wirst, und nicht Monate auf dein Geld in der Ungewissheit warten musst, ob es überhaupt noch kommt.

Tipp: Ausländische Bank mit deutscher Sicherheit

Die eine oder andere fremd klingende Bank hat zwar ihren Hauptsitz im Ausland, besitzt aber eine eigene Tochter-Gesellschaft in Deutschland. Für solche Institute wie die ING, Santander Consumer Bank oder Oyak Anker Bank gilt im Fall einer Pleite trotzdem die deutsche Einlagensicherung.

Vergessene Gläubiger: Riskant sind auch Zinsangebote, bei denen es sich um nachrangige Anleihen handelt. Also Schuldverschreibungen, bei denen die Anleger als Käufer der Anleihen im Falle einer Pleite zu den Letzten gehören, die ihr Geld zurückbekommen – wenn überhaupt. Beispiel: Die Sparkasse Magdeburg warb 2025 für ihren zehnjährigen Sparkassenbrief, der 3,7 Prozent Zinsen bringen soll. Die Einlagensicherung der Sparkassen galt hier jedoch nicht. Wird die Sparkasse in Magdeburg zahlungsunfähig, sei der Totalverlust des eingesetzten Kapitals möglich, hieß es auf der Homepage der Sparkasse. Mit anderen Worten: Das Geld ist dann für immer verloren.

Zinsen weit über den besten Angeboten von seriösen Banken können aber noch aus einem anderen Grund für dich nichts Gutes verheißen: So werben Banken immer wieder für eine Kombination aus Festgeld und Fondsanlage. Das geht zum Beispiel so: Eine Bank verspricht weit über dem Durchschnitt liegende Zinsen von beispielsweise vier Prozent für Festgeld, und zwar garantiert für zwölf Monate. Diese vier Prozent gibt es aber nur, wenn gleichzeitig eine bestimmte größere Summe bei derselben Bank in Investmentfonds angelegt wird. Solche Kombi-Angebote haben einen gravierenden Nachteil: Bei den Fonds handelt es sich in der Regel um solche, die für dich sowohl beim Kauf als auch bei der Verwaltung sehr teuer sind (Seite 127ff.). Mit diesen Entgelten bezahlst du quasi selbst die höheren Zinsen für das Festgeld. Für die Banken ist das lukrativ, weil sie an den Provisionen mehr verdienen, als sie an Extra-Zinsen zahlen müssen. Hinzu kommt: Es kann sein, dass die angebotenen Fonds weder eine gute Wertentwicklung aufweisen, noch zu deiner Anlagestrategie passen.

Es kann aber noch schlimmer kommen: Dass hohe Zinsen verführerisch sind und die Gier in uns ansprechen, wissen auch Finanzbetrüger. Schon immer werben deshalb kriminelle Akteure am Finanzmarkt mit sagenhaft hohen Zinsen – eine Masche, die offenbar auch mit Festgeld funktioniert. So locken Betrüger im Internet oder per Mail mit Zinsen, die noch etwas besser sind als die der seriösen Topanbieter. Wer sich davon überzeugen lässt, verliert sein gesamtes eingesetztes Kapital.

Das geht so: Die Gauner richten Webportale nur für ihre betrügerischen Zwecke ein oder geben vor, als Beratungsunternehmen Festgeldanlagen zu vermitteln. Wer Kontakt zu ihnen aufnimmt, bekommt täuschend echt wirkende Antragsformulare von angeblichen Partnerbanken. Oder wird zu einem (gefälschten) Eröffnungsantrag geleitet, der sich scheinbar auf der Webseite der Partnerbank befindet. Den Anlagebetrag sollen die Sparer und Sparerinnen dann auf ein Konto mit einer ausländischen IBAN überweisen. Nach der Überweisung bricht der Kontakt ab, und das überwiesene Geld ist verloren, weil die Betrüger den eingezahlten Betrag sofort vom Konto abheben.

Die deutsche Finanzaufsicht BaFin mahnt: Ist auf einer Website kein Impressum angegeben, handelt es sich in der Regel um Kriminelle. Wer Genaueres wissen will, kann sich auf der Homepage der BaFin Unternehmen auflisten lassen, vor denen die Finanzaufsicht warnt. Dubiose und unseriöse Geldanlageangebote sind auch auf der «Warnliste Geldanlage» der Stiftung Warentest aufgeführt.[8]

So helfen Zinsportale bei der Zinsjagd

Wenn du dich im Internet auf die Suche nach attraktiven Festgeldzinsen machst, landest du früher und später bei Zinsportalen oder Vergleichs- beziehungsweise Verbraucherportalen. Zu diesen zählt raisin.com (früher weltsparen.de), einer der Marktführer. Andere mehr oder weniger bekannte Anbieter sind Check24, Verivox, Finanztip, FMH oder biallo sowie die Deutsche Bank mit «Zinsmarkt» und die IKB Deutsche Industriebank mit ihrem «Zinsportal». Wenn du die Portale nutzt, sollte dir klar sein, wie die meisten von ihnen Geld verdienen: Die Portale fungieren als Vermittler und bringen Kunden mit Banken zusammen.

Bei raisin.com und Co. können Nutzerinnen und Nutzer online festlegen, wie viel Geld sie anlegen wollen und für wie lange. Dafür erhalten sie eine Liste mit den verschiedenen Angeboten. Die Portale verdienen aber nicht nur mit Werbeanzeigen auf ihrer Homepage Geld. Lässt du dich vom Portal auf die Homepage der Bank weiterleiten und eröffnest dort ein Tagesgeld- oder Festgeldkonto, kassiert das Portal von der Bank eine Provision. Für Banken ist es nämlich ungleich schwerer und aufwendiger, Neukunden und -kundinnen zu gewinnen, als einmal bestehende Kunden zu behalten. Allerdings wollen nicht alle Banken diesen Vergleichsportalen eine Provision zahlen. Das kann zum Beispiel dazu führen, dass Portale in ihren Ranglisten bestimmte Banken gar nicht führen und der Vergleich damit nicht vollständig ist. Außerdem gibt es noch andere Tücken, die zu beachten sind.

Die Vorteile: Die Portale helfen dir, die besten Angebote zu finden und diese für dich vergleichbar zu machen. Du kommst also schneller zum Ziel. Entweder weil du direkt wie bei biallo.de zum ausgewählten Anbieter weitergeführt wirst oder weil du wie bei raisin.com nach einmaliger Registrierung von einer Top-Bank zur nächsten wechseln und alles zentral im Onlinebanking verwalten kannst. Das ist gerade für Zinsjäger attraktiv, die gerne die Aktionszinsen beim Tagesgeld mitnehmen oder sich beim Festgeld stets nur die Top-Top-Angebote herausfischen wollen. Mit einem Login kannst du dann gleichzeitig mehrere Festgeldkonten bei unterschiedlichen Banken einrichten, ohne dich jedes Mal neu ausweisen zu müssen. Das Geld, das du anlegen willst, überweist du ganz einfach von deinem Girokonto oder Referenzkonto auf das Raisin-Konto, das dir vorher zugewiesen wurde – ohne Extrakosten für dich. Bis dein Geld einschließlich deiner Daten bei der ausländischen Bank eingetroffen ist und sich damit dein Festgeld verzinst, kann es aber ein paar Tage dauern.

Die Nachteile: Raisin – der frühere Name des Anbieters «Weltsparen» sagt es schon – zeigt dir vor allem Angebote von ausländischen Banken, von denen du vermutlich noch nie etwas gehört hast. Diese Banken wollen ohne eigene Filialen oder eigenen Internet-Auftritt in Deutschland Anlagegeld einsammeln. Oft handelt es sich um kleinere Banken, die mit einer höheren Verzinsung locken als Sparkassen, Genossenschaftsbanken und große Geschäftsbanken in Deutschland, aber auch als die Direktbanken und Spezialanbieter hierzulande, die oft ohnehin schon überdurchschnittlich hohe Zinsen bieten. Weit überdurchschnittlich hohe Festgeldzinsen ausländischer Exotenbanken können Anlegenden jedoch zum Verhängnis werden, wenn sie nicht auf die Einlagensicherung achten.

Wer kein Geld verlieren will, sollte also vorher prüfen, wie stabil die Bank ist, in welchem Land die Bank ihren Hauptsitz hat und wie das Länderrating ist. Alle Online-Portale bieten solche Informationen zur Einlagensicherung oder zu dem Sitz der Bank. Oder man schließt solche Anbieter von vornherein aus, indem man sich beim Einstellen des Filters nur Angebote von Banken aus Ländern mit bester Bonität zeigen lässt. Denn bei der Sicherung der Einlagen gilt, wie du weißt: In Deutschland und dem europäischen Ausland sind Guthaben von 100 000 Euro pro Bank und Sparer/Sparerin abgesichert, sofern die EU-Einlagensicherung gilt. In den Ländern des Europäischen Wirtschaftsraums EWR, zu denen neben den EU-Ländern auch Norwegen, Liechtenstein und Island gehören, gelten gleichwertige Regelungen. Ob aber in Ländern wie etwa Litauen, Polen, Zypern, Portugal, Malta, Kroatien oder Rumänien die Einlagensicherung nach einer Bankenpleite zuverlässig funktioniert, ist zumindest fraglich. Nur solange dein Geld auf deinem Verrechnungskonto bei Raisin selbst liegt, gilt die deutsche Einlagensicherung. Die Raisin Bank, die die Konten führt, ist Mitglied der Entschädigungseinrichtung deutscher Banken. Damit sind ebenfalls bis zu 100 000 Euro pro Kunde sicher. Mehr Geld solltest du deshalb auf deinem Raisin-Verrechnungskonto auch nicht haben.

Tipp: Höheren Zins und Risiko abwägen

Du musst selbst entscheiden, ob der höhere Zins das höhere Risiko rechtfertigt. Dafür rechnest du zunächst aus, wie viel du tatsächlich zusätzlich bekommen würdest. Beispiel: Eine sichere deutsche Bank zahlt dir bei einer Einlage von 50 000 Euro ein Jahr lang zwei Prozent Zinsen, das sind 1000 Euro. Die ausländische Bank mit einer weniger guten Einlagensicherung rückt 2,5 Prozent heraus, das macht nach einem Jahr 1250 Euro Zinsen. Sind es die 250 Euro wert, ein höheres Risiko einzugehen? Erst recht stellt sich die Frage bei Tagesgeld oder Festgeld in anderen Währungen, was manche Zinsportale ebenfalls anbieten. Hier kannst du in der Regel höhere Zinsen erzielen als mit Anlagen in Euro. Aber du gehst zusätzlich ein Wechselkursrisiko ein, denn bei der Rückzahlung wird die Landeswährung wieder in Euro getauscht – womöglich bekommst du dann sogar weniger

Euros zurück, als du eingezahlt hast, wenn die Landeswährung zwischenzeitlich an Wert verloren hat.

Die Steuern (1): Zinsen aus Festgeld- und Tagesgeldanlagen im europäischen Ausland musst du in Deutschland versteuern. Es fällt die Kapitalertragsteuer von 25 Prozent an, plus Solidaritätszuschlag und gegebenenfalls Kirchensteuer. Den Sparerpauschbetrag von 1000 Euro kannst du natürlich nutzen. Hier gibt es jedoch ein großes ABER: Anders als deutsche Banken führen ausländische Banken ohne Tochtergesellschaft in Deutschland die Steuer nicht automatisch ans Finanzamt ab, du musst deshalb die Zinserträge in der Einkommensteuererklärung in der Anlage KAP (Einkünfte aus Kapitalvermögen) angeben.

Die Steuern (2): Noch komplizierter kann es werden, wenn in dem Land der gewählten Bank eine Quellensteuer auf die Zinserträge erhoben wird. Diese Quellensteuer kann bis zu 35 Prozent des Zinsertrages ausmachen. Zusammen mit der deutschen Abgeltungsteuer kann es daher zu einer doppelten Besteuerung kommen. Um dies zu vermeiden, hat Deutschland mit mehr als 90 Staaten ein Doppelbesteuerungsabkommen abgeschlossen. Darin wird geregelt, zu welchem Anteil der ausländische Quellensteuersatz auf die deutsche Abgeltungsteuer angerechnet wird und ob dem Quellenstaat Steuern zustehen. Diese Quellensteuer kannst du in der Steuererklärung bis zu einer Höhe von 15 Prozent mit der deutschen Kapitalertragsteuer verrechnen. Sind im Ausland zum Beispiel 15 Prozent Quellensteuer fällig, musst du in Deutschland die restlichen zehn Prozent zahlen. Bekommst du von der Bank eine Jahressteuerbescheinigung, sollte dort stehen, wie viel Quellensteuer dir bereits von deinen Kapitalerträgen abgezogen wurde. Das ist wiederum der Nachweis für das Finanzamt, falls es von dir Belege einfordern sollte. In vielen Ländern kannst du dich auch von der Quellensteuer befreien lassen oder diese zumindest verringern. Dafür musst du bei der ausländischen Bank eine Ansässigkeitsbescheinigung einreichen, die dir dein Finanzamt auf Wunsch ausstellt. Fazit: Du solltest dir also schon vor der Anlage überlegen, ob dir die Steuermodalitäten wegen ein paar Euro Zinsen zusätzlich nicht zu aufwendig werden.

DAS PASSENDE WERTPAPIERDEPOT FINDEN UND ERÖFFNEN

Früher konnte man Aktien noch anfassen: in Form einer Urkunde, die dem Eigentümer bescheinigte, mit einer bestimmten Summe, zum Beispiel mit 50 D-Mark, an einem bestimmen Unternehmen beteiligt zu sein. Diese Wertpapiere lagerten in Schließfächern bei einer Bank oder zu Hause im Tresor. Heute gibt es statt Papier und solcher Schließfächer ein elektronisch geführtes Wertpapierdepot, in dem Aktien, Fonds, Anleihen oder andere Wertpapiere verwahrt werden. Du kannst diese Wertpapiere nicht mehr anfassen. Ein Klick in ein online geführtes Wertpapierdepot reicht aber, und schon siehst du, wie viele und welche Aktien du hast und ob sich deine Anlagen positiv oder negativ entwickeln. Es läuft also alles digital, und nur mit einem Depot kannst du heutzutage Wertpapiere kaufen oder verkaufen, egal, ob du nun 100 000 Euro anlegen oder jeden Monat 200 Euro per Sparplan in Fonds stecken willst. Verbunden mit deinem Depot ist immer ein Verrechnungskonto. Mit dem Geld auf diesem Konto kaufst du die Wertpapiere, und wenn du Anlagen aus deinem Depot verkaufst, landet der Erlös ebenfalls auf deinem Verrechnungskonto.

Um ein Depot eröffnen zu können, musst du mindestens 18 Jahre alt und Inhaber eines Girokontos sein. Das Girokonto brauchst du allein schon deshalb, weil du vom Girokonto aus Geld auf dein zum Depot gehörendes Verrechnungskonto überweisen musst. Ohne Geld auf dem Verrechnungskonto kannst du ja nichts anlegen. Außerdem ist bei vielen Kreditinstituten ein Wohnsitz in Deutschland nötig, um ein Depot zu eröffnen. Du brauchst aber kein Mindestguthaben. Bei manchen neuen Anbietern kannst du theoretisch schon ab einem Euro Geld in Fonds stecken.

Zwischen diesen Anbietern kannst du wählen

Du solltest nicht den nächstbesten Anbieter nehmen. Ein Depot muss zu dir passen. Wenn du dir aber vorher überlegt hast, welcher Anlegertyp du bist, wird dir die Vorauswahl leichter fallen. Du kannst zwischen drei Varianten entscheiden:

- **Das Depot von Filialbanken**: Wenn du dir nicht selbst zutraust, mit Wertpapieren zu handeln (spätestens am Ende des Buches solltest du dir hoffentlich sicher sein, dass du das kannst), oder gern persönlich beraten werden willst, musst du entweder zu einem Vermögensverwalter oder zu einer Bank mit einer Filiale in deiner Nähe gehen. Das hat allerdings mehrere Nachteile: Du hast höhere Kosten beim Kauf und Verkauf deiner Wertpapiere, und hohe Kosten gelten als Renditekiller erster Güte bei jeder Geldanlage. Oft musst du auch noch eine Extra-Gebühr für die Führung des Depots zahlen. Was aber noch schlimmer ist: In einer Filialbank wirst du nicht beraten, auch wenn der Mitarbeiter oder die Mitarbeiterin der Bank so tut, als würde er oder sie genau das tun. Vielmehr gehört es zum Job der Angestellten in den Filialen, Produkte der eigenen Bank, Versicherung oder Fondsgesellschaft an die Frau oder den Mann zu bringen. Nur so können sie für ihren Arbeitgeber Provisionen erzielen oder gegebenenfalls für sich selbst Erfolgsprämien herausholen. Nikolaus Braun, der einmal Filialleiter einer deutschen Großbank war und kluge Bücher über Geld geschrieben hat, sagte mir einmal in einem Interview: Jeden Monat werde in den Banken «eine andere Sau durchs Dorf gejagt, die verkauft werden muss». Bleibt der Vorteil, dass Filialbanken dir die Möglichkeit bieten, den Kauf und Verkauf von Wertpapieren nicht selbst online managen zu müssen. Du kannst Kauf- oder Verkaufsaufträge schriftlich oder telefonisch durchgeben, oder der «Berater» erledigt das für dich, wenn du das willst. Aber das ist nun mal viel teurer, als wenn du selbst alles erledigst, und jeder Euro an Kosten mindert den Ertrag deiner Anlage.

- **Das Depot bei Direktbanken**: Wenn du nicht zocken und nicht ständig Aktien kaufen und verkaufen willst, bist du mit einem Depot bei einer klassischen Direktbank gut bedient. Dazu zählen zum Beispiel ING, Consors oder Comdirect. Vorteil: Die Führung des Depots kostet dich nichts. Auch die Kauf- und Verkaufskosten (man spricht auch von den Orderkosten) sind bei diesen Anbietern niedriger als bei den Filialbanken. Verglichen mit den Neobrokern (siehe unten) solltest du auch einen besseren Service bekommen, per E-Mail, Chat oder Telefon. Allerdings solltest du nicht zu viel erwarten: Willst du mit jemandem persönlich sprechen, kann es sein, dass du sehr lange in der Warteschleife hängst. Die Direktbanken bieten auch Girokonten und Kreditkarten an, sodass du das Komplettpaket bei einer Bank haben kannst. Ein möglicher weiterer Vorteil: Bei Direktbanken kannst du beim Kauf von Aktien und Fonds zwischen verschiedenen Handelsplätzen (Börsen) wählen, was helfen kann, deine Kosten weiter zu verringern. Aber dazu später mehr.

- **Das Depot bei Neobrokern:** In Deutschland sind in den vergangenen Jahren mehr und mehr sogenannte Neobroker auf den Markt gekommen. Bei diesen neuen Anbietern (daher der Zusatz «neo») zahlst du normalerweise noch weniger für deine Bankgeschäfte als bei Onlinebanken. Dafür liegt ihr Schwerpunkt allein auf dem Depotgeschäft, sie bieten inzwischen aber teilweise auch Tagesgeldkonten und Girokonten an. Zu diesen Neobrokern gehören zum Beispiel Scalable Capital, Traders Place, Smartbroker, Trade Republic oder Justtrade. Sie locken potenzielle Kunden damit, dass sie bequem per Handy einfach, schnell und zwischendurch mit Wertpapieren handeln können, und das teilweise sogar ohne Kosten für den An- und Verkauf von Papieren. Die Depotführung kostet ohnehin nichts. Trotzdem verdienen sie natürlich mit dem Handel von Wertpapieren Geld. Sie sind nämlich, vereinfacht gesagt, an den Gewinnen mitbeteiligt, die dabei entstehen, wenn Wertpapiere mit einer Spanne zwischen Kauf- und Verkaufspreis gehandelt werden (im Fachjargon spricht man vom «Spread»). Für den An- und Verkauf bieten die jungen Firmen leicht verständliche, benutzerfreundliche Apps fürs Smartphone oder Tabletts. Geeignet sind diese Anbieter vor allem für junge, technikaffine Menschen, die sowieso am liebsten alles mit ihrem Smartphone erledigen und für ihre Börsengeschäfte möglichst wenig Geld ausgeben wollen, und sich zum Beispiel auch für den Handel von Kryptowährungen wie Bitcoin interessieren. Ein weiterer Vorteil: Neobroker können inzwischen auch mit guten Anbietern von Tagesgeld mithalten, gerade auch bei den Bestandszinsen. Allerdings musst du hier auf Fallstricke achten: Mal ist die Einlagensicherung verglichen mit deutschen Verhältnissen unzureichend oder das Tagesgeld in US-Dollar mit einem Währungsrisiko angelegt wie bei dem Anbieter eToro. Mal muss man für ein Tagesgeldkonto zusätzlich ein Girokonto eröffnen wie bei Trade Republic. Mal hängen die Tagesgeldzinsen vom Anlagebetrag ab wie bei Scalable Capital. Oder es wird eine Mindestsumme von 5000 Euro verlangt wie bei Traders Place.

Nun hast du einen Überblick, welche Arten von Anbietern es gibt. Das sollte dir bei der Vorauswahl helfen. Bei der Feinauswahl helfen ein paar Fragen weiter: Was habe ich mit meinem Depot vor? Welche Wertpapiere will ich kaufen? Welcher Anbieter ist für meine Bedürfnisse am besten geeignet?

Auf diese Kosten musst du achten

Beginnen wir bei den Kosten, die sich je nach Anbieter stark unterscheiden können. Niedrige Kosten sind mitentscheidend für deinen Erfolg an der Börse. Das Depot ist dabei ein Kostenfaktor. Filialbanken verlangen häufig relativ hohe Gebühren; bei einem «Premium-Depot mit Anlageberatung» kann durchaus ein Prozent der Anlagesumme fällig werden. Und das ist ziemlich viel: Wenn du nun 100 000 Euro in Wertpapieren angelegt hast, bist du im Jahr schon mal 1000 Euro los, einfach so. Wenn du das nicht zahlen willst, bist du bei den Direktbanken und Neobrokern besser aufgehoben, weil diese solche Depotgebühren normalerweise nicht erheben. Doch Vorsicht: Manchmal ist das Führen eines Depots nur dann kostenlos, wenn du bestimmte Bedingungen erfüllst, also zum Beispiel per Sparplan Geld zurücklegst, eine bestimmte Anzahl an verschiedenen Wertpapieren im Depot hast oder eine bestimmte Anzahl an Aufträgen («Orders») in einem Kalenderquartal tätigst.

Genauso wichtig sind die Kosten, die für den Kauf und Verkauf von Wertpapieren anfallen. Hier hat sich der Wettbewerb verschärft, davon kannst du profitieren, weil mittlerweile viele Anbieter damit werben, alle oder einen Teil der erhältlichen ETF-Sparpläne (Seite 165 f.) kostenlos anzubieten. Auch die Preise für einmalige Anlagen in Fonds sind gesunken. Dabei steckst du eine bestimmte größere Summe, zum Beispiel 5000 Euro, auf einen Schlag in einen Fonds (Seite 179 f.). Du solltest aber darauf achten, ob solche Aktionen dauerhaft oder befristet sind, und ob nach einiger Zeit doch wieder Gebühren für die ETF-Sparpläne fällig werden. Gerade bei langfristigen Anlagen ist es wichtig, dass du dauerhaft kostengünstig anlegst, sonst geht das zulasten deines Ertrags. Unterm Strich können die Kostenunterschiede beträchtlich sein. Die Stiftung Warentest hat die Preise von 28 Banken und Online-Brokern für drei verschiedene Depotgrößen (groß, 150 000 Euro, 15 Positionen, vier Orders pro Jahr; mittel, 50 000 Euro, 13 Positionen, 12 Orders pro Jahr; klein, 12 000 Euro, eine Position, eine Order pro Jahr) verglichen. Ein Ergebnis: Die teuersten und günstigsten Angebote lagen mehr als 800 Euro pro Jahr auseinander.

Im Detail ist es allerdings nicht ganz einfach, fällige Gebühren für den Kauf und Verkauf von Wertpapieren zu vergleichen. Mal sind die Preise gestaffelt, je nach Wert deines Auftrags. Manche Anbieter erheben Kosten prozentual auf den Orderwert, manche Mindest- und Höchstpreise. Einige Banken verlangen die Gebühr für einen Sparplan in Prozent, andere in Euro. Verlangt zum Beispiel eine Bank einen Euro pro Sparrate, ist das bei einem sehr niedrigen monatlichen Sparbetrag von zum Beispiel 25 Euro extrem teuer. Du legst dann zwar 25 Euro an, zahlst aber obendrauf über Jahre und womöglich Jahrzehnte einen Euro zusätzlich, ohne dass du etwas davon hast. Wenn du also jeden Monat vergleichsweise wenig zurücklegen willst, solltest du besser zu einem Broker gehen, der keine pauschale Gebühr oder eine Mindestgebühr verlangt.

Fazit: Es wäre sicherlich zu aufwendig, wenn du jeden Anbieter einzeln vergleichst, um für dich das passende Depot zu finden. Du solltest dir deshalb helfen lassen und einen Blick auf die einschlägigen Depottests werfen. Sehr hilfreich sind hier kostenlos einsehbare Preisvergleiche bei brokervergleich.de. Hier kannst du gezielt nach einem passenden Anbieter suchen.

Tipp: Das Depot zu Hause lassen

Mit einem Depot bei einem Anbieter in Deutschland bist du besser aufgehoben. Wenn du mal zu einer anderen Bank wechseln willst, ist es schwieriger, Depots von Banken oder Brokern aus dem Ausland zu einem anderen Anbieter zu übertragen. Hinzu kommt: Du kannst dir bei deutschen Banken und Neobrokern sicher sein, dass sie die Abgeltungsteuer auf Kapitalerträge direkt an das Finanzamt abführen, sofern du die Erträge nicht per Freistellungsauftrag von der Steuer freigestellt hast. Bei Banken mit Sitz im Ausland ist dies nicht der Fall. Du musst dann nachträglich in deiner Steuererklärung (Anlage KAP) Zinsen, Dividenden, Gewinne aus dem Verkauf von Wertpapieren angeben, zumal du bei diesen Banken auch keinen Freistellungsauftrag einreichen kannst. Das Finanzamt berechnet dann, wie viel Steuern du nachzahlen musst, sofern deine Erträge über dem Sparerpauschbetrag liegen. Außerdem gilt auch bei der

Depotführung der Grundsatz: Sicher ist sicher. Wenn du also dein Depot bei einer deutschen Bank führst, kannst du dir sicher sein, dass sie Mitglied eines der hierzulande bestehenden Einlagensicherungsfonds ist. Zumindest das Geld auf dem Verrechnungskonto, das du noch nicht investiers hast, ist damit schon einmal mindestens bis zu 100 000 Euro im Fall einer Bankpleite geschützt.

So eröffnest du ein Depot

Wenn du ein Tages- oder Festgeldkonto online erfolgreich eröffnet hast, wird für dich auch die Eröffnung eines Wertpapierdepots per Smartphone, Notebook oder iPad kein Problem sein. Auch dabei gibst du deine persönlichen Daten ein und bestätigst deine Identität. Dafür gibt es das Postident-Verfahren, das vor allem die älteren Leser und Leserinnen kennen dürften. Dabei lässt du dir in einer Postfiliale mit den ausgedruckten Formularen bestätigen, dass du Laura Müller oder Heinz Huber bist. Mehr und mehr setzt sich aber das Videoident-Verfahren durch. Dafür musst du deinen Personalausweis von beiden Seiten in die Kamera deines Smartphones halten. Es kann allerdings manchmal ein bisschen dauern, bis du weißt, wie du den Ausweis halten musst, damit er korrekt erfasst wird. Du kannst auch das E-Identverfahren nutzen, auch eID genannt. Dafür benötigst du einen Ausweis mit ID-Funktion, die dazugehörige PIN, die du beim Bürgeramt erhältst, plus ein Smartphone mit NFC-Schnittstelle, das du an deinen Ausweis halten musst. Viele haben das aber noch nicht, oder sie haben die PIN verlegt, die sie irgendwann mal vom Bürgeramt bekommen haben.

Wie lange die Eröffnung bis zum Abschluss dauert, hängt von der Bank und dem angebotenen Identifizierungsprozess ab. Meist bekommst du noch Vertragsunterlagen plus Zugangsdaten / Aktivierungscodes per Post zugeschickt, dann musst du dich ein paar Tage gedulden, bis du anfangen kannst, dein Depot zu nutzen. Bei den Neobrokern geht's schneller, weil du die gesamte Eröffnung digital erledigen kannst.

Bei der Eröffnung musst du dich auch entscheiden, ob du ein Einzel- oder Gemeinschaftsdepot haben möchtest. Das Gemeinschaftsdepot hat, der Name sagt es schon, mehrere Depotinhaber. Das können zum Beispiel Eheleute sein oder du und dein / e Lebensgefährte / Lebensgefährtin. Alle Depotinhaber handeln dann gleichberechtigt. Somit sind solche Depots gerade für Paare geeignet, die gemeinsam ihr Vermögen vergrößern oder sich eine bestimmte Summe für die zusätzliche Altersvorsorge zusammensparen wollen. Es gibt aber eine feine Unterscheidung:

Beim *Oder-Depot* sind die Depotinhaber unabhängig voneinander eigenständig handlungsfähig. Sie können sich damit gegenseitig vertreten.

Beim *Und-Depot* sind die Depotinhaber nur gemeinschaftlich handlungsfähig. Es geht also nicht, dass du die Aktie A kaufst und deine Partnerin davon nichts mitbekommt oder umgekehrt. Ihr müsst gemeinschaftlich handeln. Das erhöht den Verwaltungsaufwand beträchtlich.

Vor- und Nachteile eines Gemeinschaftsdepots: Die Eheleute können sich die Depotgebühr wie auch die Orderkosten teilen. Bei einer gemeinsamen Veranlagung beim Finanzamt können sie ihren Sparerpauschbetrag von jeweils 1000 Euro gemeinsam nutzen und somit einen Freistellungsauftrag in Höhe von bis zu 2000 Euro einreichen. Das funktioniert aber nur, wenn sich das Paar einig darüber ist, wie angelegt wird und welches Risiko dabei eingegangen werden soll. Sonst wird das Gemeinschaftsdepot zu einer ständigen Quelle für unnötigen Streit. Auch beim Tod eines Depotinhabers kann es zu steuerrechtlichen Problemen kommen, vor allem bei einem hohen Depotvolumen und wenn es weitere Erben neben dem noch lebenden Depotinhaber gibt.

Tipp: Nachteile für unverheiratete Paare

Unverheiratete Paare können ebenfalls gemeinsam ein Depot eröffnen. Sie sollten sich jedoch darüber im Klaren sein, dass Streit bei einer Trennung vorprogrammiert ist. Anders als bei Eheleuten, bei denen rechtlich nach einer Scheidung zunächst der gesetzliche Versorgungsausgleich gilt, sofern ein gültiger Ehevertrag nichts anderes regelt, ist bei unverheirateten Paaren unklar, wie das Depot nach einer Trennung aufgeteilt werden soll. Daher sollten sie das lieber vorher per Vertrag klären, auch wenn das womöglich etwas unangenehm ist, im Voraus über eine Trennung zu sprechen. Ein weiterer Nachteil: Unverheiratete Paare können sich nicht gemeinsam steuerlich veranlagen lassen, haben also keinen Sparerpauschbetrag von 2000 Euro wie Ehepaare.

Zum Gemeinschaftsdepot gibt es aber gute Alternativen, gerade für Eheleute: Ihr könnt auch jeder ein Einzeldepot eröffnen und euch gegenseitig bevollmächtigen, um im Notfall auf das Depot des Partners/der Partnerin zugreifen zu können. Trotzdem bleibt die Depotinhaberin oder der Depotinhaber alleiniger Eigentümer. Sinnvoll kann auch ein Depotvertrag sein. Denn, gut zu wissen: Das Finanzamt geht zunächst einmal davon aus, dass die Vermögenswerte eines Gemeinschaftsdepots zu jeweils gleichen Teilen den Depotinhabern zustehen. Aber vielleicht hat die eine mehr eingezahlt als der andere. Dann wird per Depotvertrag innerhalb des Paares festgelegt, wem was gehört. Das hilft nicht nur im Todesfall eines Inhabers. Es kann auch dazu beitragen, dass es bei einer Trennung weniger Streit gibt.

So oder so, bei dem Depot für zwei muss natürlich auch die zweite Person ihre persönlichen Angaben machen. Dann dauert die Eröffnung ein bisschen länger. Grundsätzlich sind bei einer Depoteröffnung folgende Angaben zu machen:

- Bei der Eingabe der persönlichen Daten wirst du gefragt, wie du arbeitest, zum Beispiel als Angestellter oder Selbstständiger, und in welcher Branche du tätig bist. Natürlich solltest du auch wieder deine Steuer-Identifikationsnummer parat haben. Auch, in welchem Land du Steuern zahlst, wird abgefragt, das ist die sogenannte Steueransässigkeit.
- Außerdem will die Bank wissen, welche Erfahrungen und Kenntnisse du bisher im Handel mit Wertpapieren gemacht hast und in welche Papiere du investieren willst. Die Bank ist gesetzlich verpflichtet, sich so abzusichern. Der Grund: Du sollst nur mit Wertpapieren

handeln, die deinem Kenntnisstand und deinem Risikoprofil entsprechen. Wenn du nun zum Beispiel angibst, du hättest schon mit Optionsscheinen gehandelt (das sind recht komplizierte, hochriskante Finanzwetten) und du kaufst später über dein Depot Optionsscheine und verlierst damit deinen gesamten Einsatz, kann die Bank immer darauf verweisen, dass du ja angegeben hättest, dich mit diesen Papieren auszukennen. Die Bank zu verklagen, dürfte deshalb von vornherein erfolglos sein. Lass dich also von den Fragen nicht verunsichern. Du kannst auch einfach angeben, dass du noch keine oder wenige Erfahrungen gemacht hast, wenn du zu den Einsteigern zählen solltest.

- Mit der Depoteröffnung bekommst du ein Verrechnungskonto zugeteilt, das ist sozusagen deine Handelsbasis. Du musst aber wie beim Tages- und Festgeld ein Referenzkonto angeben, in der Regel dein bestehendes Girokonto. Das muss nicht bei der Bank sein, bei der du das Depot einrichtest, es sei denn, du hast bei deiner Depotbank sowieso schon ein Girokonto. Entscheidend ist: Du kannst von deinem Girokonto jederzeit auf dein Verrechnungskonto bei der Depotbank Geld überweisen und umgekehrt. Wichtig für dich zur Erinnerung: Bevor du loslegst und deine ersten Wertpapiere kaufst, solltest du prüfen, ob du genug Geld auf dem Verrechnungskonto hast. Auf keinen Fall solltest du Wertpapiere per Bankkredit kaufen. Das ist nur etwas für Hasardeure.

Tipp: Ein Depot übertragen

Ein Wertpapierdepot wechselt man nicht wie ein Hemd oder eine Bluse. Ein Wechsel kann mühsam werden, selbst wenn er nichts kostet. Aber wenn du dich nur noch über zu hohe Preise, schlechte Erreichbarkeit und unverständliche Bedienmenüs ärgerst, solltest du auch keine Scheu vor einem Depotwechsel haben. Der neue Anbieter, zu dem du wechselst, wird sich nämlich gerne um den Übertrag deines Depots kümmern. Dafür musst du ein Formular ausfüllen und klären, was du für die Authentifizierung tun musst, um deine Wertpapiergeschäfte wieder bequem online erledigen zu können.

KAPITEL IV

Der Einstieg in ETFs und Aktienfonds – so geht's

Die Bundesbürger sind fleißige Sparer. Die privaten Haushalte hierzulande sparen mehr als zehn Prozent ihres Einkommens, mal ein bisschen mehr, mal ein bisschen weniger, aber jedenfalls ganz schön viel. Wer zum Beispiel zehn Prozent zurücklegt, spart zehn Euro je 100 Euro an verfügbarem Einkommen. Klar, das sind Durchschnittswerte des Statistischen Bundesamts. Viele Haushalte können je nach Einkommenshöhe, Lebenslage und Sparneigung deutlich mehr zurücklegen. Anderen bleibt am Ende des Monats wenig oder gar nichts übrig, weil sie zu wenig verdienen – oder, auch das kommt vor, gemessen an ihrem Einkommen zu verschwenderisch mit ihrem Geld umgehen. Bemerkenswert ist aber schon: Wir sparen viel mehr als etwa die Italiener, Japaner oder US-Amerikaner. Bei ihnen liegt die Sparquote teilweise weit darunter. Nur in der Schweiz gibt es noch viel strebsamere Sparer und Sparerinnen als in Deutschland.

Nun klingt das erst einmal gut: Gäbe es Weltmeisterschaften beim Sparen, würden wir zu den Favoriten zählen. Nur, sparen wir auch richtig? Die eindeutige Antwort heißt: nein. Das liegt daran, dass die Deutschen auch Weltmeister im Horten von Geld auf Girokonten und Tagesgeldkonten sind. Und was das in Euro und Cent bedeutet, rechnet die

DZ Bank einmal im Jahr aus. Ergebnis: Die privaten Haushalte hierzulande saßen 2024 auf einem Geldvermögen von unvorstellbaren 9,3 Billionen Euro, das sind mehr als neunmal 1000 Milliarden Euro, eine unvorstellbare Summe. Davon sind allerdings gut ein Drittel Bargeld und Einlagen auf dem Girokonto oder Tagesgeldkonto. Aktien und Aktienfonds machten nur knapp ein Zehntel der Gesamtsumme aus. Das liegt daran, dass viele von uns sehr risikoscheu sind. Regelmäßige Umfragen im Auftrag des Bundesverbandes deutscher Banken (BdB) zeigen: Je nachdem, welches Umfragejahr man heranzieht, ist nur jeder Dritte oder gar nur jeder Fünfte offen dafür, ein höheres Anlagerisiko einzugehen, um damit gegebenenfalls auch mehr aus seinem Geld zu machen. Immobilien, Tagesgeld und Gold sind für viele Menschen in Deutschland die Favoriten, wenn es darum geht, einen größeren Betrag anzulegen. Investments in Aktien und Aktienfonds nennen die Befragten deutlich seltener als bevorzugte Anlage. Dafür werden als Hauptgründe genannt: Geldmangel, Unkenntnis und geringes Vertrauen. Kein Wunder, dass auch die Zahl der Aktionäre hierzulande nicht allzu hoch ist. Gut 12,1 Millionen Menschen besaßen im Jahresdurchschnitt 2024 hierzulande Aktien, Aktienfonds und/oder börsengehandelte Indexfonds (ETFs), also etwa jeder oder jede Sechste, gemessen an der hiesigen Bevölkerung ab 14 Jahren.

Nun magst du vielleicht denken: Ja, und? Es gibt doch wenigstens wieder Zinsen für Tages- und Festgeld. Richtig, aber bei Zinsen von um die zwei Prozent oder weniger wird das Geld abzüglich der Inflation in vielen Fällen nicht mehr, sondern weniger. Wenn du mehr aus deinem Geld machen willst, bist du quasi gezwungen, auch an den Aktienmärkten anzulegen. Nur so kannst du es dauerhaft schaffen, höhere Erträge von durchschnittlich vier, fünf, sechs oder gar mehr Prozent pro Jahr zu erwirtschaften. Wie das geht, erfährt du in diesem Kapitel. Eine Angst will ich dir aber vorweg schon einmal nehmen: Es geht nicht ums Spekulieren, ums hektische Kaufen und Verkaufen von Aktien oder andere Finanzwetten, immer auf der Suche nach schnellen und hohen Kursgewinnen. Das überlassen wir den Zockern und Zockerinnen unter uns. Hier geht es um strategisch geplantes, langfristig gedachtes Investieren an der Börse, und das ist ein großer Unterschied.

GELASSEN UND KLUG IN AKTIEN-ETFs INVESTIEREN

Darf es etwas mehr sein? Die Frage, die dir der Metzger deines Vertrauens nicht selten stellen dürfte, kann man auch auf die Geldanlage übertragen. Dafür benötigst du zunächst drei Zutaten: Du brauchst einen Schuss Liquidität, einen Sicherheitsbaustein und einen Renditebaustein. «Etwas mehr», also eine Rendite von jährlich drei, vier, fünf Prozent oder noch mehr (nach Abzug der Kosten), kannst du aber nur bekommen, wenn du auch am Aktienmarkt anlegst, und das am einfachsten und bequemsten dann, wenn du langfristig investierst und dein Investment weltweit verteilst.

Die britischen Forscher Elroy Dimson und Mike Staunton von der London Business School sowie Paul Marsh von der Cambridge University werfen einmal im Jahr einen Blick auf die langfristigen Renditen der Aktienmärkte im Global Investment Returns Yearbook. Laut ihrer Untersuchung haben Aktien weltweit im Zeitraum von 1900 bis 2024 nach Abzug der Inflation eine durchschnittliche Rendite von 5,2 Prozent pro Jahr erreicht. Mit US-Aktien hätten Anlegende seit Anfang des 19. Jahrhunderts sogar im Durchschnitt eine Rendite von 9,7 Prozent pro Jahr erzielt.[9] Selbst wenn man die jährliche Inflation abzieht, wäre so noch eine ansehnliche Rendite von 6,6 Prozent herausgekommen, und das trotz zweier Weltkriege, Börsencrashs und vieler Krisen. Natürlich hätten Anleger in einigen Marktphasen dramatische Verluste vorübergehend in Kauf nehmen müssen, seit dem Zweiten Weltkrieg vor allem in der Ölkrise 1973/74, am «Schwarzen Montag» im Jahr 1987, während des Platzens der Dotcom-Blase nach der Jahrtausendwende, in der Finanzkrise 2008/2009 oder beim Corona-Crash im Jahr 2020. Aber rechnet man wie die drei Forscher für die gesamten mehr als 180 Jahre den Jahresdurchschnitt aus, sind die Renditen überaus positiv. Der Weltindex MSCI World, der die Aktienkurs-Entwicklung von mehr als 1300 Unternehmen aus 23 Industrieländern abbildet (Seite 141 ff.), brachte es nach Berechnungen von Finanztip seit 1975 bis Ende 2024 in Euro gerechnet auf eine durchschnittliche Rendite von acht Prozent pro Jahr. Finanztip hat sich dafür die Renditen für jeweils einen Anlagezeitraum von 15 Jahren angeschaut und quasi rollierend die Renditen für 15 Jahreszeiträume ausgerechnet, also beginnend mit 1975 bis Ende 1989 und endend mit 2010 bis Ende 2024. Von all diesen Renditen ergeben sich im Mittel dann acht Prozent.[10] Auch nach Abzug der Inflation kämen so immer noch nicht ganz sechs Prozent heraus. Auch wenn bei diesen Rendite-Angaben Kosten nicht berücksichtigt sind – Erträge in dieser Größenordnung kannst du mit Festgeld oder anderen sicheren Sparangeboten über so lange Zeiträume nicht erreichen.

Woran das liegt? Die Erklärung ist auch für Nichtökonomen verständlich: Wenn du Aktien eines Unternehmens kaufst, bist du damit am Unternehmen beteiligt. Dann profitierst du davon, wenn das Unternehmen wächst, mehr umsetzt, effizienter produziert, Patente entwickelt, neue Produkte auf den Markt bringt und seine Gewinne steigert – und das im Idealfall sogar doppelt: Ist das Unternehmen erfolgreich und wird damit gerechnet, dass dies so bleibt, steigt idealerweise der Aktienkurs. Gleichzeitig schütten viele Unternehmen meist einmal im Jahr eine Dividende aus. Damit wirst du einmal im Jahr am Gewinn beteiligt (Seite 244 ff.).

Je höher allerdings der mögliche Ertrag einer Geldanlage, desto höher das Risiko. Fachleute sprechen deshalb gerne von der «Risikoprämie». Bei Aktien ist das Risiko hoch. Es kann passieren, dass du ein Unternehmen erwischst, das vielleicht 2026 noch glänzend dasteht, aber fünf Jahre später pleite ist, weil die Konkurrenz bessere und günstigere Produkte anbietet oder eine technologische Innovation verpasst wurde, wie etwa die Entwicklung von der analogen zur digitalen Fotografie (die Älteren erinnern sich bestimmt noch an die Kodak-Filme). Wenn du aber weltweit in verschiedene Aktien, Branchen, Länder, in Europa, Asien und den Vereinigten Staaten langfristig anlegst, minimierst du das Risiko. Es gibt zwar gute und schlechte Börsenjahre – mal gehen die Kurse um 10, 20 oder 30 Prozent nach oben, mal gehen sie ebenso deutlich runter. Aber entscheidend ist, was unterm Strich am Ende herauskommt. Und hier zeigt sich: Anlegende, die cool bleiben, nicht hektisch Aktien kaufen und verkaufen, sondern während der Durststrecken gelassen bleiben, erzielen auf Dauer sehr ordentliche Renditen.

Nun fragst du dich womöglich: «Ja, aber wie soll das gehen? Ich bin kein Millionär, der in Hunderte oder Tausende Aktien gleichzeitig investieren kann.» Die Antwort lautet: Es geht ganz einfach, wenn du in Aktienfonds investierst. Einen solchen Fonds kannst du dir zum Beispiel wie einen riesigen runden Kuchen vorstellen. Der Kuchen besteht aus Hunderten oder gar Tausenden von kleineren Stücken. Diese müssen nicht gleich groß sein. Aber jedes Stück besteht aus Aktien eines Unternehmens. Kaufst du nun Anteile eines Fonds, bist du damit ein kleines bisschen an all diesen Kuchenstücken beteiligt. Du kannst also zum Beispiel schon mit 100 Euro im Monat kleine Minianteile von Aktien aus vielen Ländern der Erde erwerben, von Deutschland über China und Japan, den USA bis nach Australien. Dafür musst du nicht selbst die Aktien heraussuchen, das geht meistens ohnehin schief (Seite 281 ff.). Du musst dich nur auf die Suche nach den für dich passenden Fonds machen. Vergiss nicht: Dein Geld kann mehr!

Wie sich teure und günstige Aktienfonds unterscheiden

Nun gibt es Tausende von verschiedenen Aktienfonds. Das muss dich aber nicht verunsichern. Im Supermarkt findest du ja auch den Joghurt, den du willst, obwohl Dutzende

Sorten und Marken im Regal stehen. Eine wesentliche Unterscheidung solltest du aber kennen:

Zum einen gibt es gemanagte Fonds. Das bedeutet, ein Fondsmanager oder eine Fondsmanagerin oder ein Team einer Fondsgesellschaft sucht die Aktien aus, die in den Fonds kommen, und entscheidet, welche Titel wieder herausfliegen. Das passiert, wenn die Lenker des Fonds überzeugt sind, dass diese Aktien nicht mehr gut laufen werden oder nicht mehr zu den vorher definierten Auswahlkriterien des Fonds passen. Bei solchen gemanagten Fonds gibt es aber zwei große Probleme.

Problem Nummer eins: Erstens sind die laufenden Kosten relativ hoch. Schließlich muss ein Fondsanbieter sein Personal bezahlen, und das sind nicht nur die hoch bezahlten Fondsmanager. Meist wird deshalb eine feste Prozentzahl vom Fondsvolumen, also von dem verwalteten Vermögen im Fonds, berechnet. Bei aktiv gemanagten Aktienfonds liegen diese Kosten bei durchschnittlich 1,5 Prozent bis teilweise mehr als 2,5 Prozent. Das ist eine Menge. Stell dir nur vor, deine Fondsanteile wären 100 000 Euro wert, dann muss der Fonds erst einmal 1500 (bzw. 2500 Euro) an Erträgen erwirtschaften, nur um diese Kosten wieder reinzuholen. Vorher hast du keinen Cent verdient.

Hinzu kommt: Bei vielen Banken zahlst du für diese gemanagten Aktienfonds beim Kauf einen Ausgabeaufschlag, der sich ohne Rabatt – wie es ihn vor allem bei Direktbanken und Neobrokern gibt – auf etwa fünf Prozent der Kaufsumme belaufen kann. Damit decken Banken oder Fondsvermittler die Kosten für Beratung, Vermittlung und Vertrieb ab. Gerechnet wird dabei meist nach der sogenannten Nettomethode, was bedeutet, dass der Ausgabeaufschlag anhand des Werts der Fondsanteile berechnet wird. Ein Beispiel: Legst du 10 000 Euro in einen gemanagten Aktienfonds an, beläuft sich der Ausgabeaufschlag auf 476,19 Euro (10 000:1,05). Du investierst am Ende also nicht die volle Anlagesumme, sondern nur 9523,81 Euro. Würde ein Fondsanteil in unserer Musterrechnung nun 100 Euro kosten, bekommst du also nicht 100 Anteile des Fonds, sondern nur 95 plus einen Bruchteil. Auch hier gilt: Der Fonds muss erst einmal gute Erträge erwirtschaften, um diese Einstiegskosten wieder hereinzuholen. Das kann durchaus zwei, drei Jahre oder länger dauern.

Schlimmstenfalls kann zu den laufenden Kosten noch eine Erfolgsprämie für das Fondsmanagement obendrauf kommen, die du über eine Extra-Erfolgsgebühr bezahlst oder die von deinen Gewinnen abgeknappt wird. Auch das verringert deine Rendite. Und hier stellt sich schon die Frage: Warum soll eine Fondsgesellschaft, die ohnehin viel Geld dafür bekommt, das ihr anvertraute Vermögen zu mehren, noch einmal einen Extra-Obolus kassieren, wenn ihren Fondsmanagern und -managerinnen das tatsächlich dann auch überdurchschnittlich gut gelingt? Unterm Strich: Wenn du gemanagte Fonds kaufen willst, solltest du es vermeiden, zusätzlich noch einen Ausgabeaufschlag zu zahlen, und eine Bank als Depotbank wählen, die eine große Auswahl dieser Fonds mit Rabatt oder ganz ohne Kaufgebühr anbietet. Oder noch besser: Du machst gleich einen großen Bogen um diese Fonds, weil die Kosten insgesamt zu hoch sind – aber nicht nur deshalb.

Problem Nummer zwei: Gemanagte Aktienfonds bringen Anlegern nur selten mehr Rendite als ein vergleichbarer Aktienindex. Du hast sicherlich schon mal vom DAX gehört, dem Deutschen Aktienindex. Das ist der deutsche Leitindex, quasi ein Börsenbarometer, das auf einen Blick anzeigt, ob die Kurse an den deutschen Aktienmärkten gerade hoch- oder runtergehen. Der DAX ist ein Korb mit Aktien von 40 großen deutschen Unternehmen, deren Aktien an den Börsen gehandelt werden. Von A wie Adidas bis Z wie Zalando. Diese 40 Aktien und deren Aktienkurse werden quasi zusammengeschmissen in einen Topf. Und daraus wird der Kurs des DAX ermittelt, über den jeden Werktag vor der *Tagesschau* um 20 Uhr berichtet wird. Die 40 DAX-Mitglieder beeinflussen mit ihrem Aktienkurs also den Kurs des deutschen Leitindex, aber nicht gleichermaßen. Wie stark ihr Einfluss ist, hängt von ihrem Gewicht im DAX ab. Das Softwarehaus SAP, der schwerste der 40 Werte im DAX, hatte im Sommer 2025 ein Gewicht von knapp 14 Prozent, der leichteste, der Onlinehändler Zalando, kam nur auf 0,30 Prozent. Wenn der Kurs von Zalando steigt oder fällt, wirkt sich das auf den DAX also kaum aus – ganz anders bei SAP, das mit seinem hohen Gewicht einen erheblichen Einfluss auf den DAX hat.

Der DAX ist aber nur einer von vielen Aktienindizes. Es gibt Hunderte von verschiedenen Aktienindizes. Und diese wiederum dienen Fondsmanagern als Vergleichsmaßstab (im Fachjargon: «Benchmark») für die von ihnen gesteuerten Fonds. Und damit sind wir bei Problem Nummer zwei: Die gemanagten Fonds sollten mindestens so gut abschneiden wie der für sie maßgebliche Vergleichsindex. Nur das tun sie meist nicht, wie diverse Analysen vielfach gezeigt haben. So ist es laut einer Untersuchung der Ratingagentur Scope 2024 nur knapp einem Viertel der untersuchten aktiv gemanagten Aktienfonds gelungen, ihren jeweiligen Vergleichsbörsenindex zu übertreffen.[11] Scope untersuchte dafür die Ergebnisse von fast 2000 Fonds aus acht bedeutenden Aktien-Vergleichsgruppen, unter anderem für die Regionen Nordamerika, Europa, Schwellenländer und Deutschland. Von diesen gelang es lediglich den Fondsmanagern und Fondsmanagerinnen von 460 Produkten, nach Abzug von Kosten eine bessere Rendite zu erzielen als der jeweilige Index. Noch schlechter fallen laut Scope die Ergebnisse aus, wenn man einen Zeitraum von fünf Jahren heranzieht. Nur 14,5 Prozent der Fonds wiesen dann eine bessere Wertentwicklung auf als der jeweilige Vergleichsindex. Die Scope-Untersuchung bestätigte damit ältere Analysen, die zu ähnlichen Ergebnissen kommen.

Klar, irren ist menschlich. Auch Fondsmanager machen Fehler und setzen auf die falschen Aktien. Dass sie sich im Vergleich häufig so schlecht schlagen, ist aber systembedingt: So zehren nicht nur die bereits beschriebenen üppigen laufenden Kosten an den Renditen der gemanagten Fonds. Da in den Fondsgesellschaften allzu gewagte Wetten auf eher abseitige Aktien nicht so gerne gesehen sind, orientieren sich manche Fondsmanager bei ihrer Aktienauswahl zu sehr am passenden Index. Dann aber wird es erst recht schwierig, bei höheren Kosten eine höhere Rendite als den Vergleichsindex zu erwirtschaften.

Damit nicht genug: Weisen die Fonds über längere Zeit eine sehr gute Wertentwicklung (im Fachjargon: «Outperformance») auf, kann sich dies zu einer Falle entwickeln, wenn wegen des Erfolgs mehr und mehr Anleger Geld in den Fonds stecken. Die Fondsmanager müssen das neu eingesammelte Geld ja investieren und womöglich auf weniger aussichtsreiche Titel zurückgreifen, damit das Geld der Anleger nicht ungenutzt liegen bleibt. (Es sei denn, sie halten einen Teil des Geldes als Liquiditätsreserve zurück, was aber weniger Rendite als Aktien bringt.)

Auf lange Sicht, über einen Anlagehorizont von zehn Jahren und mehr fällt die Bilanz der Zunft noch verheerender aus: Je länger man zurückblickt, desto mieser schneiden die gemanagten Fonds ab. Viele dieser Fonds werden tatsächlich irgendwann klammheimlich geschlossen beziehungsweise mit anderen Fonds zusammengelegt, um die schlechte Wertentwicklung zu vertuschen.

Was hinter den beliebten ETFs steckt

Was also tun? Das Gute ist: Es gibt eine kostengünstige, einfache und meist bessere Alternative zu den gemanagten Fonds, die Exchange Traded Funds (ETFs), was übersetzt so viel heißt wie «an der Börse gehandelte Fonds». Gemeint sind damit Fonds, die einem Index eins zu eins folgen. Das kann der DAX sein, aber es gibt auch viele breitere Börsenindizes wie den MSCI World für mehr als 1300 Aktien aus 23 Industrienationen oder solche für Anleihen, für Rohstoffe wie Gold, Silber oder Platin oder für bestimmte Themenfelder wie erneuerbare Energien oder künstliche Intelligenz.

Alle börsennotierten Indexfonds spiegeln die Kursentwicklung des Index wider, den sie nachbilden, und das meist ohne Fondsmanagement. Steigt zum Beispiel der DAX um ein Prozent, profitiert der Indexfonds in entsprechender Höhe. Verliert der Deutsche Aktienindex an Wert, büßt der Index entsprechend ein. Als Anleger ist man also immer so erfolgreich wie das Börsenbarometer, ohne der Expertise eines Fondsmanagers vertrauen zu müssen oder mühsam selbst nach einzelnen Aktien zu suchen, was meist wenig dauerhaft von Erfolg gekrönt ist.

Die ersten ETFs, man spricht auch von passiven Fonds im Gegensatz zu den aktiv geführten Fonds, wurden in Deutschland erst im Jahr 2000 eingeführt. Inzwischen hat sich jedoch längst unter Privatanlegern herumgesprochen, dass die Indexfonds eine günstige Alternative sind, weil sie so die Fondsmanager nicht mehr mitfinanzieren müssen, die sich durch Bilanzen von Unternehmen wühlen oder Hintergrundgespräche mit Bossen und Insidern führen, um auf dieser Basis die Aktien von bestimmten Unternehmen in den Fondskorb zu nehmen. So haben Privatanleger hierzulande mittlerweile Hunderte Milliarden in ETFs angelegt und sparen so auch für die zusätzliche Altersvorsorge. Das bedeutet allerdings nicht, dass man mit den von Verbraucherzentralen und der Stiftung Warentest seit Jahren empfohlenen Indexfonds nicht auch viel falsch machen kann. Wenn du aber eine größere Summe etwa aus einer Erbschaft oder Lebensversicherung gut anlegen willst, führt an diesen Fonds kein Weg vorbei. Hier deshalb nun eine erste Handreichung in Sachen ETFs.

Was beim Kauf von ETFs zu beachten ist

Die Kosten

Eine alte Kaufmannsweisheit besagt: Der Gewinn liegt auch im Einkauf. Das gilt auch für den Gewinn, den du mit deiner Geldanlage erzielen willst. Wenn du von der langfristig positiven Entwicklung an den Aktienbörsen profitieren willst, musst du also günstig an die Aktien rankommen. Und das geht einfach und bequem mithilfe von ETFs. Die Indexfonds haben nämlich einen großen Vorteil, von Anfang bis Ende: Die laufenden Kosten liegen nicht wie bei den gemanagten Aktienfonds bei 1,5 bis teilweise weit mehr als zwei Prozent, sondern meist zwischen 0,1 und 0,5 Prozent pro Jahr. Dieser Vorteil summiert sich für dich über Jahre und Jahrzehnte auf viele Tausende Euro je nach Anlagesumme.

Die laufenden Kosten pro Jahr, die die Fondsanbieter in Prozent angeben müssen, nennt man Total Expense Ratio (TER) oder auch Gesamtkostenquote oder Effektivkostenquote. Liegt die TER zum Beispiel bei 0,3 Prozent, und der Fonds hat einen Wertzuwachs von fünf Prozent, beträgt das Plus bei den Fonds folglich 4,7 Prozent. Bei einem gemanagten Fonds mit einer TER von 2,0 Prozent würden da nur 3,0 Prozent Wertzuwachs übrig bleiben. Diesen Abzug siehst du bei einem Blick auf dein Wertpapierdepot allerdings nicht. Die Fondsgesellschaft kassiert diese Kosten einfach ein, und von der Wertentwicklung des Fonds bleibt weniger übrig. Nun denkst du vielleicht: nicht so schlimm. Aber hier unterliegst du einem Trugschluss.

Eine Beispielrechnung: Anna hat 100 000 Euro geerbt. 50 000 Euro legt sie in verschiedene Aktien-ETFs mit einer durchschnittlichen TER in Höhe von 0,3 Prozent an. Die anderen 50 000 Euro fließen in aktiv gemanagte Fonds mit einer TER von 2,0 Prozent. Angenommen, alle Fonds erzielen einen Wertzuwachs von durchschnittlich fünf Prozent pro Jahr, ohne dass vom Ertrag etwas ausgeschüttet wird. Und wir ziehen davon jeweils die TER ab.

Aus den 50 000 Euro, die Anna in die ETFs gesteckt hat, sind nach fünf Jahren 62 908 Euro geworden, nach zehn

Jahren 79 147 Euro und nach 25 Jahren 157 629 Euro. Aus den 50 000 Euro, die anfangs in die gemanagten Fonds geflossen sind, werden nach fünf Jahren 57 964 Euro, nach zehn Jahren 67 196 Euro und nach 25 Jahren 104 689 Euro. Nach 25 Jahren hat Anna also mit den ETFs über 50 000 Euro mehr auf der hohen Kante als mit den gemanagten Fonds. Und das nur wegen der deutlich niedrigeren Kosten. Würden wir nun noch die meist deutlich höheren Kaufkosten berücksichtigen, würde die Bilanz für die gemanagten Fonds noch schlechter ausfallen.

Wenn du ETFs kaufst, musst du hingegen keinen Ausgabeaufschlag zahlen, sondern nur die Ordergebühr, die deine Bank oder dein Broker verlangt. Je nach Depotanbieter und Höhe der Anlagesumme beträgt die Ordergebühr zum Beispiel null Euro, pauschal einen Euro, 4,90 Euro plus 0,25 Prozent des Kurswertes des ETFs oder pauschal zehn Euro. Bei Depots von Filialbanken sind bei einer Anlagesumme von 10 000 Euro auch mal 70 Euro, 100 Euro oder mehr fällig – aber fast immer deutlich weniger als beim Kauf eines gemanagten Fonds mit Ausgabeaufschlag.

Die Anbieter

Wenn du ETFs kaufen willst, schadet es nicht, ein paar bekannte Anbieter zu kennen. Zu den bekanntesten gehören iShares, die ETF-Sparte von Blackrock, des weltweit größten Vermögensverwalters. Bei dem deutschen Ableger der US-Investmentgesellschaft verdiente einst Bundeskanzler Friedrich Merz sein Geld. Zu den Marktführern hierzulande zählen außerdem die Großbank UBS, Xtrackers der Deutschen-Bank-Tochter DWS sowie Amundi, das ist eine Tochtergesellschaft der französischen Großbank Crédit

Agricole. Ein weiterer großer Anbieter ist die US-Gesellschaft Vanguard. Weit verbreitet in Deutschland sind außerdem die ETFs von BNP Paribas Easy (einer Tochterfirma der französischen Großbank BNP Paribas), von der US-Investmentgesellschaft Invesco sowie von SPDR ETF, der ETF-Marke des US-amerikanischen Vermögensverwalters State Street Global Advisors. Die Sparkassen sind mit Deka ETFs ebenfalls in den Markt eingestiegen, das ist die ETF-Marke der Deka-Gruppe, das Wertpapierhaus der deutschen Sparkassen.

Folgt ein ETF einem bestimmten in der Finanzbranche gängigen Index wie dem DAX, gibt es bei den Angeboten kaum Unterschiede. Beispiel: Wer auf dem Internetportal justETF im August 2025 nach DAX-ETFs suchte, fand zehn Angebote von verschiedenen Investmentfirmen. Die jährlichen Kosten reichten von 0,08 bis 0,16 Prozent pro Jahr. Die Unterschiede bei den Renditen waren deshalb auch nur geringfügig, wie ein Blick auf die Wertentwicklung der Fonds in den zurückliegenden 12 Monaten zeigt. Die etwas teureren Angebote brachten binnen eines Jahres ein Zehntelprozentpunkt (0,10) weniger Rendite als die günstigsten.

Die Bauart des ETFs (1):
Erstens gibt es Fonds, die ihre Erträge wie Dividenden oder Zinsen einmal im Jahr oder mehrmals im Jahr ausschütten. Das erkennst du im Namen des ETFs an dem Kürzel D, DIS oder DIST für *distributing* (deutsch: verteilen) oder A wie ausschüttend oder Qids (hier werden die Erträge quartalsweise ausgeschüttet). Zweitens gibt es Fonds, die ihre Erträge automatisch wieder in neue Fondsanteile anlegen, ohne dass du etwas dafür tun musst. Diese Fonds erkennst du an

dem Buchstaben T (für thesaurierend), C oder acc (für akkumulierend). Wenn du zum Beispiel Wert darauf legst, dir aus deinem Vermögen ein regelmäßiges Zusatzeinkommen zahlen zu lassen, kommen für dich ausschüttende Fonds infrage. Willst du aber, dass dein Vermögen wächst, oder ist es dein Ziel, dir ein finanzielles Polster für die zusätzliche Altersvorsorge aufzubauen, solltest du dir Zinserträge und Dividenden nicht auszahlen lassen, sondern dafür sorgen, dass sie gleich wieder angelegt werden. Dann sind die thesaurierenden Fonds für dich die geeignetere Variante. Nur so profitierst du automatisch vom Zinseszinseffekt.

Die Bauart des ETFs (2):
Man kann drei weitere Bauarten unterscheiden:

1. Es gibt das *Eins-zu-eins-Prinzip*. Dann werden von dem ETF-Anbieter am Anfang alle Aktien exakt so gekauft, wie sie im zugrunde liegenden Index zum Startzeitpunkt gewichtet sind. Folgt der ETF also zum Beispiel dem DAX, werden mit deinem Geld und dem der anderen Anlegenden zum Beispiel 13,59 Prozent des eingesammelten Kapitals in SAP-Aktien investiert, 3,51 Prozent in Rheinmetall, aber nur 0,3 Prozent in Zalando-Aktien – und so weiter, bis alle 40 DAX-Werte in dem ETF exakt nachgebildet sind. Man spricht deshalb auch von «physischen ETFs».
2. Bei *physisch optimierten ETFs* werden Aktien des gewählten Index mithilfe einer repräsentativen Stichprobe und komplizierter Rechenmodelle zusammengekauft. Aktien von kleineren Unternehmen, die weniger oft an der Börse gehandelt

werden, erwerben die Fondsanbieter dann gar nicht. Der Grund: Für die Anbieter kann es schwierig werden, weniger häufig gehandelte Aktien in dem gewünschten Umfang zu bekommen. Daher werden bei diesem ETF-Typ die kleineren Titel mit einem Gewicht von weniger als 0,1 Prozent einfach weggelassen, da sie die Kursentwicklung des Index ohnehin kaum beeinflussen. Für dich spart dies sogar Kosten.

3. Bei der *künstlichen Methode* werden die Aktien aus dem jeweiligen Index überhaupt nicht exakt so gekauft, wie der Index zusammengesetzt ist. Stattdessen wird der dem ETF zugrunde liegende Index über bestimmte komplizierte Wertpapiergeschäfte nachgebildet. Man spricht dann von einem sogenannten «Swap-ETF» und einer synthetischen Replikation. Swap-ETFs enthalten somit meist andere Titel als der abzubildende Index. Die Renditen, die der ETF-Anbieter mit dem Fonds erzielt, reicht er an den Swap-Partner, häufig die Mutterbank, weiter. Der Swap-Partner reicht wiederum die Index-Rendite an den ETF weiter. Man kann dies deshalb mit einem Tauschgeschäft vergleichen, das außerhalb der Börse stattfindet. Wozu das Ganze? Swap-ETFs sollen vor allem schwer abbildbare Aktienmärkte nachbilden, wo normale ETFs an ihre Grenzen stoßen, und dabei die laufenden Kosten reduzieren. Wenn dir das aber mysteriös vorkommt und du nur ETFs mit einem vorher klar definierten Inhalt kaufen willst, wie das gerade bei nachhaltig orientierten

Anlegenden der Fall ist (Seite 147 ff.), solltest du um Swap-ETFs sicherheitshalber einen Bogen machen. Nur dann ist auch garantiert das im ETF drin, was dem gewählten Index entspricht.

Der Sparplan

Ob jung oder alt, Millionen Menschen hierzulande investieren mittlerweile per Sparplan in ETFs. Dabei wird monatlich oder zum Beispiel vierteljährlich eine bestimmte Summe Geld in den gewählten ETF angelegt. Bei den meisten Direktbanken geht das schon ab einer Summe von 25 Euro, bei manchen Neobrokern sogar schon ab einem Euro. Solche Sparpläne sind geeignet für Menschen, die sich ein erstes kleines Vermögen aufbauen wollen, aber nur wenig Geld übrig haben, das sie nicht für den Lebensunterhalt brauchen. Infrage kommen Sparpläne für diejenigen, die sich quasi selbst disziplinieren wollen, Geld regelmäßig zurückzulegen, etwa für die Altersvorsorge. Schließlich sind Sparpläne letztlich nichts anderes als ein Dauerauftrag, nur dass das Geld eben nicht zum Beispiel an den Vermieter für die Miete geht, sondern in einen ETF fließt. Ideal sind Sparpläne für dich auch, wenn du noch keine Erfahrung mit Investitionen an den Aktienmärkten gemacht hast, nicht auf einmal viel Geld dort anlegen und erst mal ausprobieren willst, wie das funktioniert – zumal du damit stets flexibel bleibst. Du kannst nämlich jederzeit die Sparrate erhöhen oder verringern, du kannst den Sparplan stilllegen und zum Beispiel nach einer finanziellen Durststrecke wieder aufnehmen. Und du kannst jederzeit deine per Sparplan angesammelten ETF-Anteile verkaufen oder – wenn du gerade etwa Urlaubs-, Weihnachtsgeld oder eine Erfolgsprämie von deinem Arbeitgeber bekommen hast – einmalig eine größere Summe auf einen Schlag in den gewählten Sparplan stecken. Weder bist du mit einem ETF-Sparplan vertraglich gebunden, noch gibt es Kündigungsfristen zu beachten.

Nur: Wenn du dich entschieden hast, per Sparplan in einen ETF oder beispielsweise mit fünf Sparplänen in fünf unterschiedliche ETFs zu investieren, musst du vorher klären, ob die von dir favorisierten ETFs überhaupt «sparplanfähig» sind, wie es im Fachjargon heißt. Das bedeutet: Manche ETFs sind für Sparpläne nicht geöffnet, weil der Fondsanbieter das nicht will. Hinzu kommt: Nicht jede Bank oder jeder Broker bietet genau den ETF als Sparplan an, den du gerade haben willst (zu möglichst geringen Kosten). Bei der Vorauswahl solltest du also immer schauen: Bekomme ich den ETF bei meiner Depotbank überhaupt? Und, wenn ja, ist der ETF «sparplanfähig»?

Die Sicherheit

Jetzt fragst du dich womöglich, was mit der Sicherheit ist. Was passiert, wenn der ETF-Anbieter pleitegeht? Eine Bank kann ja auch pleitegehen. Du musst dir aber keine Sorgen machen: Dein Anlagekapital, und die Millionen oder Milliarden der vielen anderen ETF-Anleger, gelten rechtlich als Sondervermögen, das bedeutet: Es ist vom Vermögen des Fondsanbieters beziehungsweise der Kapitalanlagegesellschaft getrennt. Bei einer Insolvenz des Emittenten (des Herausgebers des ETFs) haben diejenigen, denen der Emittent womöglich viel Geld schuldet, keinen Zugriff auf dein Anlagekapital. Geht der Fondsanbieter pleite, sind deine ETF-Anteile somit bei deiner Depotbank gut geschützt. Du hast aber trotzdem das sogenannte Marktrisiko, heißt: Wenn die

Aktienkurse weltweit heruntergehen, kann dies auch deinen ETF treffen, und deine Anteile verlieren an Wert. Das hat aber nichts zu tun mit dem Emittentenrisiko.

Es gibt aber eine kleine, eher theoretische Ausnahme: Bei den oben erwähnten Swap-ETFs zählen deine ETF-Anteile zwar auch zum Sondervermögen. Aber es gibt ein kleines Ausfallrisiko, das auf maximal zehn Prozent des Fondsvermögens beschränkt ist. So hoch darf der Swap-Wert im ETF sein, also der Anteil der Tauschgeschäfte außerhalb des regulierten Börsenhandels. Man spricht deshalb auch vom Kontrahentenrisiko, also dem Risiko, dass der Vertragspartner der Fondsgesellschaft pleitegeht. Da diese Vertragspartner, in der Regel Banken, aber verpflichtet sind, Sicherheiten für ihre Verpflichtungen gegenüber der Fondsgesellschaft zu hinterlegen, musst du dir wegen dieses Restrisikos eigentlich keine Sorgen machen. Oder du kaufst einfach nur physische ETFs, die eins zu eins den jeweiligen Index nachbilden.

Welche Indizes für ein Investment infrage kommen

Nun stellt sich für dich die entscheidende Frage: In welche Aktien-ETFs soll ich investieren? Dazu musst du wissen, welche Indizes infrage kommen. Ich stelle dir deshalb zunächst die wichtigsten Börsenbarometer vor, für die es entsprechende ETFs gibt und die in deinen Geldbaukasten passen könnten.

Der MSCI World

Der MSCI World gilt als der Lieblingsindex der Anlegerinnen und Anleger in Deutschland. Monat für Monat dürften mittlerweile einige Millionen hierzulande per Sparplan Geld in einen ETF anlegen, der dem MSCI World folgt. Der Name ist dabei Programm: Die vier Buchstaben MSCI stehen für *Morgan Stanley Capital International*, das Unternehmen ist einer der bekanntesten Herausgeber von Aktienindizes. *World* soll signalisieren, dass es sich um einen Weltindex handelt bzw. handeln soll: Der MSCI World bildet Ende Juli 2025 die Wertentwicklung von 1322 Aktien aus 23 Industrieländern ab. Dadurch ist das Risiko, mit Aktien Geld zu verlieren, auf verschiedene Firmen, Branchen, Länder und Kontinente verteilt. Wer über ein ETF 100 Euro in diesen Index anlegen würde, wäre zum Beispiel mit ein paar Euro am KI-Giganten Nvidia und mit ein paar Cent am deutschen Softwarekonzern SAP beteiligt. Vorteil: Geht es bei einigen Unternehmen in dem Index mal mit den Kursen abwärts, lässt sich dies durch die Kursgewinne bei anderen Unternehmen ausgleichen. Wer deshalb in den vergangenen zehn Jahren hierzulande auf den Weltindex setzte, kam bis Ende August 2025 auf jährliche Durchschnittsrenditen von mehr als zehn Prozent, auch wenn die Kurse zwischendurch mal kräftig sanken.

Doch Vorsicht: Der MSCI World ist eigentlich gar kein Weltindex, kein Spiegelbild der globalen Weltwirtschaft. Das liegt an dem System, wie die Unternehmen in den Index hineinkommen. Entscheidend ist dabei das Gewicht des Unternehmens an der Börse, die Marktkapitalisierung oder einfacher gesagt, der Wert des Unternehmens am Aktienmarkt. Das führt zu drei Verzerrungen bei der Zusammensetzung des Index.

1. Mehr als 70 Prozent der Aktien in dem Index sind US-Titel. Das liegt daran, dass die New Yorker Börse

die mit Abstand größte Börse der Welt ist. Folglich repräsentieren Aktien aus Amerika mehr als zwei Drittel des MSCI World, obwohl die US-Wirtschaft nur ein Viertel der Weltwirtschaft ausmacht. Man kann deshalb von einem US-amerikanischen «Klumpenrisiko» im MSCI World sprechen.

2. Gerade Technologie- und IT-Aktien von Unternehmen wie Nvidia, Apple, Amazon, Meta oder Alphabet haben seit mehr als zehn Jahren überdurchschnittlich gute Kursgewinne erzielt. Ihr Börsenwert ist dadurch gewachsen. Diese Tech-Giganten dominieren daher den Index mit einem Anteil von insgesamt gut 20 Prozent. Mehr als jeder fünfte Euro, der in den MSCI World wandert, fließt damit in die IT- und Technologiebranche. Man wettet also als Anleger darauf, dass diese Branche sich weiter positiv entwickelt. Auch das kann man als Klumpenrisiko bewerten.
3. Im MSCI World stecken ausschließlich Aktien von Industrieländern. Große und wirtschaftlich bedeutende Schwellenländer wie China, Indien oder wirtschaftlich nicht unbedeutende Staaten wie Brasilien oder Russland tauchen in dem Index gar nicht auf. Man kann deshalb von einem Ungleichgewicht in der Zusammensetzung sprechen.

2025 hat sich die US-Dominanz im MSCI-World dann auch erstmals deutlich negativ bemerkbar gemacht: Auch wegen der unberechenbaren Zollpolitik von US-Präsident Donald Trump haben einige der großen amerikanischen Technologietitel wie Tesla, Amazon und Apple, und mit ihnen der

MSCI World, vorübergehend an Wert verloren. Allerdings hat sich der Index wieder erholt. Nach vorübergehenden Kursverlusten legte er von Januar bis August 2025 um mehr als zehn Prozent zu. Von Dollar in Euro umgerechnet verwandelte sich das Plus jedoch in ein kleines Minus von 0,3 Prozent. Warum das?

Womöglich hast du schon einmal bemerkt, dass bei ETFs als Fondswährung entweder Euro oder US-Dollar angegeben wird. Wenn du über eine Depotbank in Deutschland kaufst, werden die US-Dollar automatisch in Euro umgerechnet. Das muss dich nicht sorgen, hier hast du noch kein Wechselkursrisiko. Die Fondsentwicklung hängt nicht von der Währung ab, mit der der Anteilspreis ausgezeichnet ist. Da aber im MSCI World die meisten der Aktien in US-Dollar notieren, besteht schon ein Wechselkursrisiko. Sinkt der US-Dollar, führt dies bei hiesigen Anlegern zu Verlusten. Legt er zu, machen sie Gewinne. In einem MSCI-World-ETF angelegtes Vermögen kann deshalb auch wegen des Wechselkurses steigen oder fallen. Da nun die amerikanische Währung seit Anfang 2025 gegenüber dem Euro deutlich an Wert verloren hat, konnten die in Euro notierten MSCI-World-ETFs von Januar bis Anfang August 2025 kaum oder gar nicht an Wert gewinnen (*siehe Tabelle S. 146f.*). Langfristig gesehen spielen solche Währungsverluste aber keine Rolle, der MSCI World war stets ein Garant für eine erfolgreiche Geldanlage: Hätte man seit 1975 in den MSCI World investiert, käme man nach Berechnungen von finanztip.de pro Jahr auf eine Rendite von etwas mehr als acht Prozent (in Euro gerechnet).[12]

Weltindizes mit Schwellenländern
Wenn du in den wichtigsten Industriestaaten und ebenso in Ländern wie China oder Indien, Brasilien oder Vietnam investieren willst, geht das auch. Dafür gibt es ETFs, die den MSCI All Country World (ACWI) abbilden. In diesem Index sind zusätzlich Aktien von 24 Schwellenländern («Emerging Markets») berücksichtigt. Insgesamt erhöht sich damit die Anzahl der Titel im Vergleich zum Mutterindex MSCI World von 1322 auf 2524. Das Problem dabei: Trotz der vielen zusätzlichen Aktien belief sich das US-Gewicht in diesem Index Ende Juli 2025 immer noch auf knapp 65 Prozent (und daran dürfte sich, wenn du dieses Buch liest, auch nicht viel geändert haben).

Du kannst dein Risiko aber auch noch breiter streuen, zum Beispiel über den FTSE All-World Index des britischen Anbieters FTSE Russell. Mit mehr als 4200 Unternehmen aus annähernd 50 Ländern deckt er etwa 90 Prozent der weltweiten Aktienbörsenwerte ab. Allerdings lag im Sommer 2025 auch hier das Gewicht der US-Aktien immer noch bei fast 64 Prozent. Der reale Anteil an Unternehmen aus Schwellenländern oder Europa bleibt also weiter gering. Chinesische Aktien etwa hatten in dem Index ein Gewicht von gut drei Prozent, deutsche Titel kamen auf etwas mehr als zwei Prozent. Noch breiter angelegt ist der MSCI ACWI IMI, er repräsentiert auch kleinere Aktien aus 23 Industrie- und 24 Schwellenländern von insgesamt mehr als 8000 Unternehmen.

Für alle diese Indizes gibt es ETFs von verschiedenen Anbietern. Der Markt wirkt deshalb ziemlich unübersichtlich. Davon brauchst du dich aber nicht irritieren zu lassen. Angenommen, du willst einen Teil deines Geldes in den MSCI World investieren, dann prüfst du erst einmal, welche MSCI-World-ETFs bei deiner Depotbank vielleicht kostenlos erhältlich sind und welche Varianten davon ausschüttend oder thesaurierend sind, und welche den Index physisch nachbilden oder eben nicht. Danach entscheidest du dich für einen Anbieter mit der von dir gewünschten Variante. Die Unterschiede bei den Kosten und der Wertentwicklung sind letztlich minimal, wie die Tabelle unten zeigt. Hauptsache, du fängst mit dem Anlegen an und schiebst es nicht auf, weil du dich nicht entscheiden kannst. Wenn du einen Honig im Supermarkt kaufen willst, wirst du auch ein gutes Dutzend verschiedener Sorten finden, aber du wirst vermutlich deshalb nicht ohne Honig aus dem Supermarkt herausgehen (wobei die Unterschiede bei den Sorten, der Qualität und dem Preis für Honig viel größer sind als bei ETFs, die den MSCI World abbilden).

Was Welt-ETFs bringen

Name	ISIN	Wertentwicklung pro Jahr in %		
		1 Jahr	3 Jahre	10 Jahre
ETFs auf den MSCI World				
Amundi Core MSCI World	IE000BI8OT95	12,2	–	–
HSBC MSCI WORLD	IE00B4X9L533	12,2	16,6	11,9
SPDR MSCI World	IE00BFY0GT14	12,2	16,6	–
Invesco MSCI World	IE00B60SX394	12,2	16,5	11,8
iShares Core MSCI World	IE00B4L5Y983	12,1	16,5	11,8
Deka MSCI World	DE000ETFL508	11,8	16,5	–

Name	ISIN	Wertentwicklung pro Jahr in %		
		1 Jahr	3 Jahre	10 Jahre
Xtrackers MSCI World	IE00BJ0KDQ92	12,1	16,5	11,8
UBS Core MSCI World	IE00B7KQ7B66	12,3	16,5	11,7
ETFs auf den FTSE All-World				
Vanguard FTSE All-World	IE00B3RBWM25	11,0	15,5	11,1
Invesco FTSE All-World	IE000716YHJ7	12,0	–	–
ETFs auf den MSCI ACWI				
Amundi MSCI All Country World	LU1829220216	11,8	16,1	–
iShares MSCI ACWI	IE00B6R52259	11,9	16,0	11,2
SPDR MSCI All Country World	IE00B44Z5B48	12,2	15,9	11,3
ETFs auf den MSCI ACWI IMI				
SPDR MSCI All Country World Investable Market	IE00B3YLTY66	11,4	15,3	10,9

Quellen: Stiftung Warentest, finanztip.de, fondsweb.com; Stand: 2.10.2025; ohne Gewähr, keine Anlageempfehlung.

«Nachhaltige» Weltindizes

Vielleicht möchtest du mit deinem Geld auch Gutes tun, willst nur Aktien kaufen von Unternehmen, die nicht zur Klimaerwärmung beitragen, ihre Mitarbeiter fair behandeln und keine Regierungen bestechen, um Aufträge zu bekommen. Dann willst du «nachhaltig» investieren.

Natürlich gibt es ETFs, die dieses Bedürfnis abdecken wollen. Allerdings ist das nicht ganz so einfach, wie es aussehen mag. Um es vorwegzunehmen: Es bleibt dir nur, Kompromisse zu machen, weil in den als «nachhaltig» firmierenden Weltindizes oft auch Aktien von Unternehmen enthalten sind, deren Geschäftspolitik für dich vielleicht gar nicht nachhaltig ist. Trotzdem stelle ich dir hier ein paar Varianten vor.

Viele solcher «nachhaltiger» ETFs nehmen den MSCI World und die darin enthaltenen etwa 1300 Unternehmen als Grundlage und sieben dann aus. Als nachhaltig bezeichnete Varianten kannst du oft am Kürzel ESG erkennen: E steht für *environmental* (Umwelt), S für *social* (Soziales) und G für *governance* (Unternehmensführung). In den Fonds sollen also vor allem Aktien von Unternehmen stecken, die die Umwelt möglichst wenig schädigen, sich sozial vorbildlich verhalten und auf eine gute Unternehmensführung Wert legen, etwa was Frauen in Führungspositionen angeht. Es geht also nicht nur um die Klimarettung und den Schutz des Planeten, sondern auch zum Beispiel um Menschenrechte oder die Frage, ob ein Unternehmen Kinderarbeit duldet. So schließt die MSCI-World-Variante ESG Screened etwa 100 Firmen aus. Bei ESG Enhanced sind es ebenfalls um die 100. Am strengsten ist die mit SRI gekennzeichnete Variante. Von den 1366 Aktien des MSCI World blieben dort Stand Ende Juli 2024 nur 386 übrig.

Strenger definiert ist ebenfalls der MSCI World SRI Low Carbon 5 % Issuer Capped. Auch hier ist die Basis der MSCI World. Aus diesen werden nach den ESG-Kriterien mehr als 1000 Firmen ausgesiebt, sodass nur noch 366 übrig bleiben. Maßgeblich ist dabei, wie der Namensteil «Low Carbon» schon sagt, dass die ausgewählten Aktien im Index mit ihren Geschäften und ihrer Wirtschaftsweise für eine geringere Belastung mit Kohlenstoff sorgen als die breite Masse des Markts. Die «5 %» im Namen stehen wiederum dafür, dass kein Unternehmen mehr als 5 % des Gesamtportfolios einnehmen darf. Diesem Index folgen etliche ETFs verschiedener Anbieter.

Welche Kriterien kommen nun konkret bei diesem speziellen Index zum Zug? Hersteller von Chemiewaffen oder Landminen akzeptieren die Indexmacher nicht in ihrem Warenkorb. Anbieter von Tabak, Glücksspielen und Alkohol sind – anders als bei anderen als nachhaltig firmierenden Indizes – hingegen nicht kategorisch ausgeschlossen, wenn nur ein kleiner Teil des Umsatzes der Unternehmen darauf entfällt. Dafür werden in den Index nur Firmen aufgenommen, die gar keinen Umsatz mit Kohle machen. Öl und Gas fördern ist ebenfalls nicht erlaubt. Hier ziehen die Indexmacher eine klare Grenze, während viele andere vermeintlich nachhaltige Indizes braune Schlupflöcher enthalten, die fünf oder gar zehn Prozent Umsatz mit fossilen Energien noch abnicken. Vertreibt ein Unternehmen hingegen Kokskohle für Stahlhochöfen, drückt auch MSCI bei diesem Index ein Auge zu – aus guten Gründen. Noch fehlen dafür offenbar klimafreundlichere Alternativen, die in der Breite marktreif sind.

Du siehst schon, auch hier ist Nachhaltigkeit eine Frage der Interpretation. Man könnte zum Beispiel auch trefflich darüber streiten, ob ein Wert wie Tesla in dem Index vertreten sein darf. Der Gründer und Hauptaktionär von Tesla, Elan Musk, hat einen verurteilten Straftäter und notorischen Lügner, Donald Trump, finanziell unterstützt, damit dieser die Wahl zum US-Präsidenten gewinnt. Musk hasst Betriebsräte und Gewerkschaften, ist immer gut für Massenentlassungen (wie bei X, vormals Twitter), lässt es zu, dass über dieses Portal Fake News verbreitet werden und schließt Journalisten in Deutschland von Tesla-Veranstaltungen aus, wenn sie vorher kritisch über sein Unternehmen berichtet haben. Entspricht ein solches Verhalten noch dem S für Social in den ESG-Kriterien? Kann man hier noch von guter Unternehmensführung sprechen? Es gibt gemanagte nachhaltige Fonds, die Tesla nicht zuletzt aus diesen Gründen nicht in ihrem Portfolio haben. Wenn du also nicht bereit bist, Kompromisse zu machen, musst du um solche vermeintlichen ESG-ETFs einen Bogen machen und schauen, ob du bei den wesentlich kostspieligeren gemanagten Fonds nachhaltigere Alternativen findest. Hilfreich ist dafür ein Blick in das Basisinformationsblatt oder ins Factsheet oder in die Fondsberichte, die du im Internet finden kannst. Was die Renditen angeht, konnten die als nachhaltig firmierenden ETF-Varianten 2023 und 2024 verglichen mit den konventionellen MSCI-World-ETFs eher nicht mithalten. Deutlich besser sieht es bei der mittelfristigen Wertentwicklung aus, wie unsere Tabelle zeigt.

Das bringen nachhaltige ETFs

Name	ISIN	Wertentwicklung pro Jahr in %		
		1 Jahr	3 Jahre	5 Jahre
ETFs Aktien Welt				
BNP Easy MSCI World SRI S-Series PAB 5 % Cap.	LU1291108642	1,3	10,2	10,0
Amundi MSCI World SRI Filtered PAB	IE000Y77LGG9	3,9	–	–
Amundi MSCI ACWI SRI Filtered PAB	IE0000ZVYDH0	5,8	–	–

Name	ISIN	Wertentwicklung pro Jahr in %		
		1 Jahr	3 Jahre	5 Jahre
UBS MSCI World SRI Low Carbon Select 5 % Iss. Cap.	LU0629459743	4,9	15,0	12,1
UBS MSCI ACWI SRI Low Carbon Select 5 % Iss. Cap.	IE00BDR55471	6,0	15,5	12,4
Shares ACWI World SRI Select Reduced Fossil Fuels	IE000JTPK610	7,2	–	–
Shares MSCI World SRI Select Reduced Fossil Fuels	IE00BYX2JD69	6,1	12,9	11,6
UmweltBank UCITS ETF – Global SDG Focus*	LU2679277744	3,1	–	–
BNP Paribas Easy Low Carb. 300 Wrld PAB Acc*	LU2194449075	1,7	20,2	–
Rize Environmental Impact 100 UCITS ETF*	IE00BLRPRR04	5,2	8,4	–
ETFs Aktien Europa				
Amundi MSCI Europe SRI Filtered PAB	LU1861137484	–1,9	12,0	8,7
BNP Easy MSCI Europe SRI S-Series PAB 5 % Capped	LU1753045332	3,7	13,2	8,8
BNP Easy Low Carbon 100 Europe PAB	LU1377382368	1,1	12,1	8,5
UBS MSCI Europe SRI Low Carb. Sel. 5 % Iss. Cap.	LU2206597804	1,5	14,5	–
Invesco MSCI Eur.Sel. Catholic Princip. ESG Leaders	IE00BG0NY640	7,9	16,7	10,4

Name	ISIN	Wertentwicklung pro Jahr in %		
		1 Jahr	3 Jahre	5 Jahre
ETFs Aktien Schwellenländer				
Invesco MSCI Emerging Markets ESG Clim. Paris Alig.	IE000PJL7R74	9,1	8,1	–
Amundi MSCI EM SRI Filtered PAB	LU1861138961	8,5	6,6	6,2
UBS MSCI EM SRI Low Carb. Select 5 % Iss. Cap.	LU1048313891	11,8	10,8	8,0
iShares EM SRI Select Reduced Fossil Fuels	IE00BYVJRP78	8,2	7,0	6,8
Xtrackers MSCI EM Low Carbon SRI Leaders	IE00BG370F43	12,4	11,5	3,7

*Diese ETFs schneiden bei Ecoreporter besonders gut ab. Quellen: Stiftung Warentest, Ecoreporter, extraETF; Stand: 1. 10. 2025; ohne Gewähr, keine Anlageempfehlung.

Nun fragst du dich vielleicht: Was kann ich noch tun, um das doppelte Klumpenrisiko «Zu viele US-Aktien und zu starkes Übergewicht von US-Technologiewerten» zu minimieren und das Risiko besser zu verteilen? Auch dafür gibt es Möglichkeiten.

Welt-ETFs ohne USA

Wenn du dein Amerika-Gewicht im Wertpapierdepot reduzieren willst, kann du einen ETF wählen, der auf den Index MSCI World ohne USA setzt: Der MSCI World ex USA umfasst knapp 800 Aktien aus 22 Industrienationen. In den vergangenen zehn Jahren hätte ein solcher ETF allerdings deutlich weniger Rendite gebracht als ein Standard-ETF auf den MSCI World. Kein Wunder, ohne einen US-Anteil konnte man auch nicht vom Höhenflug der «großen Sieben» (Meta, Amazon, Nvidia, Apple, Microsoft, Alphabet, Tesla) profitieren.

Welt-ETFs mit weniger USA

Anlegende können auch einen Welt-ETF wählen, der die Kursentwicklung des MSCI World Equal Weighted nachfolgt. Hier beläuft sich der US-Anteil auf gut 40 Prozent bei einer Gesamt-Aktienanzahl von mehr als 1300. In diesem Index sind alle Unternehmen gleich gewichtet, und nicht wie beim MSCI World nach ihrem Börsenwert (Marktkapitalisierung). Aber auch dieser Index hinkte lange Jahre mit seiner Rendite dem MSCI World deutlich hinterher.

ETFs, die nur in Schwellenländern anlegen

Alternativ können Anleger ihrem Depot auch einen ETF beimischen, der ausschließlich in Schwellenländer investiert. Das hat den Vorteil, dass die «Emerging Markets» dann keine kleine Beimischung mehr innerhalb eines Weltfonds sind, sondern wirklich den Löwenanteil ausmachen. Anlegende haben damit einen größeren Anteil von Aktien etwa aus Taiwan, China, Indien, Vietnam oder Brasilien in ihrem Depot. Der Index MSCI Emerging Markets wird aus gut 1200 Aktien aus 24 Schwellenländern gebildet. Der MSCI Emerging Markets IMI enthält zusätzlich kleinere Aktien und spiegelt insgesamt knapp 3100 Unternehmen wider. Im FTSE Emerging Index wiederum stecken knapp 2260 Unternehmen. Die Kursschwankungen auf solchen Märkten sind aber normalerweise größer als in Europa oder den USA. Vor allem 2022 haben die Schwellenländer-Indizes deutlich an Wert verloren. Mit ihnen gehst du auch ein hohes Währungsrisiko ein, da die Aktien der Unternehmen nur in fremden Währungen gehandelt werden, meist in Dollar.

ETFs, die auf Europa setzen

Du kannst auch den Anteil europäischer Aktien im Portfolio erhöhen. Dies geht zum Beispiel mithilfe eines ETFs, der dem europäischen Aktienbarometer Stoxx 600 folgt. Darin enthalten sind die 600 größten Unternehmen aus europäischen Industrieländern, inklusive der Schweiz und Großbritanniens. Oder du folgst per ETF dem Index MSCI Europe, der Zugang zu den etwa 400 größten und umsatzstärksten Unternehmen aus 15 europäischen Industrieländern bietet. Ihre Wertentwicklung war in den vergangenen zehn Jahren und Jahrzehnten aber deutlich geringer als beim MSCI World.

Die Heimat

Deutsche Anleger glauben oft, sie seien gut damit beraten, in das zu investieren, was sie kennen. Deshalb sind ETFs auf den Deutschen Aktienindex sehr beliebt. Viele davon, wie die deutschen Autofirmen wie Volkswagen, Mercedes oder BMW, die zuletzt an Gewicht im DAX verloren haben, zählen zu den Unternehmen der *Old Economy*. Aber nicht nur das spricht eher gegen ein Investment in den DAX. Der deutsche Index für die wichtigsten Standardwerte ist ein sogenannter Performance-Index. Das bedeutet, dass die Dividenden, die viele Aktiengesellschaften jedes Jahr ausschütten, in die Kursentwicklung des DAX eingerechnet werden. Und das sind seit vielen Jahren beständig zwischen drei und vier Prozent. Der viel weniger bekannte DAX-Kurs-Index ohne die Berücksichtigung der Dividenden legte in den vergangenen Jahrzehnten viel weniger zu als der DAX, den du jeden Werktag vor der Tagesschau präsentiert bekommst. Warum das wichtig ist?

Der Vergleich mit den anderen internationalen Aktienindizes hinkt, weil diese fast alle auf Kurs-Basis ohne Dividenden berechnet werden. Vergleicht man aber den Kurs-Index des DAX mit zum Beispiel dem wichtigsten US-Aktienindex, dem S&P 500 für die führenden 500 börsennotierten US-amerikanischen Unternehmen, kann der DAX nicht mithalten. So legte der S&P 500 2024 ohne Dividenden knapp 25 Prozent zu, der DAX mit Dividenden um knapp 19 Prozent, ohne die Gewinnausschüttungen hingegen nur 15 Prozent. Auf lange Sicht von 20 Jahren legte der 500 US-Unternehmen folgende US-Aktienindex sogar mehr als doppelt so stark zu wie das deutsche Börsenbarometer.

Eine Unwucht enthält der DAX auch deshalb, weil 2024 mehr als 90 Prozent seines Wertzuwachses auf die Erfolge von nur acht Unternehmen zurückzuführen waren. Allen voran der Softwarekonzern SAP, der allein fast die Hälfte zur Wertsteigerung beisteuerte, gefolgt von den Aktien der Telekom und der Allianz, von Siemens, Siemens Energy, der Münchener Rück und des Rüstungskonzerns Rheinmetall. Dass der DAX trotz der miesen Stimmung im Land und der wirtschaftlichen Flaute überhaupt so erfolgreich war, liegt an den exportorientierten Geschäftsmodellen der Unternehmen im DAX: Im Durchschnitt machen sie nur etwa ein Fünftel ihres Umsatzes im eigenen Land.

Solltest du trotz der Nachteile in einen DAX-ETF investieren wollen, solltest du auf jeden Fall nur einen kleinen Teil von zum Beispiel fünf Prozent deines Anlagevermögens dafür verwenden.

Der Index für Technologie-Fans

Bei Anlegenden in Deutschland ist auch der Nasdaq 100 sehr beliebt. Er trägt aber keinesfalls dazu bei, eine US-Dominanz im Depot zu verringern, im Gegenteil: Dieser Index bildet die Kursentwicklung der 100 größten US-amerikanischen Technologieaktien ab. Auch der Nasdaq 100 wird wie der MSCI World von den US-Schwergewichten Nvidia, Apple, Amazon, Meta, Microsoft oder Netflix dominiert. Wegen des Booms bei den Technologieaktien hat dieser Index von Ende Juni 2025 zurückgerechnet in den vergangenen zehn Jahren pro Jahr um fast 19 Prozent zugelegt, also viel stärker als der MSCI World. Im Krisenjahr 2022 verlor der Nasdaq 100 allerdings mehr als 30 Prozent. Ob das aber so bleibt, weiß niemand. Mit einem Technologie-Index hast du also überdurchschnittlich hohe Gewinnchancen, genauso wie ein überdurchschnittlich hohes Risiko, da du wie bei Themenfonds nur auf eine Branche setzt. Wenn dich das nicht abschreckt, sollte ein ETF auf den Nasdaq 100 in deinem Depot sicherheitshalber nur eine kleine Beimischung sein. Hast du MSCI-World-ETFs, hast du ja schon in Technologieunternehmen investiert.

Was ETFs mit weniger oder ohne US-Aktien bringen

Name	ISIN	Wertentwicklung pro Jahr in %			
		1 Jahr	3 Jahre	5 Jahre	10 Jahre
MSCI World ohne USA					
Xtrackers MSCI World ex USA	IE0006WW1TQ4	11,5	–	–	–
MSCI World mit weniger USA					
Invesco MSCI World Equal Weight	IE000OEF25S1	8,5	–	–	–
VanEck World Equal Weight Screened	NL0010408704	11,1	15,3	13,0	10,3
L&G Gerd Kommer Multifactor Equity	IE0001UQQ933	10,8	–	–	–
ETFs Aktien Schwellenländer					
iShares Core MSCI EM	IE00B4L5YC18	11,1	11,7	7,3	7,2
Xtrackers MSCI Emerging Markets	IE00BTJRMP35	10,9	11,6	7,2	–
iShares Core MSCI EM IMI	IE00BKM4GZ66	9,9	11,7	8,0	7,6
Vanguard FTSE Emerging Markets	IE00B3VVMM84	7,3	10,2	7,4	7,3
SPDR MSCI Emerging Markets	IE00B469F816	10,7	11,7	7,3	7,3
UBS MSCI Emerging Markets	LU0480132876	11,2	11,9	7,2	7,2
Amundi Core MSCI Emerging Markets	LU1737652583	10,9	11,9	7,3	–

Name	ISIN	Wertentwicklung pro Jahr in %			
		1 Jahr	3 Jahre	5 Jahre	10 Jahre
HSBC MSCI Emerging Markets	IE00B5SSQT16	11,1	11,4	7,0	7,1
ETFs Aktien Europa					
HSBC MSCI Europe	IE00B5BD5K76	11,8	16,6	12,7	8,0
UBS MSCI Europe	LU0446734104	12,0	16,7	12,7	7,9
Amundi Core MSCI Europe	LU1737652310	11,9	16,6	12,7	–
Xtrackers MSCI Europe	LU0274209237	11,9	16,3	12,7	7,8
iShares Core MSCI Europe	IE00B4K48X80	11,9	16,7	12,7	8,0
SPDR MSCI Europe	IE00BKWQ0Q14	11,8	16,5	12,6	7,9
Deka MSCI Europe	DE000ETFL284	11,6	16,4	12,4	7,8
Vanguard FTSE Developed Europe	IE00B945VV12	9,8	16,2	12,2	7,9
Amundi Stoxx Europe 600	LU0908500753	12,2	16,9	12,5	8,1
Xtrackers STOXX Europe 600	LU0328475792	12,0	16,8	12,4	8,0
iShares STOXX Europe 600	DE0002635307	12,1	16,8	12,4	8,0
ETFs Aktien Deutschland					
Xtrackers DAX	LU0274211480	26,9	25,7	13,4	9,3
iShares Core DAX®	DE0005933931	26,8	25,6	13,4	9,3
Deka DAX®	DE000ETFL011	26,7	25,6	13,4	9,3

Name	ISIN	Wertentwicklung pro Jahr in %			
		1 Jahr	3 Jahre	5 Jahre	10 Jahre
Amundi Core DAX	LU2611732046	26,9	–	–	–
Vanguard Germany All Cap	IE00BG143G97	20,9	23,4	10,5	–

Quellen: Stiftung Warentest, eigene Recherchen, fondsweb.com; Stand: 2.10.2025; ohne Gewähr, keine Anlageempfehlung.

WIE DER KAUF VON AKTIEN-ETFs ABLÄUFT

Bleibt die Frage, wie das überhaupt geht, einen ETF kaufen? Die Voraussetzungen sind klar: Du weißt, was du willst, hast deine Anlagestrategie festgelegt und kennst dein Risikoprofil. Du hast dein Wertpapierdepot eröffnet. Und auf deinem Verrechnungskonto, das zum Depot gehört, liegt Geld für deine Anlage. Angenommen, du willst davon eine größere Summe in einen ETF (Seite 179 ff.) anlegen. Um genau zu wissen, welchen Index du von welcher Fondsgesellschaft haben willst, kannst du dir helfen lassen. Einen ersten Einblick liefern die ETF-Tabellen im Buch. Du kannst zum Beispiel die ETFs nehmen, die die Stiftung Warentest als «1. Wahl» empfiehlt, oder du suchst bei den einschlägigen Fondsportalen justETF, extraETF oder fondsweb. Dann geht's Schritt für Schritt so weiter:

Schritt 1: Die Wertpapierkennnummer heraussuchen
Jeder ETF hat eine zwölfstellige Wertpapierkennnummer, bekannt als ISIN, das ist die Abkürzung für «International

Securities Identification Number». Diese notierst du dir, weil du sie beim Kauf brauchen wirst. Nur so kannst du dir sicher sein, dass du dir wirklich den ETF ins Depot legst, den du haben willst. Neben der ISIN wird teilweise auch noch die sechsstellige Wertpapier-Kennnummer (WKN) verwendet. Diese war früher in Deutschland gängig, verliert aber inzwischen an Bedeutung.

Schritt 2: Die Stückzahl festlegen

Für den Kauf und Verkauf gibt es bei den Direktbanken und Brokern normalerweise Ordermasken. Dort trägst du nicht einfach die gewählte Anlagesumme ein. Vielmehr musst du angeben, wie viele Anteile des ETFs du kaufen willst. Wie viele du bekommst, hängt von dem geplanten Anlagebetrag ab und vom aktuellen Kurs des ETFs. Du musst dir also vorher überlegen: Wie viele ETF-Anteile werde ich für zum Beispiel 10 000 Euro bekommen? Beispiel: Der Kurs eines ETFs auf den MSCI World liegt bei aufgerundet 105 Euro. Dann kannst du 95 Anteile ordern. Eigentlich wären es rechnerisch 95,24. Du rundest aber auf 95 ab, weil du bei einer Einmalanlage über einen Börsenhandelsplatz normalerweise gar keine Bruchstücke kaufen kannst. Außerdem machen die Bruchstücke beim Verkauf nur Ärger, weil es schwieriger ist und gegebenenfalls Extrakosten verursacht, sie wieder loszubekommen.

Schritt 3: Den Handelsplatz wählen

Bist du in der Eingabemaske der Bank, musst du auch wählen, an welchem Handelsplatz du kaufst. Die großen Depotbanken bieten dir dafür meist verschiedene Möglichkeiten. Du kannst etwa über die größte deutsche Börse in Frankfurt kaufen, über den sogenannten Xetra-Handel. Manche Broker wollen für Xetra-Orders jedoch einige wenige Euro Extragebühren. Du kannst deine Orders auch über eine der deutschen Regionalbörsen wie Stuttgart, München, Hamburg oder Berlin platzieren, sofern der gewünschte ETF dort in ausreichendem Umfang gehandelt wird. Viele Privatanleger nutzen Tradegate in Berlin, ein äußerst beliebter Börsenplatz, da die Handelskosten günstig sind und bis 22 Uhr gehandelt werden kann. An den anderen deutschen Börsen ist gegen 17.30 Uhr normalerweise Schluss. Du kannst auch bei privaten Wertpapierhandelshäuser wie der Baader Bank oder Lang und Schwarz kaufen. Oder du nutzt, sofern das deine Depotbank anbietet, die Angebote von elektronischen Handelsplattformen wie Gettex, Quotrix oder LS Exchange, das sind Handelsplattformen deutscher Regionalbörsen aus München, Düsseldorf oder Hamburg. Manche Neobroker wie Trade Republic arbeiten bei fast allen Orders mit diesen Plattformen zusammen, deshalb kosten die Trades nur einen Euro oder gar nichts. So oder so, vor dem Kauf solltest du vergleichen, welche Kosten bei welchem Handelsplatz anfallen und welche Kurse angeboten werden. Das siehst du in deiner Ordermaske, dort gibt es auch einen Button für die «Kosteninformation» oder den «Kostenausweis», wo du vorab schon sehen kannst, welche Kosten auf dich zukommen werden – das ist sozusagen das Preisschild wie im Supermarkt. Dann bekommst du schnell ein Gefühl dafür, was für dich passen könnte. Aber Vorsicht: Wenn du außerhalb der üblichen Börsenzeiten zwischen 9 Uhr und 17.30 Uhr ETFs kaufen oder verkaufen willst, kann es sein, dass die Händler überhöhte Kurse stellen – das geht zu deinen Lasten, weil du dann zu teuer einkaufst.

Schritt 4: Ein Limit setzen und den Handel abschließen
Wenn du eine Waschmaschine oder einfach nur Äpfel kaufen willst, wirst du vermutlich nicht jeden x-beliebig hohen Preis bezahlen wollen. Du hast dir im Kopf ein Preislimit gesetzt, zum Beispiel für die Waschmaschine 500 Euro und für die Äpfel nicht mehr als drei Euro pro Kilo. Mehr geht nicht – solch einer Ansage kannst und solltest du auch bei deinem ETF-Kauf folgen. Auch dafür gibt es in der Ordermaske ein Feld. Du entscheidest dich dann für «Limithandel», «Limit» oder «Limit setzen» und gibst einen Preis ein, zu dem du den gewünschten ETF zu kaufen bereit bist. Damit stellst du sicher, dass du die gewünschten Anteile nicht zu einem zu hohen Kurs und damit zu einem überhöhten Preis kaufst. Beim Setzen des Limits orientierst du dich an den aktuellen Kursen, den die Depotbank dir nennt. Dabei musst du aber unterscheiden zwischen Ankaufs- und Verkaufskursen. Maßgeblich ist hier für dich der «Briefkurs», das ist der Kurs, zu dem du kaufen kannst. Oft kennzeichnen die Direktbanken oder Discountbroker auch die Kurse mit «Bid» und «Ask». Mit Bid, auch Geldkurs genannt, wird der Preis bezeichnet, den ein Käufer für ein Wertpapier wie ein ETF zu zahlen bereit ist. Ask, auch Briefkurs genannt, ist der Preis, zu dem ein Verkäufer bereit ist, ein Wertpapier zu verkaufen. Die dazwischenliegende Spanne heißt im Fachjargon «Spread». Je geringer der Unterschied zwischen Bid und Ask, desto häufiger wird das Wertpapier in der Regel gehandelt und desto bessere Kurse werden für deine Käufe und Verkäufe abgerechnet.

Beispiel: Ein Anteil des MSCI World kostete Mitte August 2025 genau 105,57 Euro. Als Limit gibst du zum Beispiel 105,60 an. Das ist dann der maximale Preis, zu dem bei einem geglückten Kauf abgerechnet werden kann. Das Limit hast du minimal höher gesetzt, weil du so sicherer sein kannst, den ETF auch wirklich zu bekommen. Setzt du das Limit zu eng, etwa auf den aktuellen Preis von 105,57 Euro, und der ETF ist in der Zwischenzeit nur um einen Cent gestiegen, kann es passieren, dass deine Order nicht ausgeführt werden kann. Das wäre ärgerlich, vor allem dann, wenn du dich nicht ständig mit deiner Geldanlage befassen willst. Außerdem wirst du noch gefragt, wie lange deine Order gültig sein soll, also bis zum Ende des Tages oder bis Ende des Monats oder gar bis zum Ende des Kalenderjahres. Hier reicht es in der Regel, «tagesgültig» anzugeben, weil Kaufaufträge für große, massenhaft gehandelte ETFs wie solche auf den MSCI World normalerweise immer binnen Sekunden klappen sollten. Nachdem du vorher noch einmal den «Kostenausweis» oder die «Kosteninformation» gegengecheckt hast, musst du noch den Kauf «freigeben». Das geht online per Mausklick und über die sogenannte Zweifaktor-Authentifizierung. Du gibst dann zum Beispiel über eine mobile TAN den Kauf frei.

Wenn die Order durchgeht, teilt dir dies die Bank normalerweise umgehend mit. Der Handel ist dann «ausgeführt», und dir wird angezeigt, zu welchem Kurs du gekauft hast. Dieser Abrechnungskurs darf nie höher als dein gültiges Limit sein. Nun magst du vielleicht auf die Idee kommen: Ich könnte ja auch ein «Abstauberlimit» setzen, also ein zeitlich begrenztes Limit unterhalb des aktuellen Kurses – in der Hoffnung, dass der ETF-Preis kurzfristig, zum Beispiel in ein, zwei Tagen sinkt. Das aber kann schiefgehen: Steigt der Preis des ETFs weiter, wird die Order nicht ausgeführt, und du ärgerst dich womöglich, dass dir einen Tag oder mehrere Tage später nichts anderes übrig bleibt, als zu einem höheren Preis einzusteigen.

Wann du am besten kaufst beziehungsweise die besten Kurse bekommst, ist schwer zu beantworten. Nur so viel lässt sich sagen: Zwischen 15.30 Uhr und 17.30 Uhr haben an den meisten Tagen sowohl die europäischen als auch die US-amerikanischen Börsen geöffnet. Es sind also viele Akteure und Akteurinnen am Markt aktiv, es wird viel gehandelt, ergo ist es sehr wahrscheinlich, dass ETFs nicht zu Mondpreisen angeboten werden.

Schritt 5: Ins Depot schauen und sich hoffentlich freuen

Hast du deine Transaktionen ausgeführt, wird das angelegte Geld plus der Kosten für den Kauf von deinem Verrechnungskonto abgebucht. Die Wertpapiere, in diesem Fall die von dir gekauften ETFs, werden in dein Depot «eingebucht». Das kann wenige Minuten, ein paar Stunden oder auch mal zwei Bankarbeitstage dauern. Aber keine Sorge: Sobald der Kauf ausgeführt wurde, vollziehen deine ETF-Anteile alle Kursveränderungen mit. Wenn du wissen willst, wie es um dein Depot steht, loggst du dich einfach ein. Dann siehst du auf einen Blick, welche Wertpapiere du gekauft hast, deren Stückzahl, den aktuellen Kurs und die Wertveränderungen seit dem Kauf.

WIE DU EINEN SPARPLAN EINRICHTEST

Höchstwahrscheinlich willst du deine Anteile an einem ETF regelmäßig erhöhen, um etwas anzusparen. Wie bei der einmaligen Anlage müssen die Voraussetzungen stimmen und deine Vorauswahl abgeschlossen sein. Dazu gehört auch, dass du gegebenenfalls von deinem Girokonto einen neuen Dauerauftrag einrichtest, mit dem regelmäßig Geld auf das Verrechnungskonto deiner Depotbank überwiesen wird. Beispiel: Du willst jeden Monat 100 Euro in einen ETF ansparen. Dann überweist du vorher ebenfalls monatlich per Dauerauftrag von deinem Girokonto 100 Euro auf dein Depotbankkonto. Sind alle Hausaufgaben erledigt, kannst du den Sparplan anlegen. Das geht sogar noch einfacher als bei einer Einmalanlage. Hier ist dein Laufzettel mit den einzelnen Etappen.

Schritt 1: Anzahl der Sparpläne bestimmen und Sparrate wählen

Angenommen, du hast 500 Euro oder 100 Euro im Monat zur Verfügung, dann kannst du alles in einen Sparplan, also in einen sparplanfähigen ETF stecken. Du kannst das Geld aber auch aufteilen, idealerweise das Risiko damit weiter minimieren und zum Beispiel die 500 Euro in fünf Sparpläne stecken, dann würden in fünf verschiedene ETFs jeweils 100 Euro fließen oder in zwei ETF jeweils 200 und in einen dritten ETF 100 Euro, ganz wie du magst. Oder im Falle der 100 Euro zum Beispiel in vier ETFs je 25 Euro.

Hast du das entschieden, loggst du dich auf der Homepage deiner Bank ein und lässt dich einfach durch die

Menüpunkte führen. Auf Sparpläne wird normalerweise extra hingewiesen, unter einem der Menüpunkte «Sparen», «Anlegen», «Produkte» oder «Order-Manager». Du kannst auch im Suchfeld nach «ETF-Sparplan» oder einfach «Sparplan» suchen. Danach klickst du auf «Sparplan starten» oder «Sparplan eröffnen» und gibst die Höhe der Sparrate und die ISIN des von dir gewählten ETFs in das Menü ein. Schließt du vier oder fünf Sparpläne ab, musst du logischerweise vier oder fünf Mal die Ordermaske ausfüllen.

Schritt 2: Die Kosten prüfen

Du solltest nicht vergessen, vorher noch einmal die Kosten zu checken und deine Sparpläne gegebenenfalls anzupassen. Wenn du zum Beispiel für eine kleine Order von 50 Euro pro Monat jedes Mal pauschal 1,50 Euro zahlen musst, zehrt dies erheblich an deiner Rendite. Dann solltest du dir entweder einen günstigeren Depotanbieter suchen oder stattdessen jedes Quartal einen höheren Betrag in den Sparplan einzahlen. Welche Kosten anfallen können, zeigt die folgende Übersicht. Sie hilft dir, ein Gefühl dafür zu bekommen, welche Preise im Verhältnis angemessen sind.

Das kostet ein Sparplan bei einer Einzahlung von 100 Euro pro Monat

Name des Depotanbieters	Anzahl ETFs	Kosten je Sparbetrag in Euro	Bonus
Consorsbank	1579	0,00	Über 1500 ETFs ohne Sparplangebühr
Trade Republic	2719	0,00	Alle ETF-Sparpläne kostenfrei

Name des Depotanbieters	Anzahl ETFs	Kosten je Sparbetrag in Euro	Bonus
ING	1191	0,00	Über 1100 ETF-Sparpläne dauerhaft vergünstigt
Flatex	1855	0,00	0 Euro je Sparplanausführung zzgl. marktüblicher Spreads, Zuwendungen, Produktkosten und Fremdkosten
Smartbroker	1620	0,00	ab 0 Euro Ausführungsgebühr bei Amundi, SPDR, Xtrackers – sonst 0,2 %, Minimum 1 EUR pro Ausführung
Scalable Capital	2565	0,00	Alle ETF-Sparpläne kostenfrei
Finanzen.net Zero	1726	0,00	Alle ETF-Sparpläne kostenfrei
Just Trade	164	0,00	0 Euro Sparplanausführung
Traders Place	1533	0,00	100 Euro ETF-Bonus + alle ETF-Sparpläne kostenfrei
Fidelity International	1205	0,00	Alle ETF-Sparpläne kostenfrei
XTB	1400	0,00	Alle ETF-Sparpläne kostenfrei
Finvesto	1492	0,20	Rund 1500 ETFs ohne Transaktionsentgelt kaufen
Comdirect	2296	1,50	12 Monate kostenlos sparen + 75 Euro Prämie sichern
DKB	2000	1,50	Über 450 ETFs ab 0 Euro je Sparplan-Ausführung
1822 direkt	1297	1,50	100 Sparpläne für 1 Jahr ohne Ausführungsgebühr
S-Broker	1855	2,50	Kein Orderentgelt für über 600 ETFs

Quelle: Brokervergleich.de; Stand: 6.10.2025; ohne Gewähr.

Schritt 3: Den Tag und die Laufzeit festlegen

Du musst bei der Eröffnung eines Sparplans auch angeben, wann die Depotbank den Auftrag ausführen soll. Fast immer bietet die Depotbank dir hierfür den 1. oder 15. des Monats an. Ob du dich für Anfang oder Mitte des Monats entscheidest, ist letztlich egal. Wichtig ist auch noch: Du kannst den Kurs, zu dem du kaufst, beim Sparplan nicht mit einem Limit beeinflussen. Stattdessen kaufst du immer zu den jeweils aktuellen Preisen an der Börse. Das bedeutet: Langfristig kaufst du in manchen Monaten zu einem niedrigeren Kurs ein, in den anderen Monaten zu einem höheren. Aber solche Preisschwankungen gleichen sich in der Regel mit der Zeit aus.

Es wird dir leichter fallen, den Sparplan durchzuhalten, wenn du das Geld auf das Verrechnungskonto der Depotbank überweist, sobald dein Gehalt auf deinem Girokonto eingetroffen ist. Beispiel: Wer sein Gehalt um den 20. des Monats herum erhält, überweist per Dauerauftrag ein paar Tage später das Geld für den Sparplan direkt aufs Verrechnungskonto der Depotbank. Der Sparplan wird dann zum 1. des Folgemonats angelegt. Vorteil: Auf dem Verrechnungskonto ist immer genug Geld für die nächste Sparrate. Und auf dem Girokonto ist das Geld weg, solange du noch besonders flüssig bist. So merkst du kaum, dass etwas fehlt. Die Bank wird dich ohnehin fragen, woher das Geld für den Sparplan entnommen werden soll. In vielen Fällen wird das dein Verrechnungskonto der Depotbank sein. Manche Depotanbieter sind aber auch damit einverstanden, wenn du ein Konto angibst, von dem das Geld für den Sparplan eingezogen werden kann. Falls das über dein Gehaltskonto/Girokonto möglich ist, musst du sicherstellen, dass darauf stets genug Geld für die Sparraten ist, du willst ja keine teuren Dispozinsen zahlen. Musst du erst vom Girokonto aufs Verrechnungskonto überweisen, solltest du sicherheitshalber einen Puffer von mehreren Tagen einplanen. Denn an Wochenenden und Feiertagen werden Buchungen nicht ausgeführt.

Außerdem musst du noch eine Laufzeit festlegen: Willst du in den Sparplan zu einem bestimmten Zeitpunkt nicht mehr einzahlen, zum Beispiel, wenn du in Rente gehen wirst? Dann legst du im Menü Monat und Jahr fest, zu dem nicht weiter angelegt werden soll. Oder du lässt den Sparplan erst mal endlos laufen, das kannst du jederzeit auch wieder ändern.

Wenn du mit allem fertig bist, klickst du auf «Sparplan abschließen» oder «kaufen». Von diesem Moment an läuft der Sparplan wie ein Dauerauftrag von selbst.

Schritt 4: Sich von Bruchstücken nicht irritieren lassen

Wenn du einen Sparplan angelegt hast, kaufst du mit jeder Sparrate Anteile an einem ETF. Investierst du 100 Euro im Monat, und der Anteil kostet jeden Monat genau 100 Euro (was für dich ziemlich mies wäre, weil das bedeuten würde, dass der Kurs nicht steigt), würdest du mit jeder Sparrate genau einen Anteil kaufen, der deinem Depot gutgeschrieben wird. In Wirklichkeit sieht das aber anders aus: Die ETFs werden an der Börse zu einem Preis in Euro oder Dollar gehandelt. Der Kurs kann steigen oder fallen, langfristig sollte er natürlich zulegen. Das bedeutet aber: Mit einem ETF-Sparplan bekommst du nicht nur Anteile, sondern auch Bruchstücke von Anteilen. Beispiel: Ein Anteil des MSCI World kostete Mitte August 2025 105,57 Euro. Wenn du nun 150 Euro im Monat anlegst, bekommst du also einen kompletten Anteil; für die übrig gebliebenen 44,43 Euro erhältst du 0,42 Anteile (44,43:105,57), also nicht ganz einen halben Anteil des ETFs. Wäre der Kurs nun nach ein paar Jahren auf zum Beispiel 160 Euro gestiegen, würdest du für deine 150 Euro aber keinen ganzen Anteil mehr erhalten, sondern nur noch ein Bruchstück von 0,94 Anteilen. Wenn du also wieder einmal dein Depot checkst, weißt du, wie die Bruchstücke zusammenkommen. Das passiert auch bei Einmalanlagen in thesaurierenden Fonds. Die Erträge, die bei diesen Fonds automatisch sofort wieder angelegt werden, reichen oft nicht, um dafür ganze Fondsanteile zu kaufen. Dann bekommst du auch Bruchstücke.

Schritt 5: Den Sparplan kontrollieren

Wenn du langfristig anlegst und kein Zocker bist, musst du nicht jeden Tag ins Depot schauen. Du solltest aber mindestens einmal im Jahr dein Depot kontrollieren. Nicht nur, um zu prüfen, ob du dich an deine Finanzplanung gehalten hast und ob du etwas ändern musst (Seite 222 ff.). Wenn du ETF-Sparpläne bedienst, solltest du das auch wegen möglicher Preisänderungen tun. Der Grund: Manche Banken und Broker versuchen, dich auszutricksen. Erst sagen sie, der Sparplan ist kostenlos oder besonders günstig, um dann doch wieder Gebühren einzuführen oder die Preise zu erhöhen. Solche Preisänderungen müssen Kreditinstitute nach der neuesten Rechtsprechung zwar ankündigen und um deine Zustimmung bitten. Nur, wer prüft schon das Kleingedruckte beziehungsweise ein seitenlanges Preis- und Leistungsverzeichnis im Detail? Genau deshalb ist der Preis-Depot-Check einmal im Jahr wichtig: Würde eine Depotbank zum Beispiel einmalig fällige Mindestpreise für die Ausführung eines Sparplans einführen, solltest du prüfen, ob sich der Umzug zu einem anderen Anbieter lohnt. Das gilt auch, wenn die Bank auf einmal doch Depotgebühren oder happige Ordergebühren für den ETF erhebt, die vorher durch eine Sonderaktion weggefallen waren. Geht es um geringfügige Preiserhöhungen, kannst du natürlich auch einfach weiter sparen. Oder du legst den Sparplan still. Dein ETF bleibt dann im Depotbestand und kann sich hoffentlich weiter gut entwickeln, ohne dass du neues Geld hinzuschießt. Oder du findest bei deiner Depotbank einen ähnlichen passenden ETF, für den nun kostenlose Sparpläne angeboten werden.

KAPITEL V

Große Beträge klug verteilen: Die Baukasten-Strategien für unterschiedliche Anlegertypen

Den älteren Leserinnen und Lesern sagt der Name André Kostolany vielleicht noch etwas. Der 1999 verstorbene Aktienexperte packte seine Erkenntnisse gerne in griffige und mitunter recht launige Sprüche. So verglich er etwa die Kursgewinne an den Börsen mit Schmerzensgeld: «Zuerst kommen die Schmerzen, dann das Geld», ließ er einst verlauten.[13] Gemeint ist damit: Es gibt keinen Gewinn ohne Risiko, und die Risiken können auch mal wehtun – sollten sie zu (vorübergehenden) Verlusten führen. Doch Kostolany weiß auch: «Wer die Aktien nicht hat, wenn sie fallen, der hat sie auch nicht, wenn sie steigen.»

Damit sind wir wieder bei einem Thema, das du bereits kennst: Es ist enorm wichtig, das Risiko zu verteilen, im Fachjargon spricht man von der «Risikostreuung». Wenn du also deine Erbschaft, deine Lebensversicherung, die Abfindung oder das mühsam Ersparte, das jetzt womöglich als fünf- oder sechsstellige Summe auf deinem Girokonto liegt, investieren willst, sollte dir stets bewusst sein: Aus jedem Euro, den du in Aktien-ETFs steckst, kann weniger werden, wenn an der Börse die Aktienkurse sinken – und damit womöglich auch der Kurs deines an der Börse gehandelten Indexfonds. Außerdem können auch Zinsen sinken, was dich ganz schnell treffen kann, wenn deine Tagesgeldbank die variablen Zinsen für das täglich verfügbare Geld reduziert. Und mit Verzögerung trifft es dich, wenn Festgeld fällig wird, das du dann erneut anlegen willst.

Was also tun? Damit kommen wir zurück auf das Grundprinzip einer seriösen, strategisch geplanten Geldanlage: die Anlage nach dem Baukastenprinzip, mit zwei mehr oder weniger großen Bausteinen. Baustein eins ist dein Sicherheitsbaustein, Baustein zwei dein Renditebaustein. Die Stiftung Warentest empfiehlt Privatanlegern und -anlegerinnen bereits seit Jahren, ihr Geld in diesen beiden Bausteinen anzulegen. Die Warentester nennen das die «Pantoffel-Strategie».

Der Name klingt ein bisschen skurril, vor allem wenn man an die Hausschuhe zu Hause denkt. Bei der Namensgebung haben sich die Warentester aber schon etwas gedacht: Schließlich steht ein Pantoffel dafür, einfach, praktisch und bequem zu sein. Außerdem ist er, wenn man so will, auch ziemlich günstig. Genau diese Eigenschaften – günstig, bequem, praktisch und einfach – sollten auch die Charakteristika deines Geld-Baukastens sein. Menschen, die von der Geldanlage viel verstehen, aber nicht auf der Jagd nach Provisionen (und damit nach deinem Geld) sind, wiederholen es seit Jahrzehnten: Man sollte sein Geld nur in Anlageprodukte anlegen, die man versteht. Also mach es dir möglichst einfach und vermeide komplizierte Angebote, bei denen du schon wegdöst, wenn jemand versucht, sie dir zu erklären. Genau diese Grundvoraussetzungen erfüllt das Pantoffel-Portfolio. Es besteht in der einfachsten Variante aus Tages- und Festgeld (das ist dein Sicherheitsbaustein) und aus Aktien-ETFs, die einen Börsenindex wie den MSCI World abbilden und damit das Geld der Anleger breit gestreut in verschiedenen Kontinenten, Ländern, Branchen und Unternehmen anlegen (das ist dein Renditebaustein). Je nachdem, welcher Risikotyp du bist und wie du deine Risikotragfähigkeit einschätzt, kannst du dich für unterschiedliche Varianten entscheiden.

Der Geldbaukasten für Vorsichtige: Wenn du nur ein geringes Risiko eingehen willst, wählst du eine defensive Strategie, zum Beispiel mit einem Aktien-ETF-Anteil von 25 Prozent und einem Sicherheitsbaustein in Höhe von 75 Prozent. Würden die Kurse an den Aktienmärkten zusammenbrechen und um 60 Prozent sinken, würde dein defensiv gebauter Geldbaukasten insgesamt nur um 15 Prozent fallen. Das lässt sich selbst für vorsichtige Anlegerinnen und Anleger hoffentlich einigermaßen aushalten.

Der Geldbaukasten für Durchschnittsanleger: Wenn du je 50 Prozent in Aktien-ETFs und 50 Prozent in Zinsanlagen investierst, hast du eine ausgewogene Variante gewählt. Wenn die Aktienkurse nun vorübergehend um 20 Prozent einknicken, verliert der Wert deiner Geldanlage eben nur zehn Prozent. Und ein echter Verlust wäre das auch nur dann, wenn du die ETFs verkaufst, statt die schwache Börsenphase auszusitzen. Mit so einem «Fifty-fifty»-Geldbaukasten hast du die Chancen am Aktienmarkt und die Sicherheit von Zinsanlagen gut ausbalanciert. Und sollte es an der Börse einmal krachen, träfe das immer nur die Hälfte deines Portfolios.

Der Geldbaukasten für Draufgänger: Bist du bereit, ein hohes Risiko einzugehen, kannst du auch 75 Prozent der eigenen Anlagesumme in Aktien-ETFs anlegen. Ein Viertel deines Gelds wäre dann immer noch sicher in Zinsanlagen aufgehoben. Deutliche Verluste am Aktienmarkt wären dann allerdings heftig für dich spürbar: Angenommen, dein Rendite-Baukasten ist gerade 100 000 Euro wert, und die Kurse sacken um 50 Prozent ab, dann hätte sich dieses Vermögen vorübergehend um die Hälfte auf 50 000 Euro reduziert. Solche roten Zahlen musst du erst mal aushalten können, selbst wenn du davon überzeugt bist, dass die Kurse wieder steigen werden.

Du kannst auch eine ganz andere Kombination wählen, die genau zu deinem Risikoprofil passt. Vergiss dabei aber nicht, dass du zusätzlich zu deinem Baukasten noch eine finanzielle Notreserve brauchst. Drei bis sechs Netto-Monatsgehälter für mögliche kurzfristige Ausgaben oder eine vorübergehende Einkommenslücke sollten es schon sein. Und bei Bedarf sollte zudem genug Geld auf einem Tagesgeldkonto oder einem entsprechenden Extra-Anschaffungskonto sein, das für geplante größere Anschaffungen reicht, egal, ob es nun um den Kauf eines Elektroautos, eine Weltreise, die Hausrenovierung oder andere Wünsche geht.

Der Baukasten für dein Geld sollte Aktien-ETFs jedoch nur enthalten, wenn du drei Voraussetzungen erfüllst:

1. Du hast Zeit. Du solltest nur Geld am Aktienmarkt investieren, das du langfristig entbehren kannst. Kalkuliere dabei mit einem Anlagezeitraum von mindestens 10, besser 15 Jahren, um längere deutliche Kurseinbußen durchstehen zu können. Denn alle Untersuchungen zeigen: Legst du breit gestreut per ETF in einen Weltindex an, erzielst du auf lange Sicht stets jährliche Durchschnittsrenditen von um die acht Prozent, auch wenn die Kurse

vorübergehend einmal um 20, 30 Prozent oder mehr absacken sollten. Wenn du aber nur wenige Jahre Zeit hast, weil du dann das Geld brauchst, ist das Risiko zu hoch, einen Zeitpunkt zu erwischen, an dem die Kurse an den Aktienmärkten weltweit heruntergehen. Dann musst du mit Verlust verkaufen.

2. Punkt zwei schließt direkt an Punkt eins an: Auch nach einem langen Anlagezeitraum von 10 oder 15 Jahren solltest du das Geld nicht zu einem ganz bestimmten Zeitpunkt brauchen, sondern so flexibel sein, dass du einen eventuellen Börsencrash auch noch weitere Jahre aussitzen könntest. Um das zu verhindern, kannst du aber auch deinen Renditebaustein schon vorher schrittweise reduzieren.
3. Ruhe bewahren! Du darfst dich nicht von zwischenzeitlichen Verlusten beirren lassen und in Panik deine ETF-Aktienanlagen auflösen. Wenn du deine Anlagen breit gestreut hast, kannst du in Ruhe auf bessere Zeiten warten. Natürlich gibt es keine Garantie, dass deine Aktien-ETFs nach 10, 15 oder 20 Jahren an Wert gewonnen haben. Aber bleiben wir von neuen Weltkriegen und einer jahrzehntelangen Weltwirtschaftskrise verschont, solltest du dich in Zukunft auf ansehnliche Gewinne freuen können. Wenn es dir jedoch schlaflose Nächte bereitet, wenn dein ETF nur noch bei zum Beispiel 90 Prozent des Kaufkurses steht, solltest du wohl besser von solchen Anlagen die Finger lassen. Am einfachsten, du fragst dich ehrlich:

Wie hoch ist der Verlust, den ich ertragen könnte? Klar, deine Antwort kommt aus dem Bauchgefühl heraus, wird dir aber weiterhelfen, dein Risikoprofil besser einschätzen zu können.

SO LÄSST SICH EINE GROSSE SUMME ANLEGEN

Mal angenommen, du hast einen Batzen Geld auf der hohen Kante. Du brauchst davon aber nichts, weder für einen Immobilienkauf noch für eine fällige Renovierung deines Eigenheims, auch nicht in absehbarer Zeit. Du brauchst auch kein Geld für ein neues, teureres Auto zurückzulegen, auch nicht für die Ausbildung deiner Kinder. Du bist nicht darauf angewiesen, das Geld in ein Zusatzeinkommen zu verwandeln. Und du hast dein Anschaffungskonto bereits gefüllt, und die finanzielle Notreserve auf dem Tagesgeldkonto ist ebenfalls ausreichend. Dann hast du bei der Anlage des Geldes großen Spielraum. Trotzdem solltest du dir am Anfang zunächst zwei Fragen stellen: Wie lange will und sollte ich mein Erspartes anlegen? Und bin ich bereit, über Aktien-ETFs am Aktienmarkt mitzumischen, um mir die Chance auf höhere Renditen nicht entgehen zu lassen?

Wenn du ausschließlich auf Sicherheit bedacht bist, weil du mit Aktien-ETFs in deinem Wertpapierdepot nicht schlafen kannst, musst du auf den Renditebaustein in deinem Geldbaukasten verzichten. Dann bleibt dir nur der Sicherheitsbaustein. Willst du das gesamte Geld möglichst sicher anlegen, hast du drei Möglichkeiten.

Sicherheitsbaustein, Möglichkeit 1: Tages- und Festgeld

Ein Tagesgeldkonto hast du inzwischen (Seite 76 ff.). Die Notreserve darauf sollte nicht mehr als sechs, mindestens aber zwei Netto-Monatsgehälter umfassen. Wenn du hier noch Nachholbedarf hast, überweist du von deinem Guthaben die noch fehlende Summe auf dein Tagesgeldkonto. Genauso verfährst du mit deinem Anschaffungskonto, das du als weiteres Tagesgeldkonto führst (falls das bei derselben Bank nicht geht, eröffne ein zweites bei einer anderen Bank). Aber vielleicht sind dir zwei Konten zu mühsam. Dann parkst du alles, die finanzielle Notreserve und das Geld für geplante größere Anschaffungen, auf einem Tagesgeldkonto. Hauptsache, du weißt, was wofür vorgesehen ist, und hältst dich auch daran. Wenn auf diesen Konten ausreichend Geld für deine Zwecke liegt, solltest du für deinen Sicherheitsbaustein nun auf verschiedene Festgeldkonten setzen, weil du dort höhere Zinsen bekommst als fürs Tagesgeld.

Die Zinsen, die die Banken für neu angelegtes Festgeld zahlen, schwanken allerdings. Das zeigt schon ein Blick in die Vergangenheit. Deutlich bergab ging es mit den Zinsen in der sogenannten Niedrigzinsphase. Das war die Zeit, in der du viel von Negativzinsen lesen konntest. Das heißt, man musste bei manchen Banken sogar Zinsen zahlen, wenn man größere Beträge auf dem Tagesgeldkonto anlegen wollte. Auch mit den durchschnittlichen Zinsen für Festgeld ging es damals steil bergab, bei einer Laufzeit von zwei Jahren zum Beispiel von gut zwei Prozent im Jahr 2011 auf unter 0,5 Prozent Ende 2022. Erst danach ging es parallel mit den Zinserhöhungen der Europäischen Zentralbank mit den Zinsen wieder aufwärts, bis auf gut 2,5 Prozent im Jahr 2023. Im August 2025 (die EZB hat die Leitzinsen seit Juni 2024 ganze achtmal gesenkt) waren im Durchschnitt nur noch 1,5 Prozent drin.

Wenn du systematisch in Festgeld anlegen willst, solltest du deshalb die Entwicklung der Zinsen im Auge behalten. Dazu reicht es, einmal im Monat einen Blick auf Portale wie Biallo oder Verivox zu werfen, die die Zinsen vergleichen. Dann bekommst du ein Gefühl dafür, in welcher Höhe sich die Zinsen gerade bewegen und ob es, wie normalerweise üblich, für langfristig angelegtes Festgeld mehr als für kurzfristig angelegtes Festgeld gibt.

Wenn du deinen Sicherheitsbaustein aus Festgeld baust, wirst du immer vor genau dieser Frage stehen: Soll ich besser kurzfristig oder langfristig anlegen? Nun kannst du nicht in die Zukunft schauen. Du weißt nicht, wie sich die Zinsen entwickeln werden. Du kannst dir deshalb nicht sicher sein, ob es besser ist:

- sich die höheren Zinsen für eine längere Laufzeit zu sichern, weil du damit rechnest, dass die Zinsen fallen werden.
- Oder kurzfristiger anzulegen, in der Hoffnung, dass die Zinsen wieder steigen werden. So hättest du schneller wieder Geld zur Verfügung, um bei einer Neuanlage von den dann gestiegenen Zinsen zu profitieren.

Also baust du dir eine Zinsleiter (Seite 94 ff.), um auch mit Festgeld flexibel zu bleiben. So hast du einerseits die Möglichkeit, immer mal wieder über einen Teil des Ersparten zu verfügen und neu in Festgeld anzulegen. Andererseits kannst du mit den längeren Laufzeiten das derzeit bestehende Zinsniveau sichern, für den Fall, dass die Zinsen in den nächsten Jahren weiter zurückgehen sollten. Für die Zinsleiter gibt es mehrere Varianten. Nehmen wir an, du hast 100 000 Euro zur Verfügung.

Variante 1: Du willst erst gar nicht darauf spekulieren, wie die Zinsen sich entwickeln könnten, und hast auch keine Lust, dich mit der Zinsstruktur zu beschäftigen. Dann legst du ganz mechanisch an, zum Beispiel: Je 10 000 Euro auf zehn Festgeldkonten, mit einer Laufzeit von ein bis zehn Jahren. Oder, falls dir das zu mühsam ist, je 20 000 Euro bei Laufzeiten von zwei, vier, sechs, acht und zehn Jahren. (Analog kannst du natürlich mit einer Anlagesumme von 50 000 Euro verfahren oder anderen Werten und anderen Treppen bei deinen Laufzeiten.) Du solltest dir aber stets die Mühe machen, nach für dich geeigneten Banken mit überdurchschnittlichen Konditionen zu suchen.

Allerdings kann eine solche einfach gebaute Zinsleiter einen großen Nachteil haben, besonders dann, wenn die Leiter mit langen Laufzeiten von bis zu zehn Jahren endet, obwohl die Zinsen dafür gerade eher niedrig sind. Wenn du nicht mehr als 2,0 oder 2,5 Prozent für langfristig angelegtes Festgeld bekommst, lohnt es sich normalerweise nicht, sich so lange festzulegen (es sei denn, wir bekommen wieder eine Null- und Negativzinsphase). Lange Laufzeiten von fünf Jahren und mehr sind eher dann attraktiv, wenn du dafür Zinsen von mindestens drei oder vier Prozent und mehr bekommst.

Beispiel: Du legst 10 000 Euro für zehn Jahre in Festgeld an, es gibt dafür aber nur 2,0 Prozent Zinsen. Daraus werden am Ende der Laufzeit mit Zins- und Zinseszins 12 190 Euro (der Steuerabzug ist dabei nicht berücksichtigt). Angenommen, 2,0 Prozent sind dir zu wenig. Also legst du das Geld erst mal für drei Jahre an, obwohl es dafür sogar nur 1,5 Prozent Zinsen gibt. Wenn danach die Zinsen gestiegen sind, hat sich das Warten gelohnt: In den drei Jahren sind aus den 10 000 Euro rund 10 457 Euro geworden. Du legst das Geld sofort für sieben weitere Jahre an, weil du nun 3,0 Prozent Zinsen bekommst. Dann kommen unterm Strich 12 861 Euro heraus, also rund 670 Euro mehr an Zinsen als bei der zehnjährigen Anlage zu 2,0 Prozent, jeweils gerechnet ohne Abzug von Steuern. Tatsächlich ist die Differenz ein paar Euro geringer, weil das dreijährige Festgeld erst ausgezahlt und dann wieder neu angelegt werden muss. Es gehen dir also ein paar Zinstage verloren. Aber entscheidend ist: Es war auf jeden Fall richtig, sich erst mit einer niedrigeren Verzinsung zufriedenzugeben, um so noch auf die höhere Verzinsung umsteigen zu können.

Variante 2: Du gestaltest deine Zinsleiter individueller. Beim Entstehen dieses Buches war das Zinsniveau eher niedrig, jedenfalls wenn man nicht nur auf die vergangenen 15 Jahre blickt, sondern weiter zurück, als es Ende der Achtziger- und Anfang der Neunzigerjahre Zinsen von sechs, sieben Prozent und mehr gab. Deshalb kannst du dir überlegen, ob du die Zinsleiter nicht etwas kürzer baust und die Zinsentwicklung im Auge behältst. Die 100 000 Euro kannst du zum Beispiel in vier Chargen zu je 25 000 Euro teilen und ein, zwei, drei und vier Jahre fest anlegen. Steigen die Zinsen in dieser Zeit, hast du alles richtig gemacht. Jedes Jahr wird Geld frei, das du mit einem höheren Zins wieder anlegen kannst. Fallen die Zinsen weiter, hast du zumindest einen Teil des Geldes so angelegt, dass du dich nur einmal jedes Jahr mit einer Wiederanlage zu einem geringeren Zinssatz begnügen musst. In Zeiten fallender Zinsen solltest du jedenfalls deine Entscheidung nicht hinauszögern. Senkt die EZB zum Beispiel den Leitzins um 0,25 Prozentpunkte, werden die Banken nicht lange warten, bis sie mit ihren Festgeldzinsen ebenfalls heruntergehen. Manchmal greifen sie einer EZB-Entscheidung sogar voraus und senken schon vorher, um ihre Gewinnspanne zu vergrößern.

Auch den Zinsabstand zwischen kurz- und langfristigem Festgeld solltest du im Blick haben. Sind die Zinsen für kürzere Laufzeiten von 12, 24 oder 36 Monaten höher als die für längere Laufzeiten von bis zu zehn Jahren, ist das ein Zeichen dafür, dass die Mehrheit der Banken in Zukunft sinkende Zinsen erwartet. Das spricht dafür, dass du dir die Zinsen, die es noch gibt, schnell mit einer kurzen Zinsleiter sichern solltest, vorausgesetzt, die langfristigen Zinsen bewegen sich nicht über drei, vier Prozent und mehr. Diese Methode lässt sich zusätzlich optimieren, indem du größere Beträge in die Laufzeiten investierst, bei denen der Zinsabstand zum nächstkürzeren Anlagezeitraum am höchsten ist. Beispiel: Wenn der Zinssatz für einjähriges Festgeld deutlich höher ist als für zweijähriges, lohnt es sich, mehr in das einjährige Festgeld zu investieren und diese Stufe in der Zinsleiter ein bisschen höher zu bauen. Wie deine Zinsleiter letztlich aussieht, musst du selbst entscheiden. Welche Lösung die beste gewesen wäre, weiß man immer erst hinterher.

Variante 3: Dir ist das alles zu viel? Du hast keine Lust und keine Zeit, eine Zinsleiter zu bauen? Du willst einfach alles auf einmal anlegen? Dann achte darauf, nicht mehr als

100 000 Euro bei einer Bank mit einer deutschen Einlagensicherung und einer überdurchschnittlichen Verzinsung anzulegen, und entscheide dich für eine Laufzeit. Hast du mehr Geld zur Verfügung, dann solltest du das Geld auf jeden Fall in verschiedene Banken und verschiedene Laufzeiten aufsplitten. So viel Mühe sollte dir dein Geld wert sein. Hast du keine Lust, dich schon in ein oder zwei Jahren wieder um dein Erspartes zu kümmern, musst du dich länger binden. Dann hast du erst mal Ruhe. Statt in Festgeld anzulegen, kannst du deinen Sicherheitsbaustein natürlich auch allein mit Tagesgeld bauen. Das kostet dich noch weniger Zeit und Mühe, aber die Verzinsung dürfte geringer sein, als wenn du auf Festgeld setzt.

So oder so, mit einer lupenreinen Festgeldanlage ohne einen zusätzlichen Renditebaustein entgeht dir wahrscheinlich eine Menge Geld. Nur mal als Beispiel: Du legst 100 000 Euro zehn Jahre in Festgeld an, dann hast du am Ende bei einer Verzinsung von 2,5 Prozent pro Jahr inklusive Zinseszinsen 128 008 Euro, ohne Abzug von Steuern gerechnet. Hättest du von den 100 000 Euro aber 50 000 in einen global anlegenden Aktien-ETF gesteckt, der im Durchschnitt vier Prozent Rendite pro Jahr gebracht hätte, dann wären nach zehn Jahren aus den 100 000 Euro bereits 138 016 Euro geworden, also rund 10 000 Euro mehr. Natürlich gibt es keine Garantie dafür, dass sich die Aktienmärkte entsprechend positiv entwickeln. Schlimmstenfalls könnte aus dem ETF-Geld auch weniger geworden sein. Aber auf lange Sicht kamen bisher eher jährliche Renditen heraus, die weit oberhalb von vier Prozent lagen.

Sicherheitsbaustein, Möglichkeit 2: Geldmarktfonds

Neben Festgeld können auch Geldmarktfonds beziehungsweise Geldmarkt-ETFs als Sicherheitsbaustein für dich interessant sein. Sie sammeln genau wie Aktienfonds das Geld vieler Anleger und Anlegerinnen ein, in diesem Fall aber, um es am Geldmarkt zu investieren. Diesen können Banken, Unternehmen oder Staaten nutzen, um sich kurzfristig Geld zu leihen oder gerade nicht benötigtes Geld anzulegen. Dazu geben sie sich gegenseitig Kredite mit sehr kurzen Laufzeiten. Mit den Kreditzinsen, die sich am Leitzins der Europäischen Zentralbank orientieren, erzielt der Geldmarktfonds (im Folgenden sind damit auch die entsprechenden ETFs gemeint) Erträge, von denen wiederum die Anlegenden profitieren.

Die gute Idee dabei: Da nur in Wertpapiere mit sehr kurzer Laufzeit (wir sprechen von Wochen oder wenigen Monaten) investiert wird, ist es sehr unwahrscheinlich, dass einer der Emittenten in dieser Zeit pleitegeht. Außerdem streuen Geldmarktfonds die Anlage meist auf 50 bis 150 Papiere unterschiedlicher Staaten oder Unternehmen, um das Pleiterisiko zu minimieren. Käme es also tatsächlich zum Worst Case, träfe das nur einen kleinen Teil des Fonds. Außerdem bleibst du mit Geldmarktfonds flexibel, weil du sie börsentäglich kaufen und verkaufen kannst. Deshalb gelten Geldmarktfonds vor allem auch als Alternative zum Tagesgeld. Analog zu den Leitzinsen der EZB und den Zinsen für Tagesgeld sind allerdings auch am Geldmarkt die Zinsen gefallen. Mitte August 2025 beliefen sie sich auf knapp zwei Prozent.

Damit stellt sich die spannende Frage: Schneiden Geldmarktfonds besser ab als Tagesgeld? Die Antwort lautet: Kommt darauf an, was du genau vergleichen willst.

- Wenn du zu einer Bank gehst, die kontinuierlich überdurchschnittlich gute Tagesgeldzinsen zahlt, entspricht dies in etwa den Erträgen von Geldmarktfonds. Nicht selten sind es nur wenige Zehntel hinter dem Komma weniger.
- Besser schneiden Geldmarktfonds immer dann ab, wenn du die Erträge mit den Zinsen von Banken vergleichst, die eher unterdurchschnittliche Zinsen für Tagesgeld zahlen. So gab es Mitte 2025 bei den meisten Banken eben längst keine zwei Prozent mehr für täglich verfügbares Geld. Die durchschnittlichen Zinsen lagen sogar deutlich unter 1,5 Prozent. Sparkassen und Genossenschaftsbanken zahlten schon im Frühjahr 2025 nur noch um die 0,5 Prozent. Gemessen daran dürfte sich ein Wechsel zu Geldmarktfonds für dich auf jeden Fall lohnen, das zeigt dir unsere Tabelle auf den Seiten 190 und 191.
- Wenn du hingegen bei der Anlage in Tagesgeld die stets für wenige Monate angebotenen Aktionszinsen der Banken nutzt, die je nach Zinsniveau sogar vier Prozent betragen können, kannst du mit Tagesgeld die Renditen von Geldmarktfonds locker übertreffen. Aber diese Mühe machen sich nur wenige. Bist du kein passionierter Zinsjäger, sind Geldmarktfonds also für dich eine gut geeignete Anlage, wenn du dein Geld kurzfristig verfügbar wissen willst. Allerdings musst du dir über eines im Klaren sein: Diese Fonds können keine Alchemie betreiben. Senkt die EZB die Leitzinsen,

gehen auch die Erträge der Geldmarktfonds zurück. Wenn es auf dem Kapitalmarkt keine Zinsen gibt, gibt es bei den Geldmarktfonds auch nichts.

Worauf du bei Geldmarktfonds achten solltest

Wer einen Blick in die Factsheets der Fonds wirft oder sie auf den Fondsportalen durchcheckt, wird dort alle wichtigen Informationen für eine Kaufentscheidung finden. Dazu zählen:

Die Kosten: Bei Geldmarktfonds werden Gebühren von meist unter 0,3 Prozent pro Jahr fällig. Darüber sollten die jährlichen Kosten möglichst nicht liegen. Um windige Angebote mit Kosten von knapp unter einem Prozent solltest du einen Bogen machen. Das ist viel zu teuer, in solch einem Fall bleibt für dich nicht mehr viel Ertrag übrig. Außerdem sollte für gemanagte Geldmarktfonds der Ausgabeaufschlag, also die Kaufgebühr, idealerweise bei null liegen.

Der Inhalt: Geldmarktfonds können sehr unterschiedlich konstruiert sein. Reine Geldmarktfonds dürfen zum Beispiel in Schatzanweisungen, Termingeld oder sogenannte Einlagenzertifikate von Banken, Unternehmen oder Staaten investieren, mit einer Laufzeit, die laut einer EU-Verordnung auf maximal 397 Tage beschränkt ist (ein Jahr und einen Monat). Daneben gibt es geldmarktnahe Fonds, die nicht unter die EU-Verordnung fallen. Zu diesen zählen die «Overnight-ETFs». Sie orientieren sich an einem Zinssatz mit dem kryptischen Kürzel €STR, was für «Euro Short Term Rate» steht. Das ist der am Leitzins der EZB angelehnte durchschnittliche Zinssatz, zu dem sich Banken untereinander über Nacht Geld leihen (daher «Overnight»).

Mit diesen ETFs kannst du einfach und günstig von den Renditen des Geldmarktes profitieren.

Es gibt allerdings auch geldmarktnahe Fonds, in denen Anleihen (Seite 194 ff.) mit Laufzeiten von mehr als einem Jahr stecken können. Nicht überall, wo Geldmarkt draufsteht, ist folglich auch nur Geldmarkt drinnen. Diese Fonds versprechen zwar mehr Rendite, können aber riskanter sein als reine Geldmarktfonds, wenn sie in Anleihen mit schlechterer Bonität investieren. Außerdem können die Kurse der Anleihen im Fonds schnell fallen, wenn die Zinsen am Kapitalmarkt steigen. Geringer ist dieses Risiko, wenn man einen Fonds auswählt, der in äußerst sichere deutsche Staatspapiere mit kürzeren Laufzeiten investiert.

Der Verlust: Zum Check gehört daher auch ein Blick auf das Verlustrisiko und den schlimmsten historischen Verlust des Fonds, der sich auf nicht mehr als fünf Prozent belaufen sollte. Denn der Wert solcher Fonds kann nicht nur steigen, sondern auch vorübergehend fallen. Wer dann das Geld im Fonds unbedingt zu einem bestimmten Zeitpunkt braucht, muss mit Verlust verkaufen. Aber das sollte dir nicht passieren, für deine mehr oder weniger erwarteten Extra-Ausgaben hast du schließlich deine Notreserve und dein Anschaffungskonto.

Die Geldmarktfonds und -ETFs findest du am besten über Portale wie justETF oder extraETF oder fondsweb. Die folgende Tabelle zeigt eine kleine Auswahl von Geldmarktfonds und Geldmarkt-ETFs, ohne dass dies als Anlageempfehlung zu verstehen ist. Entscheiden musst du selbst.

Das bringen diverse Geldmarktfonds und -ETFs

Name	ISIN	investiert in ...	Wertentwicklung pro Jahr in %		
			3 Jahre	5 Jahre	10 Jahre
Gemanagte Geldmarktfonds / geldmarktnahe Fonds					
DWS Float. Rate Notes LC	LU0034353002	Ultra Short-Term Bd.	3,9	2,0	1,0
Schoellerbank Kurzinv. A	AT0000944806	Ultra Short-Term Bd.	3,5	2,0	0,7
DWS Euro Flexizins	DE0008474230	Ultra Short-Term Bd.	3,6	1,8	0,9
KEPLER Short Inv. Renten A	AT0000618723	Diversified Bd. – Sh.T.	3,7	1,9	1,1
Allianz Float. Rate Notes Plus	LU1089088741	Ultra Short-Term Bd.	3,2	1,7	–
Allianz Euro Cash A EUR	LU0052221412	Money Market	3,1	1,7	0,9
DWS ESG Euro Money Mkt.	LU0225880524	Money Market	3,1	1,6	0,6
Carmignac Court Terme A Acc	FR0010149161	Money Market – Sh.T.	2,8	1,5	0,6
MEAG FlexConcept – Basis	LU0887262433	Ultra Short-Term Bd.	2,8	1,4	0,5
Pictet Ultra Short-Term Bd. EUR P*	LU2009037065	Diversified Bd. – Sh.T.	3,3	1,3	–
Candriam Bds Euro Short Term R EUR Cap*	LU1269890593	Diversified Bd. – Sh.T.	3,4	1,1	–

Name	ISIN	investiert in …	Wertentwicklung pro Jahr in %		
			3 Jahre	5 Jahre	10 Jahre
FvS Bond Defensive R	LU0952573136	Diversified Bd. – Sh.T.	2,4	0,5	1,1
PIMCO Euro Short Mat EUR Inc	IE00B5ZR2157	Ultra Short-Term Bd.	3,7	1,5	0,6
Geldmarkt-ETFs / geldmarktnahe ETFs					
Amundi Smart Overnight Ret Acc	LU1190417599	Money Market	3,2	1,8	0,7
iShares € Ultrashort Bd. EUR Dist	IE00BCRY6557	Ultra Short-Term Bd.	3,4	1,8	0,9
iShares € Ultrashort ESG SRI EUR Inc	IE00BJP26D89	Ultra Short-Term Bd.	3,4	1,8	–
JPM EUR Ultra-Short Inc. EUR Acc	IE00BD9MMF62	Ultra Short-Term Bd.	3,3	1,7	–
PIMCO Euro Short Mat EUR Inc	IE00B5ZR2157	Ultra Short-Term Bd.	3,7	1,5	0,6
Franklin Euro Short Maturity	IE00BFWXDY69	Ultra Short-Term Bd.	3,3	2,0	–
Deka Dt. Boerse EUROGOV® Ger. MM	DE000ETFL227	Money Market	2,5	1,1	0,1
iShares eb.rexx® Gov. Germ. 0–1y EUR Dist	DE000A0Q4RZ9	Money Market	2,4	1,0	0,1

Quelle: Envestor, fondsweb.com, Morningstar; Stand: 06.10.2025, *30.09.2025; ohne Gewähr, keine Anlageempfehlung.

Sicherheitsbaustein, Möglichkeit 3: Anleihen-ETFs

Wenn du eine Aktie kaufst, erwirbst du einen kleinen Anteil an einem Unternehmen. Damit wirst du zum Aktionär oder zur Aktionärin. Ganz anders ist es bei Anleihen: Kaufst du eine Unternehmensanleihe, leihst du einem Unternehmen nur Geld. Den Kredit bekommst du am Ende der Laufzeit idealerweise auch wieder zurück – plus Zinsen. Genauso ist es bei Staatsanleihen, nur dass sich in diesem Fall ein Staat wie die Bundesrepublik Deutschland Geld borgt. Ob für das Militär, neue Straßen oder die Bezahlung der Beamten – jeder Staat braucht Geld. Da die Steuereinnahmen dafür oft nicht ausreichen, machen Staaten Schulden. Das geht in der Regel über Staatsanleihen, die als Wertpapiere an der Börse gehandelt werden, meist von großen Investoren wie Versicherungen und Fonds. Du kannst als Privatanleger aber auch Staatsanleihen an der Börse kaufen und verkaufen. Dafür, dass du als externer Geldgeber dein Erspartes als Kredit zur Verfügung stellst, gibt es eine jährliche feste Zinszahlung, das ist der Zinskupon. Die Funktionsweise von Anleihen ist schnell erklärt:

Je länger die Laufzeit der Anleihe, desto höher ist in der Regel der Zins. Schließlich verzichten die Geldgeber länger auf ihr Geld. Hinzu kommt: Mit zunehmender Laufzeit erhöht sich die Wahrscheinlichkeit, dass ein Unternehmen oder ein Staat in finanzielle Bredouille geraten kann. Dies wird über die höhere Zinszahlung honoriert.

Die Höhe des Zinssatzes signalisiert zudem, wie es um die Bonität des Schuldners bestellt ist, wie hoch also das

Ausfallrisiko ist. Ein junges Unternehmen etwa, das noch keine Gewinne erwirtschaftet und sich über die Ausgabe von Anleihen Geld für Investitionen besorgt, wird höhere Zinsen zahlen müssen als ein Konzern wie Volkswagen, der Mitglied im DAX ist. Ebenso muss ein Staat, der hoch verschuldet ist (wie etwa Italien), höhere Zinsen zahlen als ein Staat wie Deutschland, der vergleichsweise noch wenig verschuldet ist.

Anleihen haben, obwohl sie mit Abstand die größte und wichtigste Anlageklasse an den Kapitalmärkten ist, in der Niedrig- und Nullzinsphase (und damit mehr als ein Jahrzehnt) keine große Rolle gespielt – zumindest für Privatanleger, weil sich mit Anleihen keine sicheren Zinsen verdienen ließen. Das hat sich seit Sommer 2022 deutlich geändert. Die Zinsen sind gestiegen und mit ihnen die Renditen für Anleihen. Diese Anlageklasse ist damit auch für private Sparer und Sparerinnen wieder attraktiver geworden – vor allem als Sicherheitspuffer im Wertpapierdepot.

Nun kann der Kauf von einzelnen Anleihen genauso wie der Kauf von einzelnen Aktien schiefgehen. Unternehmen können pleitegehen, und wenn du von so einem Unternehmen genau in diesem Moment eine solche Anleihe hältst, wirst du dein verliehenes Geld nicht mehr oder nur noch teilweise zurückbekommen. Bei staatlichen Schuldnern ist das Risiko, dass sie pleitegehen, nicht so hoch. Es gibt aber auch hochriskante Anleihen von Staaten, vielleicht erinnerst du dich an die Diskussion um die Griechenland-Anleihen. Neben dem Ausfallrisiko kann es ein Währungsrisiko geben, jedenfalls bei Anleihen von Ländern außerhalb des Euroraums. US-Staatsanleihen werden zum Beispiel in US-Dollar gehandelt. Büßt nun der US-Dollar gegenüber dem Euro an Wert ein, gilt das auch für die Anleihe und entsprechende Zinszahlungen.

Hinzu kommt: Es gibt ein Kursrisiko. Da die Anleihen wie Aktien gehandelt, also durch Angebot und Nachfrage permanent Kauf- und Verkaufspreis ermittelt werden, gibt es für sie einen Kurs, der in Prozent festgestellt wird. Als die Europäische Zentralbank im Juli 2022 begann, die Leitzinsen schrittweise wieder zu erhöhen, rauschten die Kurse von Anleihen nach unten, teilweise um mehr als 20 Prozent. Der Mechanismus dahinter: Steigen die Zinsen, verlieren ältere, niedrig verzinste Anleihen, die bereits auf dem Markt sind, an Wert. Sinken die Zinsen hingegen oder ist die Nachfrage nach Anleihen groß, steigen die Kurse der Altanleihen. Das Kursrisiko kannst du nur umgehen, wenn du zum Beispiel Bundeswertpapiere erwirbst und diese bis zur Fälligkeit hältst. Dann bekommst du den Nennwert des von dir vergebenen Kredits, zum Beispiel 5000 Euro oder 10 000 Euro, vom Bund zu 100 Prozent zurückbezahlt. Hast du zu Kursen von unter 100 Prozent gekauft, erzielst du zusätzlich zum Zins Kursgewinne. Hast du zu einem Kurs von über 100 Prozent gekauft, bekommst du trotzdem nur den Nominalbetrag zurück. Beispiel: Du kaufst eine Anleihe im Nominalwert von 1000 Euro mit einer Laufzeit von einem Jahr. Der Kurs der Anleihe liegt bei 103 Prozent. Dann bezahlst du 1030 Euro (ohne die Ordergebühr deiner Depotbank). Zurück bekommst du bei Laufzeitende der Anleihe trotzdem nur 1000 Euro plus Zinsen.

Die Höhe deiner Rendite hängt somit nicht allein von den Zinsen ab, sondern vom Kaufkurs, der noch bestehenden Laufzeit bis zur Fälligkeit (die sogenannte Restlaufzeit) und der Höhe des Zinskupons. Die angegebene Rendite kann deshalb schon bei der Ausgabe einer Anleihe höher oder niedriger als der Zins sein. Das liegt wie gesagt daran, dass die Käuferinnen und Käufer Anleihen in der Regel zu einem Kurs unter oder über 100 Prozent erwerben können, aber am Laufzeitende stets nur die 100 Prozent ausgezahlt bekommen. Liegt der Kaufkurs unter 100, ist die Rendite bei einer Auszahlung am Ende der Laufzeit höher als der Zinssatz. Liegt der Kurs über 100, ist die Rendite niedriger als der Zinssatz, der sich immer auf den Nennwert (Nominalwert) der Anleihe bezieht.

Beispiel: Die Bundesanleihe, ausgegeben am 12. Juli 2017 (ISIN: DE0001102424), hat eine Laufzeit von zehn Jahren. Fällig ist das Papier damit am 15. August 2027. Wer das Papier im August 2025 kaufte, bekam also eine Anleihe mit einer Restlaufzeit von etwa zwei Jahren. Der Zinskupon beläuft sich auf gerade einmal 0,5 Prozent, weil der Bund die Anleihe in der Niedrigzinsphase im Jahr 2017 auf den Markt geworfen hat. Inzwischen sind die Zinsen am Kapitalmarkt gestiegen, der Kurs der Anleihe ist deshalb gefallen. Er betrug Mitte August 2025 genau 97,26 Prozent. Wer das Papier zu diesem Zeitpunkt an der Börse kaufte, konnte somit mit einer Rendite von 1,93 Prozent rechnen, obwohl der Zinskupon sich nur auf 0,5 Prozent beläuft. Das liegt vor allem am Kursgewinn beziehungsweise am Einkaufspreis: Die Anleihe gab es zu einem Kurs von etwas mehr als 97 Prozent. Wird die Anleihe am Fälligkeitstag zurückgezahlt, gibt es aber 100 Prozent zurück.

Tatsächlich wird die Rendite aber etwas geringer sein, da du die Kaufspesen noch abziehen musst. Meist ist beim Kauf von Anleihen eine Grundgebühr fällig, zudem ein bestimmter prozentualer Anteil vom bezahlten Kurswert. Bei einem geringen Anlagebetrag von zum Beispiel 1000 Euro, einer kurzen Laufzeit und einer hohen Grundgebühr von zum Beispiel 20 Euro fressen die Kosten schlimmstenfalls einen großen Teil der Rendite bereits auf. Auch wenn die Banken, wie häufig üblich, 0,5 Prozent vom Kurswert als Orderprovision verlangen, verringert dies die Rendite erheblich. Anders sieht es bei größeren Anlagesummen von zum Beispiel 10 000 Euro aus: Dann sinkt die Rendite vielleicht nur um 0,2 Prozentpunkte.

Wenn dich das nicht alles schon abgeschreckt hat, sind Anleihen für dich vielleicht eine Alternative zum mühsamen Suchen nach geeigneten Festgeldbanken. Das setzt aber voraus, dass du die Anleihen sorgsam auswählst, das heißt, dass du die Bonität von Unternehmen und Staaten anhand der Ratingnoten prüfst, die passende Laufzeit findest und dich nicht von Anleihen mit Zinsen von sechs, sieben, acht oder neun Prozent blenden lässt. Solche Werte, die weit über dem aktuellen Zinsniveau liegen, sind immer ein Warnzeichen für ein deutlich erhöhtes Anlagerisiko.

Wenn du dich allein für die sicheren deutschen Staatsanleihen interessierst, kannst du alle aktuellen Renditen der Bundestitel, die gerade am Markt erhältlich sind, mit allen wichtigen Angaben zur ISIN sowie zu Kursen, Renditen und Fälligkeit auf der Homepage der deutschen Finanzagentur finden.[14]

Doch wenn du ein solches Investment erwägst, solltest du dir auch überlegen, ob es nicht besser ist, gleich in Anleihen-ETFs zu investieren. Das ist einfacher, bequemer und oft auch günstiger.

Investieren in Anleihen-ETFs

Wem Investments in eine oder mehrere Anleihen zu kompliziert oder zu aufwendig sind, kann in gemanagte Anleihenfonds (bekannt auch als «Rentenfonds») oder Anleihen-ETFs anlegen. In diesen Fonds steckt in der Regel eine Kombination von meist mehreren Hundert verschiedenen Anleihen. Die ETFs wiederum folgen einem Index, der die Kursentwicklung eines Korbs mit bestimmten Anleihen abbildet. Wir konzentrieren uns hier auf die Anleihen-ETFs, da die gemanagten Rentenfonds wie bei Aktienfonds auch höhere laufende Kosten und höhere Kaufgebühren (Ausgabeaufschläge) aufweisen, ohne aber im Durchschnitt bessere Renditen zu erbringen.

Bei Anleihen-ETFs hast du je nach Risikoneigung die Wahl, in verschiedene Formen zu investieren:

- Staatsanleihen-ETFs
- Unternehmensanleihen-ETFs
- gemischte Anleihen-ETFs
- Kurz-, Mittel- und Langläufer-ETFs

Wie beim Kauf von einzelnen Anleihen gibt es auch bei Anleihen-ETFs ein Kredit- und Laufzeitenrisiko. Du solltest also prüfen, welche Bonität und welche Laufzeiten die Anleihen im ETF-Portfolio haben. Je länger die Laufzeiten und je schlechter die Ratingnoten für die Anleihen, desto stärker sind mögliche Kursschwankungen. Detaillierte Informationen dazu findest du auf den einschlägigen Finanzportalen wie justETF, extraETF oder fondsweb. Anleihen-ETFs mit hoher Bonität können dir je nach Zinsniveau Renditen von ein bis drei Prozent jährlich einbringen. Bei Unternehmensanleihen-ETFs sind Renditen von drei bis fünf Prozent möglich. Allerdings litten auch Anleihen-ETFs 2022 unter starken Kurseinbußen. Diese waren auch 2025 zum Teil noch nicht ausgeglichen, obwohl sich der Wert dieser Fonds tendenziell wieder verbesserte. Du musst also in solchen Fällen wie bei Aktien-ETFs Kursverluste aussitzen und auf bessere Zeiten warten, wenn du die Papiere nicht mit Verlust verkaufen willst. Anleihen-ETFs als Sicherheitsbaustein, der wirklich sicher sein soll, sollten daher möglichst sichere Staatsanleihen-ETFs sein. Am sichersten fährst du mit deutschen Staatsanleihen mit weniger als einem Jahr Laufzeit. Denn je länger die Restlaufzeit der Anleihen, desto höher das Kursrisiko. Vor dem Kauf solltest du auf jeden Fall einen Blick in das sogenannte Factsheet des Fonds werfen: Dort ist kurz und bündig aufgeführt, was in dem ETF wirklich drinsteckt. Wenn du noch mehr wissen willst, musst du in die Halbjahresberichte oder Jahresberichte der Fondsgesellschaft schauen, die ebenfalls im Internet verfügbar sind.

In unserer Tabelle findest du deshalb zunächst solche ETFs. Das ist wie immer keine Anlageempfehlung, entscheiden musst du selbst.

Anleihen-ETFs oder Festgeld: ein Vergleich

Wenn du dich gegen die Geldmarktfonds entschieden haben solltest, fragst du dich nun vielleicht: Was ist für mich besser, Festgeld oder doch ein Anleihen-ETF? Die Entscheidung kann ich dir nicht abnehmen. Du solltest dich jedoch stets für die Anlage entscheiden, mit der du dich wohler fühlst. Als Entscheidungshilfe findest du hier noch einmal gebündelt Vor- und Nachteile:

Risiko: Bei Anleihen-ETFs wird das Risiko auf verschie-

Das bringen Anleihen-ETFs

Anbieter	Index	WKN	Wertentwicklung pro Jahr in %		
			3 Jahre	5 Jahre	10 Jahre
ETFs, die in deutsche Staatsanleihen investieren					
Xtrackers	Markit iBoxx EUR Germany	DBX0KA	0,07	−3,47	−0,87
Xtrackers	Markit iBoxx EUR Germany	DBX0C7	0,07	−3,47	−0,87
iShares	Bloomberg Germany Treasury Bond	A1JXZG	0,01	−3,50	−0,90
iShares	eb.rexx Gov. Germany (PI)	628946	1,11	−1,73	−0,51
Deka	Deutsche Börse Eurogov. Germany	ETFL17	1,40	−1,98	−0,64
Deutsche Pfandbriefe ETF					
iShares	eb.rexx Jumbo Pfandbriefe (PI)	263526	3,27	−1,22	−0,08
ETFs, die in deutsche Staatsanleihen investieren, mit bestimmten Restlaufzeiten					
iShares	eb.rexx Gov. Germany 1.5–2.5 (PI)	628947	1,83	0,04	−0,27
Deka ETF	Dt.Börse Eurogov. DE1–3Y.PR	ETFL18	1,91	0,15	−0,22
iShares	eb.rexx Gov. Germany 2.5–5.5 (PI)	628948	1,65	−1,09	−0,40
Deka ETF	Dt.Börse Eurogov. DE5–10Y.PR	ETFL20	1,28	−2,64	−0,50
iShares	eb.rexx Gov. Germany 5.5–10.5 (PI)	628949	1,09	−2,97	−0,57

Anbieter	Index	WKN	Wertentwicklung pro Jahr in %		
			3 Jahre	5 Jahre	10 Jahre
ETFs, die in Euro-Staatsanleihen investieren					
Vanguard	Bloomberg Euro Treasury	A2PA8D	1,79	−2,74	–
iShares	Bloomberg Euro Treasury	A0RL83	2,17	−2,78	0,02
SPDR	Bloomberg Euro Treasury	A1JJTP	2,16	−2,82	0,00
Amundi	Bloomberg Euro Treasury 50bn	A2AUDE	2,14	−2,71	–
Xtrackers	Markit iBoxx EUR Sovereigns Eurozone	DBX0AC	2,18	−2,81	−0,01
Anleihen-ETFs, die in Euro-Unternehmensanleihen aus Industrieländern investieren					
Xtrackers	Bloomberg Euro Corporate Bond	DBX0EY	5,40	0,15	1,20
Vanguard	Bloomberg Euro Corporate Bond	A143JK	5,40	0,15	1,20
iShares	Bloomberg Euro Corporate Bond	A0RGEP	5,41	0,13	1,39
iShares	Bloomberg Euro Corporate 1–5 Year Bd.	A0RPWQ	4,74	1,06	1,14
iShares	Bloomberg Euro Corp. ex Fin. Bd. (ohne Banken)	A0RPWN	4,89	−0,22	1,27

Auswahl: Verbraucherzentrale Baden-Württemberg; Stiftung Warentest; Quellen: fondsweb.com; Stand: 7.10.2025; ohne Gewähr, keine Anlageempfehlung.

dene, oft Hunderte Schuldner verteilt. Fällt einmal eine Anleihe aus, wirkt sich dies nicht so dramatisch aus, wenn alle anderen Anleihen pünktlich bedient werden. Beim Festgeld bist du darauf angewiesen, dass die von dir ausgesuchte Bank nicht pleitegeht. Aber im Fall der Fälle hilft dir die Einlagensicherung, sofern du zu keiner Bank mit einer unzuverlässigen Sicherung gegangen bist.

Kauf: Das ist bei beiden Varianten einfach. Die Anleihen-ETFs bekommst du wie Aktien-ETFs ganz bequem über deine Depotbank. Für eine Festgeldanlage wirst du kaum länger brauchen, wenn du bei der Bank schon angemeldet bist.

Preise: Festgeldkonten kosten nichts. Anleihen-ETFs kosten die üblichen Gebühren, sind aber günstiger als Aktien-ETFs. Auch bei diesen ETFs sind die laufenden Kosten mit oft weniger als 0,2 Prozent pro Jahr geringer als bei gemanagten Anleihenfonds. Das wirkt sich vor allem langfristig positiv aus: Jeder Euro, der nicht durch Gebühren verloren geht, wird mehr investiert und liefert dir Zins und Zinseszinsen.

Aufwand: Wenn du auf Dauer einen Sicherheitsbaustein haben willst, sind Anleihen-ETFs die bequemere Lösung. Denn dann musst du dich nicht ständig darum kümmern, dein Geld wieder neu anzulegen. Bei den ETFs werden fällige Anleihen automatisch durch neue Anleihen ersetzt. Läuft deine Festgeldanlage aus, musst du dich hingegen selbst darum kümmern, das Geld wieder anzulegen.

Erträge: Klassische Anleihen-ETFs sind ohne feste Laufzeit. Du weißt nicht, welche Wertsteigerung du mit dem ETF erwirtschaften wirst. Das hängt maßgeblich davon ab, zu welchem Kurs du den ETF kaufen und zu welchem du ihn wieder verkaufen kannst. Auch mit den Erträgen, die wie bei Aktien-ETFs entweder ausgeschüttet oder sofort wieder angelegt werden, kannst du nicht exakt planen. Sie können sich jederzeit ändern, genauso wie der Kurs des ETFs. Beim Festgeld weißt du hingegen schon vorher, was du an Zinsen bekommen wirst. Und du hast keine Kursschwankungen.

Flexibilität: An dein Geld kommst du bei Anleihen-ETFs jederzeit heran, dafür musst du deine Anteile nur verkaufen. Hast du in Festgeld angelegt, kommst du an dein Geld normalerweise nicht vor Ende der Laufzeit heran.

Tipp: Gerade wenn du eine größere Summe zur Verfügung hast, kannst du deinen Sicherheitsbaustein aus mehreren Elementen bilden. Ein Drittel legst du zum Beispiel in Festgeld an, am besten in drei Chargen zu unterschiedlichen Laufzeiten. Ein Drittel in einen Geldmarkt-ETF. Und den Rest in einen Anleihen-ETF, der in deutsche Staatspapiere mit kurzen Laufzeiten investiert und dir deshalb sicher genug erscheint. Natürlich kannst du die drei Teile auch unterschiedlich gewichten. Oder das Gewicht ändern, wenn du ein Gefühl dafür bekommen hast, welcher der drei Teilbausteine sich am besten entwickelt. In der Vergangenheit war das unterschiedlich, je nachdem, welchen Zeitraum man heranzieht. Die Stiftung Warentest hat nachgerechnet. In den vergangenen 30 Jahren brachten Euro-Staatsanleihen im Durchschnitt eine jährliche Rendite von immerhin 3,7 Prozent. Betrachtet man allein die vergangenen zehn Jahre, waren es aber nur noch jährlich 0,1 Prozent, und in den vergangenen fünf Jahren sogar minus 2,7 Prozent aufgrund der hohen Kursverluste im Jahr 2022. Zum Vergleich: Tagesgeld brachte pro Jahr durchschnittlich 2,0 Prozent, die vergangenen 30 Jahre zurückgerechnet, sowie 0,9 Prozent (10 Jahre) und 1,8 Prozent (5 Jahre). Das zeigt: Mit dem Tagesgeld lebst du sicher, bei Anleihen hast du aber die Chance auf höhere Renditen bei deutlich höherem Risiko.

SICHERHEITSBAUSTEIN UND ETFs INDIVIDUELL KOMBINIEREN: DREI MUSTERBEISPIELE

Du gibst dich mit den Zinsen für Tages- und Festgeld nicht zufrieden? Du willst auch nicht ausschließlich in Geldmarkt- oder Anleihen-ETFs investieren? Und du bist bereit, für die Aussicht auf höhere Renditen ein höheres Risiko einzugehen? Dann solltest du dir mit deinem Vermögen ein bequemes und für dich gut überschaubares Pantoffel-Portfolio aufbauen.

Du erinnerst dich: Das nicht nur von der Stiftung Warentest empfohlene Pantoffel-Portfolio besteht aus zwei Bausteinen: renditestarken Exchange Traded Funds (ETFs), die einen Weltindex wie den MSCI World abbilden, kombiniert mit sicherem Tages- und Festgeld, Geldmarkt-ETFs oder einem Anleihen-ETF beziehungsweise einer Kombination aus den drei Elementen. Je nach Risikotyp, Alter und der zur Verfügung stehenden Zeit für die Anlage kannst du dich für verschiedene Varianten entscheiden.

Solche Pantoffel-Portfolios haben sich in der Vergangenheit glänzend bewährt. Das zeigen Berechnungen von Stiftung Warentest. Demnach belief sich die jährliche Rendite des Depots für Vorsichtige, mit einem Aktienanteil von 25 Prozent, seit Februar 2014 auf 3,7 Prozent. Die jährliche Rendite der ausgewogenen Fifty-fifty-Variante betrug in dieser Zeit 6,5 Prozent. Bei der offensiveren Variante, bei der sich der Aktienanteil auf 75 Prozent beläuft, lag die durchschnittliche Rendite im Zehn-Jahres-Zeitraum sogar bei 9,4 Prozent pro Jahr, und das alles trotz zwischenzeitlicher Crashs und der Nullzinsphase.

Unterstellt ist dabei immer, dass das Gesamtportfolio durch den Verkauf übergewichteter Anlageprodukte und den Nachkauf der untergewichteten Produkte ausbalanciert wird, sobald eines der Bestandteile um mehr als zehn Prozentpunkte von der ursprünglich gewählten Gewichtung abweicht. Beispiel: Beim ausgewogenen Portfolio wird umgeschichtet, sobald der Sicherheitsbaustein oder der Renditebaustein auf mehr als 60 Prozent steigt oder unter 40 Prozent fällt. Im Fachjargon heißt dieser Prozess Rebalancing. Wie das geht, wird am Ende dieses Kapitels erklärt. Hier ist das zunächst nur erwähnt, damit du verstehst, wie die Stiftung Warentest gerechnet hat und wie die Renditen zustande gekommen sind. Zu berücksichtigen ist dabei auch, dass die Stiftung mit einem Sicherheitsbaustein rechnet, der mit einem Euro-Anleihen-ETF bestückt ist.

Die Tester berechneten außerdem, wie hoch die Verluste waren, die Anlegende mit den jeweiligen Depots auf 30 Jahre zurückgerechnet aushalten mussten:

- Beim defensiven Depot betrug der maximale Verlust 16 Prozent, die längste Verlustphase dauerte 2,4 Jahre.
- Beim ausgewogenen Depot belief sich der maximale Verlust schon auf 24 Prozent, die längste Verlustphase währte fünf Jahre.

- Beim offensiven Depot betrug der maximale Verlust sogar 39 Prozent, die längste Verlustphase dauerte 6,7 Jahre.
- Hätte ein Anleger in diesen 30 Jahren all sein Vermögen allein in einen Welt-Aktien-ETF gesteckt, hätte sich die längste Verlustphase auf 13,4 Jahre belaufen, bei einem maximalen Verlust von 56 Prozent. Die jährliche Rendite dieses 100-prozentigen Rendite-Depots hätte in den zehn Jahren seit Februar 2014 aber durchschnittlich 11,6 Prozent betragen.

Doch Vorsicht: Du solltest auf keinen Fall auf Basis von Vergangenheitsrenditen über die Bauweise deines Portfolios entscheiden. Entscheidend ist vielmehr: Du überlegst dir vorher, mit welchen vorübergehenden Verlusten du leben kannst. Selbstverständlich können die Verlustphasen, der maximale Verlust und die Renditen in Zukunft anders ausfallen als in der Vergangenheit. Die Berechnungen geben dir aber eine gute und realistische Orientierung dafür, was mit welchem Portfolio auf dich zukommen könnte.

Wie sehen nun konkrete Anlagestrategien für die drei Depot-Varianten aus?

Das Depot für Vorsichtige:
Theo S. ist Angestellter im öffentlichen Dienst, 35, alleinstehend und ein vorsichtiger Anleger. 100 000 Euro hat er auf der hohen Kante, eine Schenkung seiner vermögenden Eltern. Da sein Anschaffungskonto leer ist, füllt er dies mit 20 000 Euro, davon will er sich ein kleines Elektroauto kaufen, wenn die ersten noch reichweitenstärkeren europäi-

schen Modelle in dieser Preisklasse auf den Markt kommen. 25 Prozent seines übrig gebliebenen Anlagekapitals in Höhe von 80 000 Euro reserviert er für den Renditebaustein, das sind 20 000 Euro. Bei seinem Sicherheitsbaustein will Theo keine Kursrisiken in Kauf nehmen. Für ihn kommen deshalb weder Geldmarktfonds und erst recht keine Anleihen-ETFs infrage. Die 60 000 Euro legt er deshalb in Tagesgeld an, dafür sucht er sich einen Anbieter mit deutscher Einlagensicherung und überdurchschnittlich hohen Bestandszinsen heraus. Dabei siebt Theo gewissenhaft alle Banken aus, bei denen bei höheren Beträgen (zum Beispiel ab einem Guthaben von 50 000 Euro) die Zinsen heruntergehen. Theo lässt sich aber offen, auf höher verzinstes Festgeld umzusteigen, sollten die Zinsen für Tagesgeld immer weniger bringen.

Bei seinem Aktienanteil macht er es sich ebenfalls bequem: Er nimmt den Klassiker und Lieblingsindex der Anleger und legt seine 20 000 Euro in einen ETF auf den MSCI World an. Theo ist sich bewusst, dass er mit dem Weltindex ein Klumpenrisiko hat wegen des starken Gewichts der US-Aktien und der US-Technologietitel. Aber ihm ist es recht, dass die riskanteren und schwankungsanfälligeren Schwellenländer in dem Index nicht enthalten sind. Außerdem glaubt er, dass die US-Weltwirtschaft trotz Trump weiter Europa abhängen wird.

Was könnte so ein Portfolio für Theo nun abwerfen? Angenommen, die 60 000 Euro bringen im Durchschnitt zwei Prozent Zinsen, dann summiert sich dies inklusive Zinseszinsen in 30 Jahren auf gerade einmal 108 682 Euro. Bei einer durchschnittlichen Inflationsrate von zwei Prozent hätte Theo so allenfalls die Kaufkraft seines Vermögens erhalten können. Und weiter angenommen, die restlichen, in Aktien-ETFs angelegten 20 000 Euro bringen eine durchschnittliche Rendite von jährlich fünf Prozent, dann wären daraus 86 439 Euro geworden. Beide Anteile summieren sich also auf etwas mehr als 195 000 Euro. Das aber ist unterm Strich kein gutes Ergebnis: Theo hat zwar sein Kapital mehr als verdoppelt, dafür aber 30 Jahre gebraucht. Da wäre selbst in kürzerer Zeit normalerweise mehr drin gewesen. Mein Tipp an Theo wäre deshalb: Sollte er sein Anlagekapital erst für seine zusätzliche Altersvorsorge brauchen, sollte er unbedingt in Erwägung ziehen, den Aktien-ETF-Anteil zu erhöhen und mit Festgeld höhere Zinsen für seinen Sicherheitsbaustein herauszuholen. Dann hat Theo viel bessere Chancen, sein Geld bis zum Rentenalter zu vermehren.

Das Depot für Durchschnittsanleger:
Die Single-Frau Katrin M., 47, ohne Kinder, erbt 100 000 Euro. Sie verdient sehr gut und lebt in einer Eigentumswohnung, die bereits abbezahlt ist. Auf ihrem Anschaffungskonto liegen bereits 15 000 Euro. Davon will Katrin sich in ihrer Wohnung einen Parkettboden legen lassen. Auf ihrem Tagesgeldkonto liegen weitere 15 000 Euro. Das sind ungefähr drei Netto-Monatsgehälter von Katrin. Die Oberärztin in einem Krankenhaus will sich die Chance auf höhere Renditen sichern, ohne auf volles Risiko zu setzen, sie glaubt deshalb, dass sie mit dem ausgewogenen Depot gut bedient ist. Somit fließen 50 000 Euro in ihren Sicherheitsbaustein, die anderen 50 000 Euro in Aktien-ETFs.

Katrin hat nun deutlich mehr Entscheidungsspielraum als ein vorsichtiger Anleger wie Theo, der sich möglichst wenig um sein Geld kümmern will. Das gilt auch für ihren Sicherheitsbaustein. Sie gibt sich mit den Tagesgeldzinsen nicht zufrieden, hat Lust und nimmt sich die Zeit, auf Zinsjagd zu gehen. Deshalb legt sie die 50 000 Euro in fünf gleich große Teile à 10 000 Euro an. Sie überweist 10 000 Euro auf ein sicheres Festgeldkonto mit einem Jahr Laufzeit. Weitere 10 000 Euro schiebt sie auf ein zweijähriges, die nächsten drei 10 000-Euro-Chargen auf ein dreijähriges, vierjähriges und fünfjähriges Festgeld. Der Clou dabei: Einmal im Jahr wird ein Zehntel der Gesamtsumme von 100 000 Euro frei, und sie kann sich dann jedes Mal überlegen, welche Laufzeit für sie jetzt am rentabelsten erscheint.

Vielleicht macht sie es sich aber auch noch einfacher, ganz ohne auf irgendeine Weise auf die Zinsentwicklung zu spekulieren. Sie legt jedes Jahr die 10 000 Euro inklusive der fällig gewordenen Zinsen einfach wieder für fünf Jahre an, sodass kontinuierlich Jahr für Jahr 10 000 Euro plus Zinsen für die Wiederanlage frei werden. Katrin kann das immer so weiter durchziehen, bis sie das Geld braucht oder entscheidet, sich davon ein Zusatzeinkommen auszahlen zu lassen. Einen Vorteil hat sie schon mal auf ihrer Seite: Wenn Katrin ihren Sicherheitsbaustein nach diesem Prinzip aufbaut, profitiert sie von den meist höheren Zinsen für länger laufendes Festgeld und erzielt auf Dauer damit höhere Renditen als mit einem Tagesgeldkonto, das unser Musteranleger Theo aus Bequemlichkeit behalten wollte.

Würde Katrin etwa aus steuerlichen Gründen Festgeld mit jährlicher Zinsauszahlung wählen, müsste sie darauf achten, dass die Zinsen nicht auf ihrem Girokonto unverzinst liegen bleiben. Die Zinsen sollte sie sofort auf ein Tagesgeldkonto schieben. Hat sie genug zusammen als Mindestanlage für eine neue Festgeldanlage, stockt sie damit ihren Sicherheitsbaustein weiter auf.

Und was macht Katrin mit den 50 000 Euro ihres Renditeanteils?

Sie legt das Geld vorerst bis zur Rente mit 67 Jahren in Aktien-ETFs an. Alle ETFs sind thesaurierend. Erträge werden also sofort wieder angelegt und nicht ausgeschüttet. Hier will Katrin vom Zinseszinseffekt profitieren. Außerdem hat sie keine Lust darauf, sich selbst darum zu kümmern, ausgeschüttete Erträge wieder anzulegen. Sie entscheidet sich für folgende Aufteilung:

- 20 000 Euro fließen in einen ETF, der dem hier bereits vorgestellten MSCI World folgt. Dieser Index deckt schon einmal einen Großteil der globalen Börsenwelt ab, da er der Kursentwicklung von mehr als 1300 Aktien aus 23 Industrieländern folgt.
- Weitere 10 000 Euro gehen in einen Schwellenländer-ETF. Katrin hat gelesen, dass im MSCI World keine Länder wie China, Indien oder Brasilien enthalten sind. Das möchte sie ausgleichen, dabei aber nicht allzu sehr ins Risiko gehen, weil die Kurse von Aktien aus solchen Ländern in der Vergangenheit oft stark geschwankt haben.
- Weitere 20 000 Euro gehen in einen ETF, der dem europäischen Index Euro Stoxx 600 folgt. Er enthält die 600 größten börsennotierten Unternehmen aus 17 europäischen Ländern. Dazu zählen neben Ländern der Eurozone wie Deutschland, Frankreich, die skandinavischen Staaten, Spanien, Niederlande und Italien auch die Nicht-EU-Länder Großbritannien und die Schweiz. Katrin will damit ein Gegengewicht

schaffen zum hohen Anteil an US-amerikanischen Werten im MSCI World. Und ihr Währungsrisiko hat sie damit auch reduziert, weil die Aktien der meisten europäischen Unternehmen in Euro gehandelt werden. Außerdem ist ihr die Politik von US-Präsident Donald Trump suspekt, deshalb soll wenigstens ein Teil ihres Geldes nach Europa fließen, obwohl europäische Indizes in der Vergangenheit schlechter abgeschnitten haben als der MSCI World.

Angenommen, die drei ETFs werfen nun eine durchschnittliche Rendite von fünf Prozent im Jahr ab, dann werden aus den 50 000 Euro nach 20 Jahren immerhin 132 665 Euro – vor Steuerabzügen wohlgemerkt. Und angenommen, die anderen in Festgeld angelegten 50 000 Euro hätten eine durchschnittliche Verzinsung von 2,5 Prozent gebracht, dann wären daraus nach 20 Jahren mit Zins- und Zinseszins immerhin rund 81 931 Euro geworden. In unserer Beispielrechnung sind aus einem Anlagebetrag von 100 000 Euro binnen 20 Jahren so 214 596 Euro geworden. Ihr Vermögen hätte sich also in viel kürzerer Zeit als bei Theo mehr als verdoppelt.

Nun hätte man das früher als Milchmädchenrechnung bezeichnet. Der Grund: Bei der Wiederanlage des Festgelds gehen immer ein paar Tage verloren, in denen das Geld von Bank zu Bank wandert und nicht verzinst wird. Vor allem aber schlagen die Steuern zu Buche. Aber selbst wenn wir pauschal 28 Prozent für die Abgeltungsteuer plus Kirchensteuer abziehen und dabei bei der Festgeldanlage jedes Jahr einen gleichbleibenden Sparerpauschbetrag von 1000 Euro berücksichtigen, bleiben ihr immer noch zusammen mit den übrigen gebliebenen Erträgen aus den ETFs mehr als 185 500 Euro. Rechnen wir nun mit einer jährlichen Inflationsrate von zwei Prozent, benötigt sie rund 148 595 Euro, damit die Kaufkraft von 100 000 Euro 20 Jahre später erhalten geblieben ist. Ihr Vermögen wäre damit real immer noch um nicht ganz 37 000 Euro gewachsen.

Das Depot für Draufgänger:
Benedikt S., 40, hat von seinem letzten Arbeitgeber eine ansehnliche Abfindung bekommen. Nach Abzug von Steuern sind davon 100 000 Euro übrig geblieben. Benedikt hat inzwischen wieder einen gut bezahlten Job als IT-Chef eines großen mittelständischen Unternehmens in der Metallbranche gefunden. Da er schon häufiger den Job gewechselt hat, immer auf der Suche nach Aufstiegsmöglichkeiten und einem höheren Gehalt, wohnt er mit seiner Frau Judith zur Miete, die als Juristin ebenfalls gut verdient. Mit einem Eigenheim würde sich das Paar angekettet fühlen, und auf Gartenarbeit haben sie auch keine Lust. Die 100 000 Euro braucht Benedikt auf absehbare Zeit nicht, auch nicht für die Ausbildung der beiden Kinder (8 und 12 Jahre), das Paar ist sich sicher: Das Haushaltseinkommen wird in Zukunft locker reichen, um auch ein Studium von beiden Kindern mitfinanzieren zu können. Benedikt geht es deshalb vor allem darum, seine 100 000 Euro zu vermehren. «Das Geld», sagt er, «ist irgendwann für später, wenn meine Frau und ich nicht mehr oder weniger arbeiten.» Eine Berufsunfähigkeitsversicherung hat er schon am Anfang seines Berufslebens abgeschlossen, genauso seine Ehefrau Judith. Die finanzielle Reserve auf dem Tagesgeldkonto ist mehr als ausreichend, und auch das Anschaffungskonto ist gut ge-

füllt. Also kann Benedikt ganz gelassen in den Aktienmarkt einsteigen.

Vorher überlegt er sich aber sicherheitshalber, wie viel Verlust er tragen kann und zu tragen bereit ist. Dabei kommt er zu dem Schluss: Von den 100 000 Euro kann ich maximal 40 Prozent verlieren, ohne dass mir dies wirklich Kopfzerbrechen bereitet. Wobei Benedikt klar ist: Ob er mit einem so hohen Verlust wirklich mental umgehen könnte, weiß er erst, wenn der Ernstfall eintritt. Schließlich sind 40 000 Euro schon eine beträchtliche Summe, auch für einen Gutverdiener. Benedikts Überlegung geht nun wie folgt: 50 Prozent betrug der schlimmste Absturz des Aktienmarkts in jüngster Zeit – so war das zum Beispiel während der Finanzkrise 2008. Wenn er nun maximal 80 000 Euro in Aktien-ETFs investierten, dann wäre selbst bei einem Verlust von 50 Prozent seine persönliche Verlustobergrenze von 40 000 Euro nicht überschritten. Er entscheidet sich letztlich, 75 000 Euro in Aktien-ETFs zu investieren, das entspricht dem Muster eines offensiven Depots. Die restlichen 25 000 Euro fließen in den Sicherheitsbaustein.

Da Benedikt ein Draufgänger-Depot wählt, hat er bei der Auswahl der Aktien-ETFs großen Spielraum, zumal er viel Geld in seinem Renditebaustein zu verteilen hat. Er legt deshalb 30 000 Euro in einen ETF an, der dem MSCI World folgt. Weitere 20 000 Euro gehen wie bei Katrin in einen ETF, der in den Euro Stoxx 600 investiert. 10 000 Euro wandern in einen Schwellenländer-ETF. Mit den restlichen 15 000 Euro will Benedikt ein wenig pokern. Er setzt 7500 Euro auf das Wiedererstarken der deutschen Wirtschaft und kauft einen DAX-ETF, in dem Wissen, dass er damit ein kleines deutsches Klumpenrisiko im Depot hat.

Aber so viel Heimatliebe muss sein, sagt sich Benedikt. Weitere 7500 Euro investiert er in Goldpapiere wie Xetra-Gold oder EUWAX Gold, die dem Preis des edlen Metalls folgen sollen. Von Themenfonds wie ETFs, die ausschließlich in Unternehmen investieren, die sich auf eine bestimmte Branche wie künstliche Intelligenz, Batterietechnik oder zum Beispiel erneuerbare Energie beschränken, lässt er die Finger. Damit hatte er schon vor Jahren eine Menge Geld verloren. Damals kaufte er sich einen Fonds, der sich ausschließlich auf Unternehmen konzentrierte, die mit der Wasserstoff-Technologie groß werden wollten – Benedikts bislang größter Anlageflop.

Angenommen, Benedikt hätte wie Katrin mit Festgeld Renditen von 2,5 Prozent für den Sicherheitsbaustein und fünf Prozent mit den Aktien-ETFs erzielt, dann wären daraus insgesamt nach 20 Jahren fast 240 000 Euro geworden, also etwa 25 000 Euro mehr als bei Katrin mit ihrem ausgewogenen Depot, und das, obwohl der Anlagezeitraum genauso lang ist. Hätte Benedikt bei seinem Sicherheitsbaustein auf die riskanteren Anleihen-ETFs gesetzt und damit eine Rendite von beispielsweise 3,5 Prozent pro Jahr erwirtschaftet, wären so sogar fast 250 000 Euro herausgekommen.

Natürlich gibt es für Benedikt noch viele weitere Möglichkeiten, sein Geld anzulegen. Dazu zählen zum Beispiel

- ETFs, die ausschließlich die Kursentwicklung kleinerer Firmen abdecken (im Fachjargon: Small Caps).
- Fonds, die auf der Suche nach Unternehmen sind, die als unterbewertet an der Börse gelten. Das sind vereinfacht gesagt Unternehmen, die aufgrund ihrer Bilanzzahlen und ihrer Geschäfte eigentlich viel mehr an der

Börse wert sein müssten, als sie es gerade sind. Anleger können mit diesen Fonds darauf wetten, dass die Aktienkurse dieser Unternehmen aufgrund ihrer unterbewerteten Substanz irgendwann kräftig nach oben gehen werden (im Fachjargon: «Value Investing»).

Das Problem bei solchen Strategie-ETFs: Man braucht schon sehr viel Glück, um zum richtigen Zeitpunkt einzusteigen. Sie können mal mehr Rendite als der MSCI World bringen, können aber auch jahrelang vergleichsweise äußerst magere Erträge abwerfen. Das aber wäre ein Thema für ein eigenes Buch.

Nun aber weg von unseren drei Musterbeispielen und zurück zu dir. Spielen wir einmal einen Idealfall durch. Es kann ja sein, dass du in sehr jungen Jahren zu einer größeren Summe gekommen bist. Du bist Anfang 30, hast deinen ersten Job und auf einmal jede Menge Geld auf dem Konto, das du nicht brauchst. In einer Eigentumswohnung lebst du schon, diese haben deine Eltern für dich zu Beginn des Studiums gekauft. Für dein erstes Kind hast du eine Risiko-Lebensversicherung abgeschlossen. Deine Lebensgefährtin / dein Lebensgefährte kann im Falle deines frühen Ablebens sehr gut für sich selbst sorgen. Ihr zahlt beide in die gesetzliche Rentenversicherung ein. Eine betriebliche Altersvorsorge habt ihr auch, und eine Berufsunfähigkeitsversicherung ebenso, und selbst eine zusätzliche private Pflegezusatzversicherung habt ihr abgeschlossen. Dann kannst du guten Gewissens auch für ein, zwei, je nach Alter und Lebensumständen, vielleicht sogar drei Jahrzehnte 100 Prozent in den Aktienmarkt stecken. Du hast ja noch sehr viel Zeit, um Durststrecken an der Börse gelassen durchzuhalten, und das, was du schon vorher dank diverser Geldgeschenke von Tanten und Onkels angespart hast, liegt sicher als finanzielle Notreserve und für Anschaffungen auf deinen Tagesgeldkonten. Dann brauchst du keinen Sicherheitsbaustein mehr. Schon die eigene Immobilie ist ein Stück Sicherheit. Kurzum, du kannst und willst viel riskieren. Solltest du aber in schwierige Börsenzeiten geraten, musst du dir eines stets klarmachen: Für das Super-Offensiv-Depot mit einem Aktien-ETF-Anteil von 100 Prozent brauchst du sehr gute Nerven, Kursschwankungen von mehr als 50 Prozent sind möglich. Solange du jedoch nicht verkaufst, hast du auch noch keinen Verlust gemacht.

So kann es zum Beispiel passieren, dass deine 100 000 Euro binnen zehn Jahren auf 150 000 gestiegen sind, um dann in einer weltweiten Börsenkrise um 50 Prozent auf 75 000 Euro zu fallen. Um den Ausgangswert von 100 000 Euro wieder zu erreichen, müssen die Kurse wieder um ein Drittel zulegen. Und um die Marke 150 000 Euro im Depot wiederzusehen, benötigst du eine durchschnittliche Kurssteigerung von 100 Prozent. Da kann einem schon mulmig werden. Und das kann durchaus einmal schlimmstenfalls ein Jahrzehnt dauern. Auf Dauer aber sind Aktien bei der Rendite unschlagbar, so war es in der Vergangenheit, und so bleibt es hoffentlich auch in der Zukunft. Eine Garantie gibt es dafür aber nicht.

Wichtig ist für dich dabei nur: Du solltest genug Zeit haben, um Rückschläge an der Börse aussitzen zu können, ohne von deiner eigenen Strategie abzuweichen. Schon das ist ein Grund, früh mit dem Geldanlegen an der Börse anzufangen. Außerdem weißt du ja: Je früher du anfängst, desto mehr profitierst du vom Zinseszinseffekt: Wie dieser bei einer Anlage von 100 000 Euro wirkt, zeigt die folgende Tabelle.

So entwickelt sich eine Einmalanlage von 100 000 Euro

Jahre	Rendite				
	1 %	2 %	3 %	4 %	5 %
5	105 101	110 408	115 927	121 665	127 628
10	110 462	121 899	134 392	148 024	162 890
15	116 097	134 587	155 797	180 094	207 893
20	122 019	148 595	180 611	219 112	265 330
30	134 785	181 136	242 726	324 340	432 194

Lesebeispiel: Aus 100 000 Euro werden nach zehn Jahren bei einer jährlichen Rendite von vier Prozent 148 024 Euro (Endbeträge sind abgerundet, Steuern nicht berücksichtigt).
Quellen: Eigene Berechnung, www.zinsen-berechnen.de

EINMALANLAGE ODER SPARPLAN: WAS IST BESSER?

Nun fragst du dich vielleicht, warum sich unsere drei Muster-Anleger für eine Einmalanlage entscheiden und nicht für einen Fondssparplan? Warum investieren sie alles auf einmal in den Aktienmarkt? Das beruht auf einer einfachen Überlegung: Wenn ich von Anfang an die gesamte Summe investiere, profitiere ich auch mit der gesamten Summe von Anfang an vom Zinseszinseffekt. Und wenn die Kurse an den Aktienmärkten langfristig immer nach oben gehen, kann ich davon ebenfalls von Anfang an mit dem gesamten

Kapital profitieren. Logischerweise bringt die Einmalanlage mehr als der Sparplan, bei dem sich das eingesetzte Kapital erst langsam mit jeder neuen Sparrate erhöht und so ein erst stetig wachsender Teil des Kapitals von Kursgewinnen und der Wiederanlage von Dividenden profitieren kann.

Doch bei der Entscheidung «Alles sofort anlegen oder in Häppchen stückeln?» spielt auch die Psyche eine entscheidende Rolle. Was für dich besser ist, hängt vor allem davon ab, was du für ein Anlegertyp bist – und ob du die Nerven hast, eventuell schon am Anfang sichtbar deutliche Verluste zu ertragen.

Beginnen wir mit den Sparplänen: Hier wird das Geld, wie früher beim klassischen Sparen in Banksparpläne oder Prämiensparverträge (die älteren Leser kennen das noch), Rate für Rate zum Beispiel in Aktien-ETFs oder Anleihen-ETFs oder Geldmarkt-ETFs angelegt. Das bietet auch Menschen mit wenig Geld die Chance, kontinuierlich Vermögen aufzubauen. Es reicht, wenn man 25, 50, 100 Euro oder eine andere beliebige Summe pro Monat übrig hat, um den Sparplan zu bedienen. Sind der Sparplan und die entsprechenden Daueraufträge zum Befüllen des Verrechnungskontos eingerichtet, wird man außerdem zum Sparen quasi gezwungen. Man muss nicht jeden Monat erneut seinen inneren Schweinehund überwinden, um Geld anzulegen. Es passiert automatisch. Auch muss niemand mit einem Sparplan darüber grübeln, ob jetzt gerade der richtige Zeitpunkt zum Einstieg ist. Ein weiterer Pluspunkt: Wird dir ein bestimmter Betrag regelmäßig vom Konto abgebucht, gewöhnst du dich normalerweise so schnell daran, dass du den Abzug von deinem Konto gar nicht mehr bewusst wahrnimmst.

Hinzu kommt ein allzu menschlicher Aspekt: Vielen Menschen fällt es leichter, mit kleinen Schritten in die richtige Richtung zu gehen als mit einem großen Sprung. Sparpläne tragen somit dazu bei, innere Blockaden zu überwinden und dem Nichtstun aus Angst vor Fehlentscheidungen vorzubeugen. Das ist vermutlich den meisten Anlegern lieber, als mit einer größeren Summe gefühlt alles auf eine Karte zu setzen und sich später womöglich dem Vorwurf auszusetzen, einen großen Fehler begangen zu haben.

Verkäufer von Finanzprodukten werben für Sparpläne gerne auch mit dem sogenannten «Cost Average Effekt» (Durchschnittskosteneffekt). Was dahintersteckt, scheint zunächst einmal auf Anhieb einzuleuchten: Wer Stück für Stück, zum Beispiel jeden Monat, eine gleichbleibende Summe wie 100 Euro in einen ETF steckt, bekommt bei niedrigen Kursen mehr Anteile für sein Geld und kauft bei hohen Kursen weniger ein. Vorteil: So können Anlegende einen günstigeren Durchschnittspreis und damit eine bessere Rendite erzielen. Doch Vorsicht: Der Cost-Average-Effekt wirkt sich vor allem dann positiv aus, wenn die Kurse kurz nach Beginn des Sparplans längere Zeit sinken oder stagnieren und zum geplanten Sparende kräftig steigen. Ganz anders sieht es bei einem Szenario aus, in dem die Kurse stetig zulegen. Dann ist ein Sparplan im Vergleich zur Einmalanlage auf jeden Fall im Nachteil, da man ja nicht mit der gesamten Anlagesumme vom günstigen Einstiegspreis profitiert hat.

Schauen wir uns nun zum Vergleich die Vor- und Nachteile der Einmalanlage an. Klarer Fall: Einmalanlagen verlangen von dir starke Nerven und Stressresistenz, besonders dann, wenn du mit hohen vier- oder fünfstelligen Beträgen in Aktien-ETFs eingestiegen bist und ausgerechnet dann die Kurse zu fallen beginnen. Wenn du jetzt die Nerven verlierst und panisch verkaufst, weil du glaubst, zum falschen Zeitpunkt eingestiegen zu sein, wenn du also deine Anlagestrategie nicht durchhältst, wirst du schlimmstenfalls einen Großteil deines angelegten Kapitals verlieren. Gerade wenn du Neueinsteiger bist, solltest du also deine Risikobereitschaft und Risikotragfähigkeit ehrlich hinterfragen, um schmerzhaft teure Anlegerfehler zu vermeiden. Bist du dir trotzdem sicher, dass die Einmalanlage für dich das Richtige ist, hast du auf jeden Fall einen Vorteil schon mal sicher: Wer alles auf einen Schlag kauft, hat etwas niedrigere Fixkosten als ein Sparer oder eine Sparerin, die monatlich anlegt und dafür Gebühren zahlt.

Der entscheidende Vorteil bei der Einmalanlage ist aber das, was unterm Strich am Ende rauskommt. Gewiss, die Erträge von Sparplänen können sich sehen lassen. Diese veröffentlicht etwa der Fondsverband BVI regelmäßig auf seiner Homepage.[15] Wer Ende Juni 1995, also vor mehr als 30 Jahren, begonnen hat, jeden Monat 100 Euro in globale Aktienfonds zu investieren (also insgesamt bis heute 36 000 Euro), hätte inzwischen bei einer durchschnittlichen Rendite von jährlich 6,6 Prozent immerhin 109 495 Euro zusammengespart, Fondskosten und Ausgabeaufschlag nicht berücksichtigt.

So entwickelt sich ein Sparplan bei einer monatlichen Einzahlung von 100 Euro

Jahre	Daraus werden in Euro bei einer Rendite von ...						
	1 %	2 %	3 %	4 %	5 %	6 %	8 %
5	6154	6313	6474	6640	6810	6984	7345
10	12623	13282	13980	14719	15502	16331	18137
15	19421	20977	22681	24549	26596	28839	33994
20	26566	29473	32768	36508	40754	45577	57294
30	41968	49209	58018	68760	81886	97953	141831

Lesebeispiel: Bei einer jährlichen Rendite von durchschnittlich 4,0 Prozent beläuft sich das Endguthaben nach 30 Jahren auf 68760 Euro (Steuern und Handelskosten sind nicht berücksichtigt).
Quelle: Eigene Berechnung, www.zinsen-berechnen.de

Einmalanlagen bringen aber weit mehr als Sparpläne, wie unser Beispiel zeigt. Ausschlaggebend ist natürlich, dass der Zinseszinseffekt von Anfang an wirkt und die auf einen Schlag erfolgte Einzahlung von 36 000 Euro sofort verzinst wird und die Erträge wieder verzinst werden. Für denselben Zeitraum von dreißig Jahren, mit derselben Rendite von 6,6 Prozent, wären dann aus den 36 000 Euro, angelegt in globale Aktienfonds, fast 245 000 Euro geworden, also deutlich mehr als das Doppelte verglichen mit dem 100-Euro-Sparplan.

Auch Untersuchungen, die weit in die Vergangenheit zurückgehen, belegen den Vorteil der Einmalanlage: So rechnete das US-amerikanische Fondsratinghaus Morningstar nach, wie sich Sparpläne und Einmalanlagen am US-Aktienmarkt zwischen 1926 und 2019 in verschiedenen Zeiträumen zwischen zwei Monaten und zehn Jahren entwickelt haben. Das Ergebnis: Wer sein Geld Stück für Stück über 20 Monate in US-Aktien anlegte, hatte über zehn Jahre nur in acht Prozent der untersuchten Zeitabschnitte mehr von seinem Sparplan als mit einer entsprechenden Einmalanlage. Die Analyse bestätigte eine einfache Faustregel: Je länger das Geld angelegt war, desto überlegener erwies sich die Einmalanlage.

Nun kann ich mir gut vorstellen, dass du dich schwer damit tun wirst, zum Beispiel 100 000 Euro auf einen Schlag in fünf ausgesuchte Aktien-ETFs anzulegen. Ist das der Fall, kannst du ja Sparplan und Einmalanlage kombinieren, aber dann mit möglichst großen Schritten. Ein Beispiel: Du hast 100 000 Euro zur Verfügung. 25 000 Euro davon fließen in deinen Sicherheitsbaustein. 75 000 Euro investierst du Schritt für Schritt in Aktien-ETFs. Aber nicht zum Beispiel 25 Jahre lang 250 Euro pro Monat, sondern besser 1000 Euro pro Monat. Dann hast du nach gut sechs Jahren die 75 000 Euro in den Aktienmarkt gehoben. Oder du investierst 2000 Euro pro Monat, dann bist du bereits nach etwas mehr als drei Jahren die 75 000 Euro los. In welchem Rhythmus und mit wie hohen Raten du anlegst, bleibt dir überlassen. Du kannst das nach Belieben variieren und etwa auch die erste Hälfte sofort investieren und die andere Hälfte über zwölf Monate gestreckt in Raten. Hauptsache, dir gelingt es, deine eigene Angst auszutricksen.

Diese Mischstrategie setzt aber voraus, dass das zunächst liegen gebliebene Geld nicht auf dem Girokonto «verrottet», sondern dir zumindest auf einem guten Tagesgeldkonto ein paar Zinsen bringt. Die Raten für den Sparplan solltest du für die gewünschte Zeit festlegen und die dafür nötigen Überweisungen entsprechend terminieren. Nicht vergessen: Gar nichts zu tun und kein Geld anzulegen, ist die schlechteste Option, weil dein Geld durch die Inflation an Wert verliert. Dann lieber einen Teil aufs Tagesgeldkonto und ganz klein mit einem Sparplan anfangen. Viele Menschen, die kein Startkapital auf dem Konto haben und wenig verdienen, haben ohnehin keine andere Wahl, als per Raten anzulegen.

REBALANCING: WAS DEM PANTOFFEL-PORTFOLIO GUTTUT

Wenn du Aktien-ETFs in deinem Portfolio hast, solltest du ab und zu nach dem Rechten sehen. Kümmerst du dich jahrelang um gar nichts, ist das zwar ein Zeichen, dass du sehr entspannt mit deinen Aktienanlagen umgehen kannst. Und das ist hier durchaus als Kompliment gemeint. Aber wenn du erst nach einer halben Ewigkeit wieder ins Depot schaust, wirst du mit ziemlich großer Wahrscheinlichkeit überrascht feststellen, dass die von dir einmal ausgewählten Anteile von Sicherheitsbaustein und Renditebaustein nicht mehr so gewichtet sind, wie du ursprünglich einmal vorgesehen hast. Steigen die Kurse an den Börsen stark, können deine Aktien-ETFs schnell wachsen und an Gewicht zulegen. Fallen die Kurse deutlich, erhält dein Sicherheitsbaustein ein Übergewicht. Was also tun?

Weil die Kurse nun mal schwanken, solltest du das Kräfteverhältnis in deinem Pantoffel-Portfolio ein- bis zweimal im Jahr prüfen, zum Beispiel in der Weihnachtszeit zum Jahreswechsel oder vielleicht Mitte des Jahres, in einer Sommerpause. Dann schaust du, wie viel dein Renditebaustein wert ist, und vergleichst dies mit dem Ausgangswert und dem Wert deines Sicherheitsbausteins. Wirklich etwas tun musst du aber nur dann, wenn die Zehn-Prozent-Grenze überschritten oder unterschritten ist.

Beispiel: Du hast ein ausgewogenes Fifty-fifty-Portfolio. Dann musst du die Reißleine ziehen, wenn der Aktien-ETF-Anteil über einen Anteil von 60 Prozent klettert oder unter 40 Prozent fällt. Bei einem defensiven Depot mit einem Aktien-ETF-Anteil von 25 Prozent schreitest du ein, wenn dieser Anteil über 35 gestiegen oder unter 15 Prozent gefallen ist. Hast du ein offensiveres Depot mit einer Aktienquote von 75 Prozent, wirst du aktiv, wenn der Aktien-ETF-Anteil unter 65 Prozent gesunken ist oder die 85 Prozent überschritten hat. In allen drei Fällen stellst du die von dir ursprünglich avisierte Balance wieder her, deshalb spricht man von «Rebalancing». Voraussetzung: Deine finanzielle Strategie hat sich nicht geändert.

Rebalancen ist gar nicht so schwer, sondern geht für Anlegende mit einem onlinegeführten Depot mit ein paar Klicks. Du musst einfach Anteile der Aktien-ETFs in der Höhe des Übergewichts verkaufen. Den Erlös steckst du in deinen Sicherheitsbaustein, damit dieser wieder sein ursprüngliches Gewicht erhält. Umgekehrt, bei einem Übergewicht des Sicherheitsbausteins, schichtest du von deinen Tages- und Festgeldkonten oder Geldmarktfonds in neue Aktien-ETF-Anteile um. Das kostet ein paar Handelsgebühren, aber das ist drin, weil du es ja nicht ständig machst, sondern immer nur dann, wenn die Zehn-Prozent-Marke überschritten ist, idealerweise maximal einmal im Jahr. Investierst du über Sparpläne in Aktien-ETFs und ist bei diesen der ETF-Anteil zu groß geworden, kannst du auch einfach die monatlichen

Sparraten verringern oder den Sparplan für eine gewisse Zeit pausieren lassen. Die so gesparten Raten schiebst du auf dein Tagesgeldkonto oder in Geldmarktfonds, oder du legst es gleich in Festgeld an, falls möglich. Ein weiterer Vorteil: Verkaufst du regelmäßig Aktienfondsanteile, kannst du Jahr für Jahr den Sparerpauschbetrag von 1000 Euro ausschöpfen, falls diese Grenze nicht längst mit den Erträgen aus den Zinsanlagen überschritten ist. Du musst allerdings die Disziplin haben, sofort nach dem Verkauf der ETF-Anteile das Geld wieder anzulegen. Wenn du hier schluderst und das auf die lange Bank schiebst, funktioniert das Rebalancing nicht so, wie es soll.

Zugegeben, das macht einmal im Jahr ein bisschen Mühe. Aber nur so bleibst du bei der von dir gewählten Anlagestrategie, die zu deinem Risikoprofil passt. Lässt du alles einfach laufen, womöglich sogar über fünf, zehn oder 15 Jahre, ist deine Aktienquote ziemlich wahrscheinlich deutlich gestiegen. Das erhöht aber dein Risiko: Kommt es ausgerechnet dann zu einem Crash an der Börse mit Kursverlusten von 20, 30, 40 oder mehr Prozent, wird sich das auf einen deutlich größeren Teil deines Gesamtportfolios auswirken. Und genau das wolltest du ja nicht, sonst hättest du dich nicht für die von dir gewählte Gewichtung entschieden.

Vielleicht fragst du dich jetzt: Was bringt dieses Hin- und Hergeschiebe überhaupt, außer dass ich mich persönlich sicherer fühle? Hat es vielleicht auch einen handfesten Vorteil? Die Antwort darauf lautet leider: kommt darauf an. Ziehen die Aktienkurse über Jahre kontinuierlich an, entgehen dir durch das Rebalancing schöne Kursgewinne. Fallen die Aktienkurse stetig, würdest du zunächst durch das Nachkaufen von Aktien-ETF-Anteilen noch höhere Verluste in deinem Depot anhäufen. Und dann heißt es erst mal geduldig warten, bis sich die Kurse wieder erholen. Gut aufgestellt bist du hingegen mit dem Rebalancing, wenn die Märkte häufiger schwanken und Achterbahn fahren. In den Jahren, in denen die Kurse zugelegt haben, stellst du mehr oder weniger große Gewinne sicher. Sinkt dein Aktien-ETF-Anteil, weil die Kurse schwächeln, kannst du günstig nachkaufen und dich dann über Kursgewinne freuen, wenn die Weltwirtschaftslage sich wieder verbessert. Viele Finanzexperten sehen das Rebalancing als *den* Schlüssel für erfolgreiches Geldanlegen. Auch die Stiftung Warentest kommt bei ihren Berechnungen zu dem Ergebnis, dass sich die Balance-Strategie langfristig auszahlt.

Gut möglich aber, dass es dir mit zunehmendem Alter zu kompliziert und mühsam werden wird, ein Pantoffel-Portfolio mit Renditebaustein und Sicherheitsbaustein zu betreuen. Auch wird dem einen oder der anderen im Rentenalter der eigene Aktien-ETF-Anteil vielleicht zu riskant vorkommen. Dann kannst du natürlich den ETF-Anteil schrittweise reduzieren oder vollständig abbauen. Du solltest aber nicht zu früh damit anfangen, alles in Tages- und Festgeld, Geldmarktfonds und bei Bedarf in Auszahlpläne (Seite 231 ff.) zu stecken.

Früher galt die Devise: keine Aktienanlagen mehr in der Rentenphase. Heute empfehlen Anlageexperten durchgängig, das Vermögen nicht womöglich über Jahrzehnte kampflos, also ohne Aktienanlagen, der Inflation zu überlassen – vor allem dann, wenn der Ertrag von Zinsanlagen unter der Inflationsrate liegt. Begründet wird dies auch mit der gestiegenen Lebenserwartung: Wer heute mit 63, 65 oder bald mit 67 in den Ruhestand geht, bezieht im Durchschnitt noch 20 Jahre lang Rente, vielleicht auch deutlich länger. Das ist lange genug, um sich eine gewisse Aktienquote im Depot leisten und mögliche vorübergehende Kurseinbußen an der Börse durchstehen zu können.

KAPITEL VI

Wie du dein Geld in ein Zusatzeinkommen verwandeln kannst

Wer einen großen Batzen Geld auf dem Girokonto hat und es dort nicht verkümmern und unverzinst der Inflation aussetzen lassen will, muss sich eine Grundsatzfrage stellen: Wofür will ich das Geld anlegen? Für die Kinder, für einen Immobilienkauf, für die Altersvorsorge oder für etwas anderes? Oder will ich das Kapital irgendwann in ein regelmäßiges Zusatzeinkommen, in eine Art private Zusatzrente verwandeln?

Möglichkeit eins: Du bist finanziell bestens situiert. Du brauchst das Geld momentan nicht und auch nicht später für den Kauf einer Immobilie oder eine aufwendige Hausrenovierung. Du lebst idealerweise bereits in einer abbezahlten Immobilie. Du bist auch nicht darauf angewiesen, mit dem Geld dein regelmäßiges Einkommen oder, falls du schon im Ruhestand bist, deine gesetzliche Rente oder Pension beziehungsweise dein Alterseinkommen aufzustocken. Dann kannst du das Geld einfach in einem Pantoffel-Portfolio anlegen, so wie es im vorangegangenen Kapitel ausführlich beschrieben wurde.

Möglichkeit zwei: Du hast Geld geerbt oder sonst wie erhalten. Egal, ob du nun 50 000, 100 000 oder 250 000 Euro oder mehr zur Verfügung hast, du brauchst das Geld zum Leben, weil dein Einkommen ansonsten nicht reicht, egal, ob du nun Rentnerin, selbstständig oder Arbeitnehmer bist. Dann kannst du das Kapital in ein zusätzliches Einkommen umwandeln und dir daraus monatlich deine persönliche Zusatzrente zahlen lassen. Auch hier gibt es wieder zwei Modelle grundsätzlich zu unterscheiden:

1. Du hast so viel Geld auf dem Konto, dass die Zinsen für das gewünschte Zusatzeinkommen ausreichen. Dafür brauchst du aber schon sehr viel Kapital. Ein vereinfachtes Beispiel: Du hättest gern ein monatliches Zusatzeinkommen von 1000 Euro, willst aber das Kapital erhalten, weil deine Kinder es erben sollen oder du das Geld am Ende deines Lebens für einen guten Zweck spenden möchtest. Bei einer durchschnittlichen Verzinsung von drei Prozent pro Jahr brauchst du somit etwas mehr als 400 000 Euro (genau sind es 406 500 Euro), um dir bis zu deinem Lebensende 1000 Euro auszahlen lassen zu können, ohne dass dein Kapital weniger wird (wobei die Kaufkraft der 1000 Euro aufgrund der Inflation von Jahr zu Jahr kleiner werden würde).
2. Für eine ewige Zusatzrente ohne Kapitalverzehr hast du nicht genug Geld auf dem Konto. Das ist vermutlich der sehr viel wahrscheinlichere Fall. Dann solltest du dich am Anfang fragen, wie lange das Geld reichen soll? Nur ein paar Jahre bis zur nächsten, bereits sicheren Beförderung, die mit einer deutlichen Gehaltserhöhung verbunden ist? Bis zum Eintritt in den Ruhestand? Bis zum Alter von 85 Jahren? Oder rechnest du damit, über 90 zu werden? Das hängt natürlich von deiner finanziel-

len Ausgangslage, den persönlichen Bedürfnissen und dem Lebensalter ab.

Wie kannst du nun vorgehen? Zunächst teilst du den zur Verfügung stehenden Anlagebetrag durch die Zahl der angepeilten Auszahlungsmonate. So bekommst du ein Gefühl dafür, mit welchem Zusatzeinkommen du rechnen kannst. Beispiel: 100 000 Euro geteilt durch 240 Monate (20 Jahre) ergibt aufgerundet 417 Euro pro Monat. So viel kannst du jeden Monat entnehmen, bis die 100 000 Euro nach 20 Jahren aufgebraucht sind. Werden die 100 000 Euro zu 2,0 Prozent verzinst, wären es schon 505 Euro. Bei einer Rendite von 3,0 Prozent wären es sogar 553 Euro (*siehe Tabelle*).

Monatliche Auszahlungen in Euro bei einem Startvermögen von 100 000 Euro

Jahre	Jährliche Durchschnittsverzinsung in %			
	0	1	2	3
5	1670	1710	1750	1800
10	830	880	920	960
15	560	600	640	690
20	420	460	510	550
25	330	380	420	470
30	280	320	370	420

Lesebeispiel: Bei einem Zins von 3,0 Prozent lassen sich 20 Jahre lang monatlich 550 Euro entnehmen, bis die 100 000 Euro aufgebraucht sind (Beträge sind auf Zehnerstellen gerundet, mögliche Steuern nicht berücksichtigt). Quelle: www.zinsen-berechnen.de

Jetzt hast du hoffentlich schon einmal ein Gefühl dafür, was drin ist. Wieder einmal hilft dir hier der Zinseszinseffekt, sonst wäre dein Kapital viel schneller aufgebraucht beziehungsweise dein monatliches Zusatzeinkommen geringer. Umso wichtiger ist es, darauf zu schauen, wie du das Kapital für die monatliche Entnahme anlegst und wie es dabei verzinst wird. Dafür gibt es mehrere Möglichkeiten.

MIT EINEM BANKAUSZAHLPLAN DAS MONATSEINKOMMEN ERHÖHEN

Bei einem Bankauszahlplan zahlst du zunächst einen bestimmten Betrag bei einer Bank oder Bausparkasse ein. Das Geldinstitut verzinst das eingezahlte Kapital und zahlt dir für eine vorher vereinbarte Laufzeit von meist fünf bis maximal 30 Jahren jeden Monat einen gleichbleibenden Betrag aus, bis dein Kapital aufgebraucht ist. Manche Geldhäuser sprechen deshalb auch von Entnahmeplänen, weil regelmäßig Kapital entnommen wird. Solche Pläne lassen sich meist online ohne größere Komplikationen kostenlos abschließen. In der Regel wird aber ein Mindestanlagebetrag verlangt, zum Beispiel 5000 oder 10 000 Euro. Stirbt der Einzahler oder die Einzahlerin während der Auszahlungsphase, steht das Geld den Hinterbliebenen zur Verfügung.

Solche Angebote haben jedoch einen gravierenden Nachteil: Es handelt sich nicht um eine Zusatzrente bis zum Lebensende, sondern nur für die vereinbarte Laufzeit. Daher solltest du einen Plan haben, wie du dein Auskommen für die Lebenszeit danach sicherst. Hinzu kommt: Dir sollte klar sein, dass dein Geld dort für eine feste Laufzeit gebunden ist, vorher kommst du nicht mehr an das Geld heran.

Beispiel: Wer bei der Bausparkasse Mainz 250 000 Euro für eine Auszahlung über 20 Jahre hinweg in ein sogenanntes Entnahmedepot einzahlt, erhielt im September 2025 noch 2,10 Prozent Zinsen. Von den 250 000 Euro gibt's dann monatlich 1271,70 Euro zurück. Über die 20 Jahre hinweg lassen sich so Zinsen von fast 56 000 Euro kassieren, allerdings vor Zahlung der Abgeltungsteuer auf Kapitalerträge. Mit der Abgeltungsteuer beläuft sich der Auszahlungsbetrag laut Bausparkasse Mainz auf 1208,70 Euro, die Zinsen summieren sich nach dem Steuerabzug auf etwas mehr als 55 000 Euro.

Die steuerlichen Vorteile von Auszahlplänen

Bei Auszahlplänen werden Zinsen nicht auf einen Schlag ausgezahlt, sondern jährlich gutgeschrieben. Vorteil: Kunden und Kundinnen können ihren Sparerpauschbetrag gut nutzen. Beispiel: Es wurden genau 50.000 Euro für 20 Jahre in einen Auszahlplan angelegt, wieder zu 2,10 Prozent Zinsen. Ausgezahlt werden damit monatlich 254,43 Euro. Insgesamt werden Zinsen von 11 186,72 Euro erwirtschaftet. Die Guthabenzinsen belaufen sich aber nur im zweiten vollen Jahr auf knapp über 1000 Euro. Da das Kapital schrittweise aufgezehrt und damit jedes Jahr weniger Kapital verzinst wird, bewegen sich die Zinsen in den Folgejahren jeweils unterhalb des Sparerpauschbetrags. Bei höheren Anlagesummen überschreiten die Zinsen aber oft mehrere Jahre und damit deutlich länger die 1000-Euro-Grenze. Wer mit seinen Kapitaleinkünften den Sparerpauschbetrag ohnehin überschritten hat, sollte bei seinen Berechnungen von den angebotenen Zinsen einfach 25 Prozent (mit Kirchensteuer rund 28 Prozent) abziehen. Dann verringert sich eine Verzinsung zum Beispiel von 2,0 Prozent auf 1,50 oder 1,44 Prozent.

Zinsen unbedingt vergleichen

Die Zahl der Geldhäuser, die solche Auszahl- beziehungsweise Entnahmepläne anbieten, ist auf wenige Geldinstitute beschränkt. Bist du Kundin oder Kunde einer Volks- und Raiffeisenbank oder Sparkasse, kannst du zumindest fragen, ob deine Hausbank entsprechende Auszahlpläne anbietet. Die angebotenen Zinsen dürften dann jedoch vergleichsweise gering sein. Umso mehr lohnt es sich, die Zinsen zu vergleichen. Beispiel: Die Gefa-Bank rückte im August 2025 bei einer Laufzeit von fünf Jahren noch 2,50 Prozent heraus, die Bausparkasse Mainz für dieselbe Laufzeit nur 1,50 Prozent. Bei der Gefa-Bank gehen die Zinsen allerdings auf ein Tagesgeldkonto, das du bei der Bank vorher eröffnen musst. Danach kannst du das Geld vom Tagesgeld- auf dein Girokonto überweisen und von dort aus als Zusatzeinkommen nutzen. Wie stark sich die Zinsen unterscheiden können, zeigt die folgende Tabelle. Wenn du das liest, dürften sich die Konditionen längst wieder verändert haben, daher kann dies nur als Orientierung dienen, was die Anbieter und potenzielle Zinssätze angeht.

So hoch sind die Zinsen bei Auszahlplänen

Anbieter	Produkt	Mindestanlage in Euro	Zinssätze pro Jahr in Prozent bei einer Laufzeit von ... Jahren				
			5	7	10	15	20
GEFA Bank	Auszahlplan	10000	2,50		2,70		
GLS Bank*	Sofortrente	15000	1,80	1,80	1,90	1,90	2,00
IKB	Auszahlplan	5000	2,05	2,10	2,15		
Bausparkasse Mainz	Entnahmeplan	5000	1,50	1,65	1,75	1,75	2,10
Debeka	Entnahmeplan	5000	2,10	2,15	2,15	2,20	2,20
Alte Leipziger	Auszahlplan	12500	2,25	2,25	2,25		

*Die GLS Bank erhebt von Kunden, die älter als 27 Jahre sind, einen Beitrag von 5 Euro pro Monat.
Quelle: Angaben der Anbieter, Stand 19.7.2025.

Die besten Laufzeiten

Bei den Laufzeiten variieren die Angebote zwischen meist fünf und 30 Jahren. Bleibt das Zinsniveau niedrig, solltest du nicht alles auf eine Karte setzen, also nur eine Laufzeit wählen. Besser ist es, das Kapital zu splitten, einen Teil in Festgeld anzulegen und mehrere Auszahlpläne über verschiedene Laufzeiten abzuschließen. Ein Rechenbeispiel wird dir das verdeutlichen: 100000 Euro stehen zur Verfügung. 60000 Euro fließen aufgeteilt in jeweils 20000 Euro in drei Auszahlpläne zu drei verschiedenen

Laufzeiten von fünf, sieben und 10 Jahren. Dafür gab es im Sommer 2025 maximal 2,50 (fünf Jahre), 2,25 (sieben Jahre) und 2,70 Prozent (10 Jahre). Der Rest, 40 000 Euro, wird in vier Teilen à 10 000 Euro in Festgeld zu Laufzeiten von ein bis vier Jahren angelegt. Die Zinsen aus dem Festgeld werden einmal im Jahr genutzt, um das Einkommen aufzustocken. Wählt man die momentan jeweils besten Anbieter für die Auszahlpläne aus, würde man in den ersten fünf Jahren monatlich rund 800 Euro ausbezahlt erhalten. Hinzu kommen die Zinsen aus dem Festgeld, bei einer Durchschnittsverzinsung von 2,40 Prozent sind das einmal im Jahr weitere 960 Euro, vor Abzug von Kapitalertragsteuern. Vorteil: Wer sein Kapital so aufgeteilt angelegt hat, kann sich das bestehende Zinsniveau sichern, falls es mit den Sparzinsen weiter bergab gehen sollte. Sollten die Zinsen in ein paar Jahren wieder anziehen, kann man das Festgeld in neue Auszahlpläne stecken. Bleiben die Zinsen auf dem gegenwärtigen Niveau oder sinken weiter, legt man fällig gewordenes Festgeld einfach erneut in Festgeld an.

Tipp: Auf die Sicherheit achten

Auch für Auszahlpläne gilt: Unbedingt auf die Einlagensicherung schauen. Die Gefa-Bank ist zum Beispiel dem Einlagensicherungsfonds der privaten Banken angeschlossen. Demnach sind bei der Gefa-Bank pro Sparer «mindestens 437 500 Euro» geschützt.[16] Bei der Bausparkasse Mainz und der Bausparkasse Debeka gilt die gesetzliche Einlagensicherung von 100 000 Euro pro Sparer.

Natürlich kannst du es dir auch einfacher machen und nur einen Auszahlplan mit einer Laufzeit beim für dich besten Anbieter abschließen. Damit entgehen dir aber wahrscheinlich viele Hundert oder gar Tausende Euro an Zinsen.

Gut bedient sind Anlegende mit Auszahlplänen grundsätzlich, wenn sie Planungssicherheit brauchen, sich um wenig selbst kümmern wollen, gleichbleibende Raten, feste Zinsen und eine sichere Anlage ohne Kursschwankungen schätzen. Dafür sind sie aber äußerst unflexibel, es sei denn, sie bauen sich mit verschiedenen Auszahlplänen und Festgeldanlagen eine kombinierte Zinsleiter.

WARUM ES OFT KEINE GUTE IDEE IST, SICH EINE LEBENSVERSICHERUNG ALS PRIVATE RENTE AUSZAHLEN ZU LASSEN

Es gibt noch eine andere, oft genutzte Möglichkeit, sich eine regelmäßige Zusatzrente auszahlen zu lassen: wenn eine Lebensversicherung oder private Rentenversicherung fällig ist. In diesem Fall fragst du dich vielleicht wie viele andere Versicherte auch, was für dich besser ist: das Geld auf einen Schlag zu kassieren oder sich eine monatliche, lebenslange Rente auszahlen zu lassen. Doch was zunächst verheißungsvoll klingt, hat gravierende finanzielle Nachteile. Aber der Reihe nach.

Ist die Auszahlung fällig, lassen sich viele Kapitallebensversicherungen auf Wunsch auch bis zum Lebensende verrenten, sofern im Vertrag ein entsprechendes Wahlrecht verankert ist. Bei privaten Rentenversicherungen geht dies sowieso. Vorteil einer solchen Verrentung: Die private Rente bekommst du genauso wie die gesetzliche Rente bis zum Lebensende. Du stehst also nicht auf einmal ohne Zusatzrente da, weil das Kapital zu einem bestimmten Zeitpunkt aufgebraucht ist. Eine Verrentung kommt deshalb vor allem für Menschen infrage, die sich wohler damit fühlen, wenn sie genau wissen, was sie garantiert bekommen, und sich selbst nicht um die Geldanlage kümmern wollen oder können. Oder sich überfordert fühlen, auf einmal 50 000, 100 000 Euro oder mehr so anlegen zu müssen, dass sich das Geld sicher und gut vermehrt oder daraus eine selbst geplante Zusatzrente wird. Was also spricht gegen das Verrentungsmodell?

Das Risiko: Die Verrentung ist immer eine Wette auf ein langes Leben. Die Versicherer rechnen dabei allerdings sozusagen mit dem für sie schlimmsten Fall, nämlich dass ihre Versicherungsnehmer sehr alt werden und sie entsprechend lange die Rente zahlen müssen. Diese Kalkulation geht letztlich auf deine Kosten, weil die Versicherer bei der Rentenzahlung knausern, um für den Fall, dass du sehr, sehr lange lebst, ausreichend Geld zur Zahlung der Rente aus deinem angesparten Kapital zur Verfügung zu haben. Die fatale Folge für dich: Du musst schon sehr alt werden, um zumindest das überhaupt herauszubekommen, was du vorher über die Beiträge eingezahlt hast. Wie alt, das hängt vom Vertrag ab. Mit älteren Verträgen kommt man vielleicht schon mit 93 in die Gewinnzone. Nicht selten sind aber Verträge, bei denen du 100 Jahre oder älter werden musst, um in die Gewinnzone zu kommen. Wie es in deinem Fall aussieht, kannst du relativ leicht selbst ausrechnen: Erst zählst du alle Beiträge zusammen, die du eingezahlt hast. Die Versicherung kann im Zweifelsfalle diese Daten zur Verfügung stellen oder hat dir das ohnehin schon mitgeteilt. Aus dem Angebot der Versicherung kannst du ersehen, wie hoch deine monatliche Zusatzrente ausfallen wird. Und schon kannst du dir ausrechnen, wie viele Jahre du die Rente bekommen musst, um deine eingezahlten Beiträge zurückzubekommen. Verlässlich gut verdienen können mit dieser Kalkulation jedenfalls nur die Versicherer.

Der frühe Tod: Solltest du dich trotzdem für die Variante Verrentung mit einer privaten Rentenversicherung entscheiden, zum Beispiel mit 65 Jahren, aber dann mit 67 sterben, hast du Pech gehabt. Das angesparte Kapital, aus dem die Zusatzrente bezahlt wird, ist dann weg – es sei denn, du hast einen Schutz für deine Hinterbliebenen vereinbart. Angehörige in der Auszahlungsphase abzusichern, kostet aber Geld. Mit Hinterbliebenenschutz fällt die Zusatzrente dann noch geringer aus als ohne. Außerdem ist der Hinterbliebenenschutz in der Regel zeitlich begrenzt.

Die Abschlusskosten: Du solltest auch darauf achten, ob bei einer Verrentung Extrakosten für den Vertragsabschluss anfallen. Bei einer Rentenversicherung mit Wahlrecht sollte dies nicht der Fall sein. Wer sich hingegen entscheidet, privat angespartes Vermögen per Einmalzahlung in eine neue private Rentenversicherung zu stecken und sich daraus sofort eine monatliche Rente zahlen zu lassen, muss Abschlussgebühren zahlen. Das können je nach Höhe der Einzahlung mehrere Tausend Euro sein.

Die Steuer: Hast du deine Lebensversicherung oder private Rentenversicherung vor 2005 abgeschlossen und lässt du dir das Kapital vollständig auszahlen, hast du einen riesigen Vorteil: Du musst die Erträge nicht versteuern! Jedenfalls sofern du folgende Voraussetzungen erfüllst: Du hast wenigstens fünf Jahre Beiträge gezahlt, und mindestens 60 Prozent der Beiträge machen die Todesfallsumme aus, also den Betrag, den Hinterbliebene im Todesfall bekommen würden. Das ist bei älteren Verträgen aber ohnehin der Fall. Bei später abgeschlossenen Verträgen sind hingegen Steuern bei der Auszahlung fällig. Die Regelungen sind jedoch recht kompliziert, und wie viel überhaupt zu versteuern ist, hängt vom Vertrag ab. Hier solltest du deinen Steuerberater oder deine Steuerberaterin fragen oder dich bei der Versicherung erkundigen, was für deinen Vertrag gilt.

Anders sieht es bei einer Auszahlung in Form einer lebenslangen Rente aus: Dann spielt das Datum des Vertragsabschlusses keine Rolle. Es ist immer Einkommensteuer zu zahlen, aber nur auf einen kleinen Anteil der Rente, den sogenannten «Ertragsanteil». Dessen Höhe hängt davon ab, wann es mit der Rente losgeht. Wer zum Beispiel mit 65 Jahren in den Ruhestand geht, muss 18 Prozent seiner Rente versteuern. Es gilt der Grundsatz: Je jünger man zu Beginn der Rentenauszahlung ist, desto höher der Ertragsanteil. Wer zum Beispiel mit 60 die erste private Zusatzrente bekommt, muss sogar 22 Prozent seiner Rente versteuern. Das spricht einerseits gegen eine Verrentung, weil du mit den alten Verträgen im Fall einer Kapitalauszahlung ja gar keine Steuern zahlen würdest. Andererseits: Wenn du die Kapitalauszahlung wieder anlegst, musst du die gesamte Summe versteuern und darauf Abgeltungsteuer zahlen, und nicht nur einen Anteil.

Beiträge für Krankenkasse und Pflegeversicherung: Privat Krankenversicherte sind bei einer Lebens- oder privaten Rentenversicherung fein raus: Egal, ob sie sich das Geld auf einen Schlag auszahlen lassen oder als Rente, ihren monatlichen Krankenkassenbeitrag beeinflusst das nicht. Dieser hängt nicht von der Höhe ihrer Einkünfte ab. Anders ist es bei Mitgliedern der gesetzlichen Krankenversicherung. Hier ist zunächst zu unterscheiden zwischen Pflichtversicherten und freiwillig Versicherten.

Für Pflichtversicherte, also diejenigen, die während ihres Arbeitslebens in einer gesetzlichen Krankenkasse versichert waren, gilt: Auf Zahlungen aus selbst abgeschlossenen Lebens- und privaten Rentenversicherungen müssen keine Beiträge gezahlt werden, auf Auszahlungen aus der betrieblichen Altersvorsorge aber schon, sofern der Vertrag über den Arbeitgeber lief. Dann ist der volle Beitrag für die Kranken- und Pflegekasse fällig.

Deutlich schlechter gestellt sind freiwillig Versicherte wie Selbstständige oder Rentnerinnen und Rentner, die nicht pflichtversichert sein können, etwa weil sie in ihrem Arbeitsleben lange privat versichert waren und ihnen daher die Vorversicherungszeiten fehlen. Sie müssen auf alle Renten und Auszahlungen aus privaten Renten- und Lebensversicherungen Beiträge zahlen. Pflichtversicherte haben darüber hinaus einen Freibetrag für die Krankenversicherung, was ihre Versorgungsbezüge aus Betriebsrenten oder Zahlungen etwa von Direktversicherungen angeht. 2025 belief er sich auf 187,25 Euro pro Monat. Erst wenn dieser Betrag überschritten wird, bekommt die Krankenkasse Geld. Bei der Pflegeversicherung gibt es allerdings keinen Freibetrag, sondern nur eine Freigrenze: Das bedeutet: Überschreitet die Betriebsrente die Freigrenze von derzeit 187,25 Euro, müssen gesetzlich versicherte Betriebsrentner für ihre gesamten Versorgungsbezüge vom ersten Euro an den vollen Pflegebeitrag abführen. Dabei kann einiges zusammenkommen: 14,6 Prozent für die Krankenversicherung plus einem Zusatzbeitrag, der 2025 nach den Erhöhungen durch die Krankenkassen im Durchschnitt bereits bei 2,9 Prozent liegen dürfte. Obendrauf kommt der Beitrag für die Pflegeversicherung – mit Kindern 3,4 Prozent, ohne Kinder 4,2 Prozent. Das summiert sich bei Kinderlosen auf gut 20 Prozent, Tendenz weiter steigend. Freiwillig Versicherte haben weder den Freibetrag noch die Freigrenze. Sie müssen auf jeden Euro einer privaten oder betrieblichen Vorsorge Beiträge zahlen.

Was die Versicherten zahlen müssen, hängt auch von der Auszahlungsvariante ab: Handelt es sich um beitragspflichtige private Renten oder Betriebsrenten, wird der Beitrag so lange erhoben, bis der Empfänger oder die Empfängerin stirbt. Wer sich für eine einmalige beitragspflichtige Auszahlung entscheidet, muss hingegen für zehn Jahre Beiträge zahlen.

Die Krankenkassen rechnen das dann folgendermaßen aus. Beispiel 1: Ein freiwillig versicherter Rentner ohne Kinder bekommt 200 000 Euro aus seiner privat abgeschlossenen Lebensversicherung ausgezahlt. Der Betrag wird durch 120 geteilt (10 Jahre), macht 1666,67 Euro im Monat. Der Freibetrag gilt für ihn nicht. Die Beiträge für die Krankenversicherung (KV) und Pflegeversicherung (PV) werden also auf eine fiktive Rente von 1666,67 Euro berechnet. Der KV-Beitrag beläuft sich auf 14,6 Prozent plus 2,9 Prozent für den Zusatzbeitrag. Damit sind schon 292 Euro pro Monat fällig. Hinzu kommt für die Pflegeversicherung ein Beitrag von 4,2 Prozent, da der Rentner ja kinderlos geblieben ist, wieder ohne Freibetrag. Damit sind noch einmal 70 Euro fällig. Zusammen sind das fast 362 Euro, die monatlich zu zahlen sind. Würde es dabei bleiben, kämen über die zehn Jahre Beiträge in Höhe von insgesamt rund 43 400 Euro zusammen. Tatsächlich dürften es sogar etwas mehr sein, weil die Beiträge für die Kranken- und Pflegeversicherung in den nächsten Jahren ziemlich sicher weiter anziehen werden.

Und wie sieht es aus, wenn die Lebensversicherung beziehungsweise private Rentenversicherung verrentet wird? Beispiel 2: Eine freiwillig versicherte Rentnerin mit zwei Kindern erhält 300 Euro im Monat aus ihrer privaten Rentenversicherung. Der Freibetrag gilt für sie nicht. Von den 300 Euro geht deshalb der volle Beitrag für die Krankenkasse ab, in Höhe von 17,5 Prozent (14,6 plus 2,9), das sind schon einmal 52,50 Euro. Obendrauf kommt der volle Beitrag für die Pflegeversicherung, die Freigrenze gilt für sie ja ebenfalls nicht. Die Kinder der Rentnerin sind schon über 25 Jahre. Ihr Beitrag beläuft sich deshalb auf 3,6 Prozent, das ist der Beitrag für Versicherte mit Kindern, die das 25. Lebensjahr erreicht haben. Das sind noch einmal 10,80 Euro. Von den 300 Euro werden somit 63,30 Euro abgeknapst, bleiben nur noch 236,70 Euro.

Was würde es zusätzlich bringen, wenn Freibetrag und Freigrenze gelten würden, also die Rentnerin mit den zwei Kindern pflichtversichert wäre, mit einer Betriebsrente in Höhe von 300 Euro? Nach Abzug des Freibetrags von 187,25 Euro muss die Rentnerin auf den Rest in Höhe von 112,75 Euro den vollen Krankenversicherungsbeitrag zahlen (17,5 %, wie oben). Das sind 19,73 Euro. Hinzu kommt der volle Beitrag für die Pflegeversicherung auf die 300 Euro, weil die Freigrenze überschritten ist. Das sind wieder 10,80 Euro.

Macht zusammen 30,53 Euro im Monat, die von ihrer Betriebsrente jeden Monat abgezogen werden. Es bleiben also nicht ganz 270 Euro übrig, das sind immerhin gut 30 Euro pro Monat mehr als bei der freiwillig versicherten Rentnerin.

Der Nachteil bei dieser Art der Beitragszahlung: Die nach jeder Erhöhung des Zusatzbeitrags oder Pflegebeitrags neu zu errechnenden Beiträge sind zu zahlen, solange die private Zusatzrente oder die Betriebsrente fließt, also solange man lebt, und nicht nur auf zehn Jahre hochgerechnet. Ob das am Ende wirklich rechnerisch schlechter ist, weiß man natürlich erst hinterher, es hängt vom Einzelfall ab. So oder so, wenn du freiwillig gesetzlich versichert bist, solltest du auf jeden Fall wissen, dass die Krankenkasse zugreift, und entsprechend kalkulieren, auch bei deiner persönlichen Finanzplanung und gegebenenfalls bei der Berechnung deiner Versorgungslücke. Damit nicht genug: Einkünfte aus Kapitalvermögen wie Zinsen, Dividenden oder realisierte Kursgewinne aus Fondsverkäufen zählen ebenfalls zu den beitragspflichtigen Einnahmen und werden bei der Bemessung des Krankenkassenbeitrags berücksichtigt, sofern darüber ehrliche Angaben gemacht werden und die Krankenkasse davon überhaupt erfährt.

Fazit: Wenn du freiwillig versichert bist, bist du gekniffen. Wenn du pflichtversichert bist, musst du dir bei deinen privat abgeschlossenen Renten- und Lebensversicherungen wegen der Krankenkassenbeiträge keine Sorgen machen. Bei deiner Betriebsrente aber schon, allerdings kannst du da wenigstens Freibetrag und Freigrenze nutzen. Viele wissen aber nichts von dieser «Doppelverbeitragung» ihrer Zusatzrenten und sind dann völlig überrascht, wenn ihre Krankenkasse auf einmal viel Geld will.

WIE DU MIT DIVIDENDENFONDS EIN ZUSATZEINKOMMEN GENERIERST

Vielleicht sind dir die Zinsen für Festgeld und Auszahlpläne zu gering. Womöglich ist es dir auch nicht wichtig, dass du nicht immer denselben Betrag ausgezahlt bekommst. Und bestenfalls willst du beides: Regelmäßige Auszahlungen und die Chance auf Kursgewinne. Dann kommen für dich auch Dividendenfonds beziehungsweise Dividenden-ETFs infrage. Sie bieten Anlegenden gute Chancen, regelmäßig Ausschüttungen zu erhalten, die über den Festgeldzinsen liegen – bei einem einigermaßen überschaubaren Risiko, das solche Investments an den internationalen Aktienmärkten natürlich immer mit sich bringen.

Wie du bereits weißt, schütten viele Unternehmen, deren Aktien an einer Börse gehandelt werden, einen Teil ihres Gewinns als Dividende aus. Das passiert meist im Frühjahr, wenn die Dividendensaison beginnt. Diese Gewinnbeteiligung steht jedem Aktionär und jeder Aktionärin zu, schließlich sind sie ja Miteigentümer des Unternehmens. Die Dividenden werden in der Regel direkt nach der Hauptversammlung ausgezahlt, also nach dem alljährlichen, immer häufiger virtuellen Treffen der Aktionäre und Aktionärinnen. Hierzulande zahlen Aktiengesellschaften einmal im Jahr die Dividende aus. Anders bei US-Unternehmen: Hier gibt's ein Stück vom Gewinn oft jedes Quartal, also viermal im Jahr.

Ein bekanntes Beispiel: Europas größer Vermieter, Vonovia, hat für das Geschäftsjahr 2024 Anfang Juni 2025 eine Dividende von 1,22 Euro pro Aktie ausgeschüttet. Setzt man das ins Verhältnis zum Vonovia-Aktienkurs von damals um die 29 Euro, erhält man eine Dividendenrendite von über vier Prozent (Dividende geteilt durch Aktienkurs x 100). Das ist deutlich mehr, als zu dieser Zeit mit einer Anlage in Festgeld drin war. Vonovia ist keine Ausnahme: Ob in Europa, Asien oder den USA, bei vielen Aktiengesellschaften liegt die Dividendenrendite oberhalb der Festgeldzinsen und Inflationsraten. Allerdings war es gerade unter den US-amerikanischen Technologiekonzernen lange nicht üblich, Dividenden zu zahlen. Diese Unternehmen steckten ihre Gewinne lieber ins Geschäft und neue Produkte, als auch nur einen Teil an ihre Aktionärinnen und Aktionäre auszuschütten. So sind Dividenden etwa für den Nasdaq (der New Yorker Markt für die wachstumsstarken Technologieunternehmen) weit weniger üblich als für die Börsen in Europa. Inzwischen gibt es aber ein paar Ausnahmen wie Meta (Facebook) oder Apple, die ihre Anteilseigner erstmals oder stärker am Gewinn beteiligen. Allerdings sind solche Dividenden – gemessen an ihren gigantischen Gewinnen – immer noch eher mickrig.

Dividenden als Teil der Aktienanlage

Dividenden spielen jedenfalls für den Ertrag einer Aktienanlage eine wichtige Rolle. Je nach Region stammt ein Fünftel oder sogar mehr als die Hälfte des gesamten Ertrags von Aktien aus Dividenden. Das gilt aber vor allem für Unternehmen aus der etablierten Old Economy (dazu zählen Autohersteller, Banken, Pharma- und Nahrungsmittelkonzerne oder Energieversorger), aber auch für Immobilienwerte wie Vonovia. Bedeutend sind Dividenden damit gerade beim Deutschen Aktienindex. Du erinnerst dich: Würden die Dividenden beim DAX nicht eingerechnet, hätte sich der Index nicht einmal halb so gut entwickelt.

Manche Privatanleger und -anlegerinnen, die Wert auf laufende Erträge und damit ein regelmäßiges Zusatzeinkommen legen, haben sich ein Portfolio mit Aktien von Unternehmen aufgebaut, die kontinuierlich steigende Dividenden auszahlen. Man spricht dann von den sogenannten Dividenden-Aristokraten. Zu diesem Portfolio gehören meist Konzerne aus den USA wie das Telekommunikationsunternehmen AT&T, der Mineralölkonzern ExxonMobil oder der Konsumgüterhersteller Procter & Gamble, die über Jahrzehnte hinweg ihre Aktionäre regelmäßig mit steigenden Dividenden beglücken konnten. Allerdings ist der Kauf von Einzelaktien auch riskanter als der Kauf von Fonds beziehungsweise ETFs. Das gilt auch für die Anteilsscheine von Unternehmen, die als verlässliche Dividendenzahler gelten. Hier gibt es einige Risiken:

- Die Höhe der Dividende einer Aktie kann sich jedes Jahr ändern. Sinken die Gewinne der Aktiengesellschaft, wird die Dividende nicht selten gekürzt. Oder sie fällt für ein Jahr oder mehrere Jahre sogar ganz aus. Der krisengeschüttelte Chemie- und Pharmakonzern Bayer etwa kürzte die Dividende 2024 und 2025 auf 11 Cent je Aktie, um Schulden aus der Übernahme von Monsanto abbauen zu können. Zuvor hatte Bayer zehn Jahre lang mindestens zwei Euro pro Aktie ausgeschüttet, manchmal auch deutlich mehr.
- Gute Dividendenrenditen von drei, vier Prozent können ein Hinweis sein auf die Ertragsstärke des Unternehmens und eine aktionärsfreundliche Unter-

nehmensstrategie. Vorsicht ist hingegen geboten bei Dividendenrenditen von fünf, sechs, sieben, acht oder mehr Prozent. Häufig sind solche Werte auf gesunkene Aktienkurse zurückzuführen. Das deutet nicht selten darauf hin, dass ein Unternehmen fundamentale Probleme hat. Greifen Anlegende, verleitet von den hohen Ausschüttungen, bei solchen Aktien trotzdem zu, riskieren sie, dass die Dividende später gekürzt oder ganz gestrichen wird, wenn der Kurs weiter fällt. Die Aktionäre stecken dann in der «Dividendenfalle».

- Wer vor allem auf bestimmte deutsche Standardwerte im DAX setzt, weil diese oft gute Dividenden ausschütten, setzt sich dem Klumpenrisiko aus. Geht es mit diesen Werten am deutschen Aktienmarkt bergab, wirkt sich das auf die eigene Anlage besonders negativ aus, wenn diese Aktien im Portfolio übergewichtet sind. Viele Privatanleger kaufen aber vor allem deutsche Aktien wie die der Telekom, der Allianz oder des Rückversicherers Munich Re (früher Münchener Rück) aufgrund der Dividenden und weil sie das Gefühl haben, sich hier auszukennen und weniger wahrscheinlich danebenzuliegen. Fachleute nennen das *home bias*. (Seite 286 f.)

Was für und was gegen Dividendenfonds spricht

Du siehst: Wer einzelne gute Dividendenzahler kaufen will, geht ein hohes Risiko ein, danebenzugreifen und in die Dividendenfalle zu geraten. Mit Dividendenfonds und

Dividenden-ETFs kannst du hingegen diese Form der Anlage nutzen, dabei aber das Risiko breit streuen, da du so in eine Vielzahl von Dividendenzahlern aus verschiedenen Branchen und Regionen investierst. Gerät ein Unternehmen in eine Krise und streicht die Dividende, ist dies kaum spürbar, sofern es bei den anderen Unternehmen im Fonds weiter gut läuft.

Da in diesen speziellen Fonds besonders viele Dividenden anfallen, tragen diese dazu bei, Kursverluste abzufedern und Risiken am Aktienmarkt zu verringern. So können Anlegende selbst in Krisenzeiten mit regelmäßigen Ausschüttungen rechnen. Im Corona-Jahr 2020 etwa sind nach einer Analyse der Ratingagentur Scope die Dividenden weltweit nur um etwa zwölf Prozent gefallen. Neben den Ausschüttungen gibt es noch weitere Vorteile: Mit den Fonds kannst du wie mit anderen Aktienfonds auch von Kurssteigerungen profitieren. Läuft es gut, kannst du durch die ausgeschütteten Dividenden zudem ein regelmäßiges Einkommen erzielen, ohne dass – wie bei den Bankauszahlplänen – dein Kapital mit jeder Auszahlung kleiner wird und am Ende der Laufzeit ganz aufgezehrt ist. Hinzu kommt: Die Aktienkurse dividendenstarker Unternehmen schwanken oft weniger stark als Wachstumswerte und verlieren in Krisenzeiten weniger an Wert als der breite Markt. Deshalb ist die Schwankungsbreite (Volatilität) der Dividendenfonds tendenziell geringer als bei anderen Aktienfonds. Deshalb gelten Dividenden in Krisenzeiten, wie wir sie seit der Coronapandemie, dem Angriff Russlands auf die Ukraine und dem Amtsantritt von US-Präsident Donald Trump erleben, als Sicherheitspuffer. Mit den zunehmenden Krisen und Kriegen in der Welt und bei einer sich abschwächenden

Weltwirtschaft könnten Dividendentitel in den nächsten Jahren wieder an Attraktivität gewinnen – auch deshalb, weil Anleger womöglich ihr Wertpapierportfolio defensiver aufstellen, den Anteil an US-Aktien in ihrem Depot verringern wollen und dabei auf europäische Dividendenzahler setzen.

Also nichts wie los, oder? Nein, denn leider ist das nur die halbe Wahrheit. Kritiker der Dividendenfonds argumentieren zu Recht: Es ist falsch, vor allem auf den Dividendenertrag zu schauen. Entscheidend ist bei Aktien der Gesamtertrag aus Kursentwicklung und Dividende. Wer vornehmlich in Dividendenfonds investiert, legt aber eher in Unternehmen an, die weniger wachsen, und verzichtet damit auf mögliche schöne Kursgewinne. Die langfristig schlechtere Wertentwicklung im Vergleich zu global anlegenden Fonds beziehungsweise ETFs auf Weltindizes ist somit ein nicht zu unterschätzender Nachteil, den Dividendenanleger in Kauf nehmen müssen. Er wiegt schwerer als die möglichen punktuellen Kurseinbußen, die es bei jedem Investment in Aktienfonds geben kann.

Wenn es dir aber darum geht, regelmäßige Ausschüttungen für ein Zusatzeinkommen zu bekommen, ohne auf mögliche Kurssteigerungen an der Börse verzichten zu wollen, können ausschüttende Dividendenfonds für dich eine Alternative oder Ergänzung zu den klassischen Auszahlplänen sein – vorausgesetzt, du wirst nicht nervös, wenn die Kurse mal um 20 oder 30 Prozent nach unten gehen, weil du diese Täler aussitzen kannst.

Was bei der Wahl von Dividendenfonds zu beachten ist

Wie bei anderen Aktienfonds auch gibt es bei Dividendenfonds gemanagte und passive Varianten, also ETFs. Bei den gemanagten Fonds wählen Fondsmanager und -managerinnen die Dividendenaktien nach bestimmten Kriterien selbst aus. Du kannst aber auch die deutlich günstigeren ETFs kaufen, die eins zu eins einem dividendenorientierten Aktienindex folgen. Bei beiden Varianten gibt es wieder zwei weitere Unterscheidungskriterien: Du kannst thesaurierende Fonds nehmen, bei denen die Dividenden innerhalb des Fonds sofort reinvestiert werden, wodurch sich die Basis für weitere Ausschüttungen erhöht. Anlegende profitieren dann vom Zinseszinseffekt, wobei der Zins in diesem Fall die Dividende ist. Häufiger sind jedoch Fonds, die die aufgelaufenen Dividenden zu bestimmten Stichtagen an die Anleger ausschütten, teilweise einmal im Jahr, halbjährlich, nicht selten auch viermal im Jahr oder sogar monatlich. Wenn du ein regelmäßiges Zusatzeinkommen brauchst, kommt nur die ausschüttende Variante für dich infrage.

Nun fragst du dich wahrscheinlich: Soll ich zu den gemanagten Dividendenfonds greifen oder den ETFs? Für Selbstentscheider, die ihr Portfolio regelmäßig überprüfen, kommen Dividenden-ETFs infrage. Diese punkten, wie immer, mit geringeren Kosten. So belaufen sich die jährlichen Gesamtkosten für diese ETFs auf häufig weniger als 0,5 Prozent des Werts der Fondsanteile, bei den gemanagten Varianten sind es zum Teil deutlich mehr als zwei Prozent (*siehe*

Tabelle S. 252ff.). Das kostet viel Rendite, zumal noch eine hohe Kaufgebühr (Ausgabeaufschlag) hinzukommen kann.

Ein Beispiel: Der in Deutschland am häufigsten verkaufte Dividendenfonds, der DWS Top Dividende, mit mehr als 20 Milliarden Euro Volumen (*siehe Tabelle S. 252ff.*) legt zum Beispiel laut DWS in in- und ausländischen Unternehmen an, «die eine überdurchschnittliche Dividendenrendite erwarten lassen». Weitere Voraussetzungen: Die Dividenden müssen langfristig gewachsen sein, und es sollten gute Aussichten bestehen, dass dies auch in Zukunft so bleibt. Investiert ist der Fonds deshalb vor allem in den Sektoren Finanzen, Gesundheit und Energie. Technologiewerte spielten im DWS Top Dividende hingegen eine untergeordnete Rolle, weil diese Unternehmen entweder gar keine oder nur magere Dividenden zahlen. Die laufenden Kosten des Top Dividende betragen jährlich 1,45 Prozent. Regulär, also ohne Rabatt bei einer Onlinebank oder einem Discountbroker, ist beim Kauf darüber hinaus ein Ausgabeaufschlag von satten fünf Prozent zu zahlen.

Aber lohnt sich das? Die klare Antwort lautet: nein. Nur mal ein Vergleich: Der DWS Top Dividende legte bis Mitte September 2025 in den vergangenen fünf Jahren insgesamt um etwa 50 Prozent zu, ein ETF auf den Weltindex MSCI World im gleichen Zeitraum um gut 80 Prozent. Schauen wir daher auf die Dividenden-ETFs. Sie können meist auch nicht mit den MSCI World mithalten, schneiden aber im Vergleich zu den gemanagten Varianten bei der Wertentwicklung oft besser ab. Das ist nicht nur auf die geringeren Kosten zurückzuführen. Fondsmanagern von Aktienfonds gelingt es ohnehin auf lange Sicht eher selten, den Markt zu übertreffen.

So haben sich gemanagte Dividendenfonds entwickelt

Name	ISIN	Laufende Kosten pro Jahr in %	Wertentwicklung pro Jahr in %	
			3 Jahre	5 Jahre
DWS Top Dividende LD	DE0009848119	1,45	5,50	8,08
Deka-Div. Strategie	DE000DK2CDS0	1,40	9,38	10,51
Fidelity Global Div. A	LU1261431768	1,89	10,78	9,73
JPM Global Div. A	LU0329201957	1,72	14,47	12,49
M&G (Lux) Glb Div. A	LU1670710075	1,92	9,57	12,32
DWS Inv. ESG Eq. Inc.LD	LU1616932940	1,58	6,22	8,40
UniGlobal Dividende A	LU1570401114	1,50	5,41	8,07
DWS Invest Top Div.LD	LU0507266061	1,59	5,47	7,85
BGF Europ. Eq. Inc. A2	LU0562822386	1,82	11,64	8,85
Allianz Europ. Eq. Div A	LU0414045582	1,85	13,23	9,28
DJE Div.& Substanz P	LU0159550150	1,87	7,43	7,16
BGF Glob. Eq. Inc. A2	LU0545039389	1,81	7,67	8,84
FvS Dividend R	LU0831568729	1,63	5,33	7,11
BL-Equities Dividend A	LU0309191491	1,40	2,20	3,86
Fidelity Europ. Div A	LU0353647737	1,94	12,98	11,17

Name	ISIN	Laufende Kosten pro Jahr in %	Wertentwicklung pro Jahr in %	
			3 Jahre	5 Jahre
LBBW Div. Strat. Europa	DE000A0DNHW4	0,99	12,79	10,81
Zum Vergleich: MSCI World Net Return*, in €			14,38	14,68

Anmerkung: Bei der Auswahl der Fonds wurden sowohl Fonds mit einem hohen Fondsvolumen wie auch Fonds mit einer überdurchschnittlichen Wertentwicklung berücksichtigt; *Beim MSCI World Net Return gehen die Dividenden nach Abzug der Quellensteuer in die Indexberechnung ein.
Quellen: Auswahl Envestor; fondsweb.com; Stand: 19. 9. 2025.

So haben sich Dividenden-ETFs entwickelt

Name	ISIN	Laufende Kosten pro Jahr in %	Wertentwicklung pro Jahr in %		
			1 Jahr	3 Jahre	5 Jahre
Vanguard FTSE All-Wld HiDivYld	IE00B8GKDB10	0,29	8,88	9,13	12,55
iShares STOXX Glob. Sel Div 100	DE000A0F5UH1	0,46	15,64	10,23	12,86
VanEck Morningstar Dev.Mrkts Div.	NL0011683594	0,38	16,73	15,13	18,52
WisdomTree Glob. Qual Div Gr.	IE00BZ56SW52	0,38	1,52	8,87	10,08
SPDR S&P Global Div. Arist	IE00B9CQXS71	0,45	1,73	3,45	10,01
iShares MSCI WldQualDiv ESG	IE00BYYHSQ67	0,38	3,75	10,07	11,57
iShares MSCI EurpQualDiv ESG	IE00BYYHSM20	0,28	3,23	12,27	12,35

Name	ISIN	Laufende Kosten pro Jahr in %	Wertentwicklung pro Jahr in %		
			1 Jahr	3 Jahre	5 Jahre
Xtrackers Stoxx Glob. Div100 Swp	LU0292096186	0,50	16,00	10,55	13,22
iShares DivDAX® (DE)	DE0002635273	0,31	8,37	12,33	7,85
iShares STOXX Europe Sel Div 30	DE0002635299	0,31	30,88	17,29	15,36
Deka Euro iSTOXX® ex FinDiv.+	DE000ETFL482	0,30	5,53	11,50	11,47
Amundi IS MSCI Europe Hi Div.	LU1681041973	0,23	8,48	13,45	12,49
Franklin Europ. Quality Div UCITS	IE00BF2B0L69	0,25	18,06	15,08	13,20
Zum Vergleich: MSCI World Net Return*, in €			12,22	14,38	14,68

Bei der Auswahl der Fonds wurden sowohl Fonds mit einem hohen Fondsvolumen wie auch Fonds mit einer überdurchschnittlichen Wertentwicklung berücksichtigt; *Beim MSCI World Net Return gehen die Dividenden nach Abzug der Quellensteuer in die Indexberechnung ein.
Quellen: Auswahl Envestor; fondsweb.com; Stand: 19. 9. 2025

Wie aber können nun Dividenden-ETFs ihren Teil zu einem Zusatzeinkommen beisteuern? Klar ist: Du solltest nur in Dividenden-ETFs investieren, wenn du das Geld mindestens fünf Jahre, besser länger, nicht benötigst, um mögliche Kurseinbußen aussitzen zu können. Sonst läufst du Gefahr, ausgerechnet dann verkaufen zu müssen, wenn die Kurse an den internationalen Börsen gerade gefallen sind. Auch sollten Dividendenfonds normalerweise nur einen Teil deines hoffentlich breit diversifizierten Wertpapierportfolios ausmachen.

Damit du die für dich richtigen Dividenden-ETFs erwischst, kommst du allerdings nicht umhin, dir die Produkte näher anzuschauen. So dürfte dich vor allem interessieren, wie hoch die Ausschüttungen sind, vor allem wenn du regelmäßige, zusätzliche Einkünfte erzielen willst. Infos dazu bekommst du bei den einschlägigen, bereits mehrmals erwähnten Internetportalen.

Ein vereinfachtes Beispiel: Beim Deka Euro iSTOXX ex Fin Dividend+ UCITS ETF gab es 2024 vier Ausschüttungen. Sie beliefen sich auf insgesamt 1,06 Euro pro Fondsanteil. Der Kurs des Fonds bewegte sich 2024 zwischen etwas weniger als 23 Euro bis knapp über 25 Euro. Nimmt man einen Kurs von 24 Euro als Durchschnittswert, entsprechen die 1,06 Euro einer Ausschüttungsrendite von gut 4,4 Prozent. Nachteil: Aufgrund der Ausschüttungen wird das Geld nicht reinvestiert. Du profitierst also nicht vom Zinseszinseffekt. Vorteil: Das Kapital wird nicht verzehrt. Es bleibt erhalten, wächst bestenfalls sogar kräftig, wenn die Aktienkurse sich langfristig nach oben bewegen. Außerdem kannst du jedes Jahr aufs Neue für die Ausschüttung deinen Sparerpauschbetrag nutzen, falls du ihn nicht bereits woanders verbraucht hast.

Du solltest bei der Auswahl deines Dividenden-ETFs außerdem unbedingt auf eine breite Streuung mit Aktien aus verschiedenen Kontinenten, Ländern und Branchen achten. Häufig investieren die Fonds in «Dividenden-Aristokraten», also Unternehmen mit stabiler Geschäftsentwicklung und soliden Bilanzen, die über einen langen Zeitraum hinweg, meist mindestens 25 Jahre, mit jährlich steigenden Dividenden geglänzt haben. Vorsicht geboten ist hingegen bei ETFs, bei denen allein die Höhe der Dividendenrendite im Vordergrund steht. Denn hinter Unternehmen mit außerordentlich hohen Dividendenrenditen verbergen sich nicht selten «gefallene Engel», also Unternehmen, deren Aktienkurs abgestürzt ist und die nur deshalb eine hohe Dividendenrendite aufweisen. Auch ist es besser, wenn bestimmte Branchen im ETF nicht zu dominant werden – man denke an die Bankenkrise im Jahr 2008. Einen Bogen machst du besser auch um Dividenden-ETFs, die einem Index mit nur wenigen Aktien folgen, wie etwa beim Index DivDAX mit lediglich 15 Titeln aus Deutschland. Damit holst du dir nur ein Klumpenrisiko ins Depot.

Nähere Informationen über den jeweiligen ETF findest du im ETF-Factsheet oder in den Halbjahres- und Jahresberichten des Fonds. Damit du ein Gefühl dafür bekommst, was in so einem Dividenden-ETF drinstecken kann, stelle ich dir hier drei Beispiele vor. Wie immer ist dies keine Kaufempfehlung, du entscheidest.

Vanguard FTSE All-World High Dividend Yield ETF: Dieser ausschüttende ETF gilt nach Fondsvolumen als größter Dividenden-ETF weltweit. Er kommt für Anlegende infrage, die global breit gestreut investieren wollen – der zugrunde gelegte Index, der FTSE All-World High Dividend Yield Index, enthält einen Aktienkorb von knapp 2400 Aktien aus Industrie- und Schwellenländern. Die glorreichen Sieben (Meta, Nvidia, Microsoft und Co.) sind in dem Fonds nicht enthalten, da der Fonds auf Unternehmen mit hoher Dividendenrendite setzt, zu denen diese nicht gehören.

Gewichtet werden die Unternehmen nach ihrem Börsenwert, der sogenannten Marktkapitalisierung. Zu den größten Einzelwerten im ETF zählen JP Morgan Chase, Johnson & Johnson, ExxonMobil und Procter & Gamble. Insgesamt dominieren Banken, Versicherungen und andere Finanzwerte mit einem Anteil von insgesamt rund 30 Prozent. Das kann zum Risiko werden, wenn zum Beispiel die Banken wegen fallender Zinsen schlechtere Geschäfte mit Krediten und Sparanlagen machen. Einen starken Stellenwert haben auch US-Aktien mit einem Anteil von mehr als 40 Prozent. Ausgeschüttet wird viermal im Jahr. Die Ausschüttungsrenditen bewegten sich zwischen 2021 und 2024 zwischen 3,35 und 3,75 Prozent.

VanEck Morningstar Developed Markets Dividend Leaders ETF: Dieser ausschüttende ETF setzt auf verlässliche Dividendenzahler, ohne das Thema Wertzuwachs zu vernachlässigen. In dem ETF befinden sich Dividenden-Aktien aus dem Developed Markets Large Cap Index der Ratingagentur Morningstar, der etwa 700 Unternehmen aus Industrienationen mit großer Marktkapitalisierung abbildet. Das ist die Basis, dann wird ausgesiebt: Um in die finale Auswahl zu kommen, müssen Unternehmen mindestens fünf Jahre konstante Ausschüttungen vorweisen. Außerdem dürfen sie höchstens 75 Prozent ihres Nettogewinns als Dividende auszahlen. Das soll dazu beitragen, dass sie die Dividende nicht aus der Substanz zahlen. Außerdem sind bestimmte Unternehmen ausgeschlossen, die die Nachhaltigkeitskriterien von Morningstar nicht erfüllen, wie etwa Energiekonzerne mit großer Kohlesparte. Geschäfte mit Öl werden hingegen akzeptiert. Die 100

Unternehmen, die diese Bedingungen am besten erfüllen, kommen in den Morningstar Developed Markets Dividend Leaders Index, den der ETF des Anbieters VanEck abbildet. Zu den größten Werten im Index zählen Verizon, Chevron, Pfizer, HSBC und Roche. Auch der deutsche Versicherer Allianz gehört zu den Top Ten. US-Firmen haben in diesem ETF ein Gewicht von nicht einmal 20 Prozent. Allerdings machen Banken einen Anteil von mehr als 32 Prozent des Fondsvolumens aus. (Zum Vergleich: Im MSCI World sind Finanzwerte mit knapp 17 Prozent vertreten.) Ausgeschüttet wird ebenfalls viermal im Jahr. Die Ausschüttungsrenditen bewegten sich in den vergangenen vier Jahren zwischen 4,64 und 5,28 Prozent – bei einer soliden Wertsteigerung, die nur knapp hinter dem Weltaktienindex MSCI World zurückbleibt.

iShares MSCI World Quality Dividend ESG UCITS ETF USD: In diesem ausschüttenden ETF sind die besten Dividendenaktien aus dem Weltindex MSCI World enthalten. Ausgeschlossen sind im iShares MSCI World Quality Dividend ESG UCITS ETF USD aber Unternehmen, die laut dem Anbieter iShares im MSCI World zu den fünf Prozent mit der höchsten Dividendenausschüttungsquote gehören oder sogar trotz Verlust Dividenden zahlen. Ebenso Firmen, die «keine gute Bilanz des Dividendenwachstums» vorzeigen können oder «potenziell schwache Fundamentaldaten» haben, etwa beim Verschuldungsgrad. Ebenfalls nicht dabei sind Aktien, die bei der Kursentwicklung zu den schwächsten fünf Prozent des Index gehören. Hinzu kommen Nachhaltigkeitskriterien. So heißt es im Factsheet, dass Unternehmen ausgeschlossen sind, «die an umstrittenen, konventionellen und nuklearen Waffen, zivilen Feuerwaffen, Tabak, Kraftwerkskohle, Ölsanden (…) beteiligt sind». Auf diesem Weg haben knapp 200 Unternehmen einen Platz im Index gefunden, den der ETF nachbildet. Mit gut 50 Prozent machen Unternehmen aus den USA den Löwenanteil aus. Das größte Gewicht im Index haben Apple, Nvidia, Home Depot und SAP. Ausgeschüttet wird halbjährlich, die Ausschüttungsrenditen bewegten sich in den vergangenen vier Jahren zwischen 2,87 und 3,22 Prozent.

Zum Vergleich kann man sich anschauen, wie hoch der Ertrag bei ausschüttenden ETFs ist, die dem MSCI World folgen. Das hängt vom Anbieter des ETFs ab. Drei Beispiele:

- Der Amundi MSCI World II UCITS ETF Dist schüttet einmal im Jahr Dividenden aus. Zwischen 2021 und 2024 bewegte sich die Ausschüttungsrendite zwischen 1,60 und 2,02 Prozent.
- Der UBS ETF (IE) MSCI World UCITS ETF (USD) A-dis schüttet ebenfalls halbjährlich aus. Die jährliche Ausschüttungsrendite bewegte sich zwischen 1,38 und 1,70 Prozent in den oben genannten vier Jahren.
- Der iShares MSCI World UCITS ETF (Dist) schüttet quartalsweise aus, wobei sich die jährliche Ausschüttungsrendite in den verglichenen vier Jahren zwischen 1,27 und 1,56 Prozent bewegte.

Tipp: Verschiedene ETFs kombinieren

Wenn du mit Dividenden-ETFs ein monatliches Einkommen erzielen willst, kannst du in verschiedene ETFs investieren, die in jeweils unterschiedlichen Monaten ausschütten. Oder du sammelst ein Jahr lang die ausgeschütteten Dividenden auf einem Tagesgeldkonto an und zahlst dir davon eine bestimmte monatliche Summe aus. Die im Folgejahr neu ausgeschütteten Erträge wandern dann wieder für ein Jahr aufs Tagesgeldkonto und so weiter. Wenn du das Risiko weiter streuen willst, kannst du zusätzlich in Festgeld oder in Auszahlpläne investieren, um dein gewünschtes Zusatzeinkommen aus weiteren Quellen zu speisen. Oder du setzt auf ausschüttende Anleihen-ETFs, bei denen die Zinsen regelmäßig gutgeschrieben werden. In den Fondsunterlagen kannst du nachlesen, auf welchem Niveau sich die Ausschüttungsrenditen bei diesen ETFs bewegen können.

PANTOFFEL-PORTFOLIO UND AUSZAHLPLAN KOMBINIEREN

Du hast jetzt einige Möglichkeiten kennengelernt, dir ein monatliches Zusatzeinkommen auszahlen zu lassen. Und du hast eine Vorstellung davon, wie die Ideallösung für solch ein Zusatzeinkommen aussehen sollte: Die monatliche Zusatzrente ist möglichst hoch, sie soll bis zum Lebensende gezahlt werden, und sie soll bestenfalls mit der Inflation wachsen. Und dann soll von deinem Kapital am Ende auch noch möglichst viel oder alles übrig bleiben. Nur: Das alles zusammen bekommst du nicht so leicht, es sei denn, du hast als Erbe oder Erbin ein paar Millionen auf dem Konto. Du kannst aber auch mit weniger als einer Million der Ideallösung zumindest nahekommen. Was also tun, wenn du bereits einen größeren Betrag in einem Pantoffel-Portfolio angelegt hast und nun daraus ein Zusatzeinkommen generieren willst? Wie du verfährst, hängt nicht zuletzt davon ab, was für ein Anlegertyp du bist und welches Risiko du eingehen und tragen willst. Welches Entnahmemodell für dich passt, musst du herausfinden.

Das planlose Einfach-Kassieren-Modell: Bei dieser Variante musst du gar nichts tun. Du kassierst einfach die Zinsen aus dem Sicherheitsbaustein als dein Zusatzeinkommen, und gegebenenfalls kommen obendrauf noch die Erträge von ausschüttenden ETFs in deinem Renditebaustein. Die Beträge, die du so bekommst, dürften allerdings von Monat zu Monat schwanken, wenn es überhaupt jeden Monat etwas gibt. Falls dieses schwankende, unregelmäßige Zusatzeinkommen nicht reicht, entnimmst du zusätzlich nach Bedarf Geld aus deinem Sicherheitsbaustein. Das geht, wenn immer genug davon auf einem Tagesgeldkonto liegt. Dieses Verfahren hat aber einen großen Nachteil: Wenn deine finanzielle Planung vorsieht, dass dein Sicherheitsbaustein immer eine bestimmte Größe haben soll, wird dieser durch die Entnahmen natürlich immer kleiner. Ausgleichen kannst du das nur, wenn dein Renditebaustein stark genug wächst, du die Gewinne realisierst und regelmäßig auf den Sicherheitsbaustein umschichtest.

Eine Beispielrechnung: Sind beide Kapitalanteile gleich groß, müsste der Renditeteil 7,2 Prozent Rendite jährlich bringen, um sich in zehn Jahren zu verdoppeln und damit den Verbrauchsanteil vollständig auszugleichen. Beträgt der Verbrauchsanteil nur ein Drittel des Gesamtkapitals, reichen gut vier Prozent Rendite im Renditeteil, damit der Verzehr nach zehn Jahren kompensiert ist. Das kann aber schiefgehen, wenn die Kurse an den Börsen abstürzen, und daher ist dieses Modell ein ziemlich wackliges, auf das du dich nicht verlassen kannst. Ganz bestimmt ist es für dich nicht geeignet, wenn du jeden Monat sicher einen bestimmten Betrag brauchst oder dir der oben beschriebene Aufwand von Entnahme und Umschichten zu viel ist. Am Ende besteht die Gefahr, dass der Sicherheitsbaustein geplündert ist und nur der Renditebaustein übrig bleibt. Dein Anlageportfolio befindet sich dann in einem Ungleichgewicht mit einem erhöhten Verlustrisiko für dich.

Die Entnahme ohne Renditebaustein: Angenommen, du hast 100 000 Euro zur Verfügung. 50 000 Euro hast du als Tagesgeld angelegt. Die anderen 50 000 Euro hast du in Aktien-ETFs investiert. Für die geplante Entnahme verkaufst du deine Aktien-ETF-Anteile, weil dir das zu unsicher geworden ist oder weil du mit zunehmendem Alter keine Lust mehr darauf hast, dich um das Aktien-ETF-Portfolio zu kümmern. Das Geld aus dem ETF-Verkauf wandert dann ebenfalls auf dein Tagesgeldkonto. Infrage sollte das aber nur kommen, wenn sich dein Aktien-ETF-Vermögen ordentlich vermehrt hat und sich nicht gerade in den roten Zahlen befindet. Allerdings musst du beim Verkauf damit rechnen, dass das Finanzamt zuschlägt. Wenn du zum Beispiel beim Verkauf der Aktien-ETFs noch Kursgewinne von 5000 Euro zu versteuern hättest, weil du die Anteile in den vergangenen Jahren zu niedrigeren Kursen gekauft hast, bleibt von dem Renditeanteil etwas weniger übrig. Außerdem musst du dich darauf einstellen, dass du dir das Höchstmaß an Sicherheit mit weniger Rendite und einem dadurch geringeren Zusatzeinkommen einkaufst.

Beispiel eins: Rechnen wir der Einfachheit halber weiter mit 100 000 Euro. Von diesem Vermögen willst du dir jeden Monat 500 Euro als Zusatzeinkommen auszahlen lassen. Lässt du nun das gesamte Geld auf dem Tagesgeldkonto schlummern, musst du dich allerdings selbst darum kümmern, dass du jeden Monat den gewünschten Betrag davon abzweigst und auf dein Girokonto überweist. Sehr viel kann dabei aber nicht herauskommen: Bei mageren 1,0 Prozent Zinsen wäre von der schönen Summe schon nach gut 18 Jahren nichts mehr übrig, Steuern sind davon schon abgezogen. Zum Vergleich: Bei einer Netto-Rendite von durchschnittlich jährlich drei Prozent Zinsen nach Abzug von Steuern, die ein weiter bestehendes Pantoffel-Portfolio vielleicht erwirtschaften würde, reicht das Geld hingegen fast 23 Jahre. Bei einer jährlichen Rendite von vier Prozent wären es sogar nicht ganz 27 Jahre.

Beispiel zwei: Du bist 60, hast sogar 200 000 Euro auf der hohen Kante und möchtest das Geld dazu verwenden, deinen Lebensunterhalt jeden Monat etwas aufzubessern. Dafür musst du zunächst den verfügbaren Geldbetrag durch die restliche Lebenserwartung teilen. Klar, du weißt nicht, wie lange du leben darfst und wirst. Aber du solltest dir schon im Klaren darüber sein, wie lange dieser Entnahmeplan laufen soll und folglich – falls es um die Aufbesserung deines Alterseinkommens geht – mit welcher Lebenserwartung du rechnest. Sei dabei lieber optimistisch, damit bei dieser Rechnung nichts schiefgeht. Also lieber damit kalkulieren, 95 Jahre zu werden, als 85. Das Zusatzeinkommen soll ja bis zum Lebensende fließen. Also teilst du die 200 000 Euro sicherheitshalber durch 35 Jahre, das ergibt pro Jahr 5714 Euro. Aufgeteilt durch 12 Monate kommen pro Monat 476 Euro heraus. Das wäre der Fall, wenn du das Geld unverzinst auf dem Girokonto lässt. Bekommst du dafür auf deinen Tagesgeldkonten im Durchschnitt pro Jahr 1,5 Prozent Zinsen, würde sich dein Zusatzeinkommen pro Monat schon auf rund 611 Euro belaufen, bis das Geld nach 35 Jahren aufgebraucht ist. Zum Vergleich: Bei einer Netto-Rendite von drei Prozent wären es hingegen schon 763 Euro. Zugegeben, das sind reichlich fiktive Beispiele. Wer sich ein Zusatzeinkommen ohne Renditebaustein auszahlen lassen will, sollte wenigstens auch auf höher verzinstes Festgeld und Bankauszahlpläne setzen. Doch du siehst jetzt: Eine Entnahme ohne Renditebaustein sollte für dich wirklich nur infrage kommen, wenn du sehr sicherheitsorientiert bist und dich mit den niedrigen Erträgen aus sicheren Zinsanlagen begnügen kannst. Dann musst du allerdings in Kauf nehmen, dass dein Geld wegen der Inflation womöglich an Kaufkraft verliert. Deshalb sollte dein Zusatzeinkommen eigentlich jedes Jahr etwas höher werden, um steigende Lebenshaltungskosten von vornherein sicher auszugleichen.

Es gibt aber Modelle, wie du dein Pantoffel-Portfolio in einer für dich passenden Mischung behalten und trotzdem Geld entnehmen kannst – und zwar so, dass du den

Schwankungen der Aktienmärkte nicht so stark ausgesetzt bist. Die Stiftung Warentest hat dafür ein Modell entwickelt, das ich dir vorstellen möchte. Auch hier gilt: Ob es für dich infrage kommt, hängt davon ab, wie du als Anleger/Anlegerin tickst und wie viel Risiko du ertragen kannst.

Flexibel Geld fürs Zusatzeinkommen entnehmen: In dieser Variante behältst du dein Pantoffel-Portfolio. Deine Aktien-ETFs, die weiter mindestens ein Viertel oder die Hälfte deines Anlagevermögens ausmachen, bleiben dein Renditeturbo. Schließlich hast du noch ein, zwei, drei Lebensjahrzehnte vor dir und kannst einen Börsenabsturz einfach aussitzen. Mindestens einmal im Jahr, zum Beispiel bei deinem jährlichen Finanzcheck, teilst du nun dein verbliebenes Gesamtvermögen durch die Zeit, die deine Auszahlphase laufen soll. Angenommen, du hast 2026 noch 25 Jahre vorgesehen, dann teilst du 2027 logischerweise durch 24 Jahre, und so weiter. Beispiel: Du hast 360 000 Euro angelegt und gibst dir noch eine Lebenserwartung von 30 Jahren. Heraus kämen bei der Rechnung 12 000 Euro pro Jahr, also eine Rate von 1000 Euro im Monat.

Wie viel du nun aber tatsächlich entnimmst, hängt von der Kursentwicklung an den Börsen und deinem Vermögenswert ab. Sind die Kurse deutlich gestiegen, gönnst du dir eine größere Zusatzrente. Sind die Kurse gefallen, gibt es weniger. Normalerweise holst du das Geld einfach von deinem Tagesgeldkonto, deinem Sicherheitsbaustein. Das ist einfach und kostet nichts, anders als beim Verkauf von Aktien-ETF-Anteilen. Trotzdem solltest du dich jedes Jahr vergewissern, dass dein Portfolio in der gewünschten Balance geblieben ist, und, falls notwendig, einmal im Jahr

ETF-Anteile losschlagen, um dein Tagesgeldkonto wieder auf die gewünschte Größe zu bringen. Laut den Berechnungen von Stiftung Warentest bekommst du bei so einer flexiblen Entnahme im Durchschnitt mehr raus als bei einer festen Auszahlung – egal, wie lang deine Auszahlzeit ist. Natürlich kannst du es dir auch bei diesem Entnahmemodell irgendwann leichter machen. Dann packst du ein paar Jahre vor Ende der Auszahlungsphase schrittweise das Geld aus den Aktien-ETFs aufs Tagesgeldkonto und gehst zu einer festeren Auszahlung über. Falls dir das zu viel Rechnerei ist, kannst du dir kostenlos helfen lassen, zum Beispiel mit dem «einfachen Entnahmerechner» der Stiftung Warentest, zu finden unter test.de.

Du kannst es dir aber auch etwas einfacher machen und das flexible Entnahmemodell der Warentester abwandeln. Beispiel: Von den dir zur Verfügung stehenden 100 000 Euro legst du so viel Geld auf ein Tagesgeldkonto, dass es fünf Jahre lang für die von dir monatlich gewünschten Überweisungen reicht. Bei einer Zusatzrente von monatlich 500 Euro wären das 30 000 Euro. Das Geld auf dem Tagesgeldkonto ist dein Verlustpuffer. Der Rest des verfügbaren Vermögens in Höhe von 70 000 Euro fließt je zur Hälfte in einen weltweit investierenden Aktien-ETF und eine sichere Anlage, also zum Beispiel Geldmarktfonds oder Festgeld. Nach guten Börsenjahren verkaufst du ETF-Anteile und füllst das Tagesgeldkonto wieder auf. Nach schlechten entnimmst du einfach weiter Geld vom Tagesgeldkonto, ohne nachzufüllen. Das bewahrt dich idealerweise davor, in schlechten Börsenphasen Aktien-ETF-Anteile verkaufen zu müssen. Selbst wenn die Kurse an den Aktienmärkten stark fallen, sollten sich nach fünf Jahren die Kurse deines Aktien-ETF-Depots mit sehr hoher Wahrscheinlichkeit wieder erholt haben. Wie lange reicht nun das Geld? Angenommen, die gesamte Anlage erwirtschaftet eine Rendite von durchschnittlich jährlich drei Prozent. Dann kannst du 22 Jahre lang 500 Euro entnehmen, bis die 100 000 Euro aufgebraucht sind. Zahlst du dir jedes Jahr zwei Prozent mehr als Inflationsausgleich aus, würden die 100 000 Euro bei gleicher Rendite immerhin noch gut 18 Jahre reichen. Im 18. Jahr würdest du dann aber zum Beispiel nicht 500 Euro pro Monat ausgezahlt bekommen, sondern rund 700 Euro.

Nun kann es sein, dass du noch jung bist und trotzdem ein Zusatzeinkommen haben möchtest, um dein Gehalt aufzubessern oder die Familienkasse jeden Monat zu füllen. In diesem Fall sollte dein Kapital möglichst erhalten bleiben und nicht aufgezehrt werden. Dann bietet dir die 4-Prozent-Faustformel eine gute Orientierung. Damit kannst du dein Kapital über 30 Jahre erhalten, obwohl du jährlich vier Prozent deines Anfangsvermögens entnimmst. Voraussetzung: Du erwirtschaftest mit deinem Vermögen auch eine Rendite von jährlich vier Prozent.

Beispiel: Du hast 300 000 Euro geerbt und in einem Pantoffel-Portfolio angelegt. Du entnimmst jährlich vier Prozent, das sind 12 000 Euro, also 1000 Euro pro Monat. Bei einer durchschnittlichen Rendite von vier Prozent wären nach Auszahlung von insgesamt 360 000 Euro an Zinsen (nach 30 Jahren) immer noch 285 000 Euro übrig. Klar, das ist nur ein grober Richtwert. Weder sind Steuern noch Börsenkrisen oder Niedrigzinsphasen berücksichtigt. Du kannst natürlich auch viel vorsichtiger kalkulieren, etwa mit drei oder zwei Prozent. Dabei kommt heraus: Lässt du dir weiter 1000 Euro im Monat auszahlen, blieben bei einer Verzinsung von drei Prozent von den 300 000 Euro nach 30 Jahren aufgerundet 148 000 Euro, bei einer Verzinsung von zwei Prozent wären es nur noch etwas mehr als 51 000 Euro. Willst du hingegen das gesamte Grundkapital von 300 000 Euro für den Ruhestand behalten, könntest du bei einer Verzinsung von drei Prozent immer noch 738 Euro im Monat und bei einer Verzinsung von zwei Prozent 495 Euro im Monat entnehmen. Wenn du selbst verschiedene Möglichkeiten auf Basis deines Vermögens durchspielen willst, empfehle ich dir einen Online-Entnahmerechner.[17] Den kann auch bedienen, wer in Mathe nie aufgepasst hat.

Fazit: Du kennst nun einige Modelle, wie du dir ein monatliches Zusatzeinkommen auszahlen lassen kannst. Am wichtigsten ist: Du solltest dich damit wohlfühlen. Und falls du dich entscheiden solltest, deinen ETF-Renditebaustein zu behalten, musst du natürlich mit den Kursschwankungen im Depot klarkommen und gegebenenfalls damit, dass Entnahmen schwanken können. Ist dies bei deinem Auszahlplan der Fall, solltest du damit nur Ausgaben finanzieren, bei denen die Schwankungen keine große Rolle spielen, also nicht gerade die Miete. Kommst du damit mental nicht klar, solltest du für dein Zusatzeinkommen ausschließlich auf Zinsprodukte setzen.

DIE STEUERN NICHT AUS DEN AUGEN VERLIEREN

Auf Kapitalerträge ist grundsätzlich eine Abgeltungsteuer in Höhe von 25 Prozent plus Solidaritätszuschlag zu zahlen. Hinzu kommt gegebenenfalls Kirchensteuer. Dies gilt für Zinsen, etwa für Erspartes auf Tagesgeld- oder Festgeldkonten, genauso wie für Kursgewinne, die durch den Verkauf eines Wertpapiers wie einem Aktien-ETF an einer Börse realisiert wurden. Mit Zahlung der Steuer ist deine Steuerschuld abgegolten, daher der Name Abgeltungsteuer. Deine Bank oder dein Broker bucht diese Steuer direkt von deinen Kapitaleinkünften ab, ohne dass du dich darum kümmern musst. Unterm Strich bedeutet das:

Ohne Kirchensteuer und mit Soli beläuft sich die Abgeltungsteuer auf 26,38 Prozent.

Mit neun Prozent Kirchensteuer, die in den meisten Bundesländern fällig ist (in Bayern und Baden-Württemberg sind es acht Prozent), sind es 27,99 Prozent. Bei der Berechnung berücksichtigt ist dabei ein pauschaler Sonderausgabenabzug.

Beispiel: Du hast im Rahmen deines Rebalancing Anteile an einem Aktien-ETF verkauft. Der noch zu versteuernde Kursgewinn beläuft sich auf 1000 Euro. Darauf sind 25 Prozent Abgeltungsteuer fällig, abzüglich des pauschalen Sonderausgabenabzugs. Das sind 244,50 Euro. Obendrauf kommt der Soli-Zuschlag, der bei Kapitalerträgen noch immer nicht abgeschafft ist. Das sind 5,5 Prozent auf 244,50 Euro, ergibt zusammen 257,95 Euro, die die Bank fürs Finanzamt automatisch abzieht. Falls du einer Kirche offiziell angehörst, wird die Kirchensteuer ebenfalls auf die Abgeltungsteuer draufgeschlagen. Bei einer Kirchensteuer von neun Prozent sind damit weitere 22 Euro zu zahlen. Macht zusammen 279,95 Euro.

Du kannst aber mit einem Freistellungsauftrag vermeiden, dass du Abgeltungsteuer zahlen musst, zumindest teilweise. Damit sind Kapitaleinkünfte von der Abgeltungsteuer befreit, aber nur bis zu bestimmten Obergrenzen. Maßgeblich ist hier der Sparerpauschbetrag (früher Sparerfreibetrag). Dieser beläuft sich auf 1000 Euro für Singles und 2000 Euro für Verheiratete pro Jahr. Den Freistellungsauftrag musst du bei deiner Bank einreichen, das geht in der Regel auch online, im entsprechenden Menü (meist zu finden unter «Steuern» oder «Freistellungsauftrag»). Jede Bank sollte dafür die entsprechenden Formulare auch online bereithalten.

Solltest du Kunde oder Kundin von mehreren Banken sein, kannst du bei jedem der Geldhäuser Kapitalerträge freistellen. Du musst dabei aber darauf achten, den Sparerpauschbetrag insgesamt nicht zu überschreiten. Als Alleinstehender kannst du also zum Beispiel bei der Bank A 300 Euro angeben, bei der Bank B 250 Euro und bei der Bank C 450 Euro, je nachdem, wie es am besten ist, um möglichst keine Abzüge zu haben. Konntest du sämtliche Kapitalerträge von der Steuer freistellen, musst du die Erträge in der Steuererklärung nicht mehr angeben. Wenn du allerdings Erträge oberhalb der 1000-/2000-Euro-Grenze erzielt, oder den Freistellungsauftrag vergessen hast, musst du sowohl die Erträge wie auch die eventuell bereits gezahlte Abgeltungsteuer in der Steuererklärung angeben. Hinzu kommt: Nicht wenige ausländische Banken, die nicht dem deutschen Steuerrecht unterliegen, aber zu den Topanbietern von Tages- und Festgeld gehören, führen keine Steuern an den deutschen Fiskus ab. Sie zahlen die Zinsen zu 100 Prozent aus. In diesem Fall sind die Zinsen ebenfalls in der Steuererklärung anzugeben.

Für alle Zinsen, ausgeschüttete Dividenden und realisierte Kursgewinne sowie die gezahlten Steuern benutzt du die Anlage KAP, für Kapitalerträge. Deine Banken helfen dir dabei: Wie viel Zinsen gezahlt wurden, wie viele Erträge du mit deinem Depot erwirtschaftet hast, steht in der Jahressteuerbescheinigung, die die Banken oft schon Ende Januar, in der Regel aber bis zum Ende des ersten Quartals an ihre Kunden verschicken. In diesen Bescheinigungen steht auch, an welcher Stelle du was in der Anlage KAP eintragen sollst. Gegebenenfalls musst du dabei Erträge zusammenzählen, wenn du von verschiedenen Banken gleichartige Erträge bekommen hast. Das Finanzamt stellt dann fest, ob du Steuern auf die Kapitalerträge nachzahlen musst oder nicht. Es kann dabei sogar passieren, dass du Geld zurückbekommst. Beispiel: Du hast geerbt oder mit der Auszahlung deiner Lebensversicherung Erträge aus einem Auszahlplan und damit Kapitaleinkünfte oberhalb des Sparerpauschbetrags erzielt. Dein Verdienst oder dein Alterseinkommen ist aber so niedrig, dass dein persönlicher Steuersatz unter 25 Prozent liegt, also unterhalb der Höhe für die Abgeltungsteuer. Dann bekommst du zu viel bezahlte Abgeltungsteuer zurückerstattet. Das erledigt das Finanzamt, es muss dafür die sogenannte «Günstigerprüfung» machen. Auch wenn du den Freistellungsauftrag vergessen hast, solltest du unbedingt die Anlage KAP ausfüllen. Kann ja sein, dass deine Erträge unterhalb der 1000/2000er-Grenze liegen, auch dann bekommst du Abgeltungsteuer zurück, oder der offene Betrag verringert deine Steuernachzahlung.

Auch wenn du Erträge aus gemanagten Fonds oder ETFs erzielt hast, musst du diese versteuern. Kursgewinne, die nur auf dem Papier stehen, aber nicht durch einen Verkauf realisiert wurden, natürlich nicht. Bei der Fondsbesteuerung gibt es allerdings zwei Besonderheiten:

1. **Teilfreistellung:** Der beim Verkauf von Fondsanteilen erzielte Kursgewinn und Dividenden, die Fonds auszahlen, sind nur zum Teil zu versteuern. Wie hoch die sogenannte Teilfreistellung ausfällt, ist von der Höhe des Aktienanteils des jeweiligen Fonds abhängig:

Bei Aktienfonds mit einem Aktienanteil von mehr als 50 Prozent sind 30 Prozent der Erträge steuerfrei.

Bei Mischfonds, die in Aktien, Anleihen und gegebenenfalls auch noch in Rohstoffe investieren, sind 15 Prozent befreit, wenn die Aktienquote zwischen 25 bis 50 Prozent liegt.

Bei anderen Fonds mit einem Aktienanteil von weniger als 25 Prozent gibt es keine Teilfreistellung.

ETFs werden steuerlich genauso behandelt wie aktive gemanagte Aktienfonds. Ausnahme: Der ETF bildet den Index überwiegend künstlich über sogenannte Derivate nach, dann profitieren die Anleger nicht von der Teilfreistellung.

Wichtig für dich zu wissen: Die Depotbank berücksichtigt die Teilfreistellung automatisch. Darum musst du dich nicht kümmern. Zieht die Bank Abgeltungsteuer ab, geschieht dies nur bei den Kapitalerträgen, die von der Teilfreistellung ausgenommen sind.

2. Vorabpauschale: Gut möglich, dass im elektronischen Postfach deiner Depotbank auch schon mal ein solches Schreiben gelandet ist: eine Abrechnung der Bank über die Vorabpauschale. Relevant ist dies vor allem für Anleger von thesaurierenden Fonds, bei denen die Erträge nicht ausgeschüttet, sondern im Fonds direkt wieder angelegt werden. Anhand der Vorabpauschale erhebt das Finanzamt vorab die Abgeltungsteuer auf deine zukünftigen Gewinne, die du hoffentlich als Anlegender in 5, 10 oder 15 Jahren erzielen wirst, wenn du Fondsanteile veräußerst oder im Rahmen des Rebalancing verkaufst. Man kann deshalb auch von einer vorweggenommenen Besteuerung von Wertsteigerungen sprechen, die du erst in Zukunft realisieren wirst. Die Vorabpauschale ist die Grundlage für die Besteuerung. Wie hoch diese ausfällt, hängt von einem Basiszins ab, den die Bundesbank ermittelt. In der Niedrigzinsphase ist keine Vorabpauschale angefallen, weil der Basiszins negativ war. Inzwischen müssen die Banken auf Basis der Vorabpauschale bei den betreffenden Fonds aber wieder Abgeltungsteuer an die Finanzämter abführen. Abgebucht wird das Geld meist vom Verrechnungskonto des Depots. Verhindern kannst du das nur, wenn dein Sparerpauschbetrag noch nicht ausgeschöpft ist und du einen Freistellungsauftrag einreichen kannst, der hoch genug ist, um die Abzüge von der Steuer freizustellen.

Entscheidend für dich zu wissen: Verkaufst du Fondsanteile, berücksichtigt deine Depotbank die Summe der auf Grundlage der jeweiligen Vorabpauschale von dir bezahlten Vorabsteuern vom Verkaufsgewinn, damit du nicht doppelt besteuert wirst. Das mindert den Restertrag, der dann noch auf einen Schlag zu versteuern ist. In den Jahren ohne Vorabpauschale wird dein Verkaufsgewinn aber logischerweise nicht reduziert.

Nun fragst du dich womöglich, ob du gezahlte Vorabsteuer zurückbekommst, wenn du ETF-Anteile mit Verlust verkaufen musst. Keine Sorge, auch darum kümmert sich deine Depotbank: Zu viel gezahlte Vorabsteuer schreibt dir deine Depotbank entweder automatisch wieder gut oder speichert diese als Verlust. Verkaufst du dann später noch einmal ETF-Anteile mit einem Kursgewinn, werden der Verlust und die gezahlte Vorabsteuer automatisch angerechnet. Dein Depotanbieter führt nämlich für dich einen sogenannten «Verlustverrechnungstopf», den du nutzen kannst, um Verluste mit Gewinnen beziehungsweise bezahlten Vorabsteuern zu verrechnen.

Tipp: Gewinne mit Verlusten verrechnen und Steuern sparen

Angenommen, du hast vor Jahren mal Themenfonds oder Einzelaktien gekauft, von denen du dich jetzt trennen willst, weil sie nur Verluste gemacht haben oder nicht mehr in deine Anlagestrategie passen. Dann kannst du die Verluste mit sichergestellten Gewinnen verrechnen. Dadurch reduziert sich der Ertrag, den du versteuern musst. Möglich ist es auch, den Verlust «aufzuheben» und erst im nächsten Jahr mit dann realisierten Gewinnen zu verrechnen. Das geht auch, wenn du Gewinne und Verluste auf verschiedenen Depots bei unterschiedlichen Banken hast. Dann brauchst du eine Verlustbescheinigung fürs Finanzamt. Diese ist bei der Bank jeweils bis zum 15. Dezember zu beantragen. Doch Vorsicht: Du kannst nicht jeden Verlust mit jedem Gewinn verrechnen. Es gibt verschiedene Gewinn- und Verlusttöpfe, die die Bank für dich führt. Entscheidend dabei ist: Du kannst Verluste aus Fondsverkäufen mit Gewinnen aus Fondsverkäufen verrechnen. Du kannst aber Verluste aus dem Verkauf von einzelnen Aktien nur mit Gewinnen aus dem Gewinntopf «Aktien» verrechnen, leider aber nicht aus dem Topf «Sonstiges», zu dem auch Fonds gehören. Erträge aus Aktien wiederum darfst du mit den Verlusten aus beiden Töpfen (Aktien und Sonstiges, also auch Fonds) verrechnen. Klingt kompliziert, ist es auch, aber trotzdem immer noch Gesetz. (Nur bei bestimmten speziellen Termingeschäften ist diese Verlustverrechnungsbeschränkung aufgehoben worden.) Doch du kannst dir sicher sein: Die Bank berechnet automatisch Gewinne und Verluste in den jeweiligen Töpfen. In deinem Onlinedepot kannst du das jederzeit einsehen – und gegebenenfalls überlegen, wie du Verluste noch sinnvoll steuerlich nutzen kannst.

DER CLEVERE ETF-VERKAUF – SO BEHÄLTST DU MEHR VON DEINEM GEWINN

Wenn du jahrelang in Aktien-ETFs investiert hast, kommt irgendwann die Phase, in der du deine Gewinne und Erträge ernten und nutzen möchtest, sofern du dir nicht schon vorher daraus ein Zusatzeinkommen spendiert hast. Vielleicht willst du aber einfach auch raus aus den Aktien-ETFs, weil du dich mit zunehmendem Alter nicht mehr damit beschäftigen möchtest oder weil es dir zu riskant erscheint. Stattdessen möchtest du mit dem Geld deinen Ruhestand verschönern oder einfach etwas von deinem Ersparten genießen. Beim Verkauf von ETF-Anteilen solltest du unbedingt klug vorgehen, auch weil das Finanzamt seinen Anteil am Gewinn einsacken möchte – verständlicherweise, Schulen und Straßen, die gesetzliche Rente und die Krankenkassen, Ämter und Beamte, all das muss der Staat finanzieren. Trotzdem ist es nicht ehrenrührig zu versuchen, ganz legal Steuern zu sparen – so wie dies große Konzerne, Vermögende oder Topverdiener auch tun.

Zuerst ein paar praktische Hinweise zum Verkaufen. Was grundsätzlich gilt, weißt du längst: Je länger du deinen ETF hältst, desto besser. Die Kurse an den Aktienmärkten schwanken stark, kurzfristige Verkäufe führen oft zu Verlusten. Nach spätestens 15 Jahren haben sich solche Schwankungen in der Regel ausgeglichen, und du profitierst vom langfristigen Wachstum der weltweiten Märkte. Verkaufe also erst, wenn du das Geld wirklich brauchst oder mental nicht mehr mit Aktienanlagen klarkommst. Verkaufe aber nur so viel wie nötig, egal, ob monatlich, vierteljährlich oder jährlich. So können die restlichen Aktien-ETFs in deinem Depot hoffentlich weiter schöne Renditen für dich erwirtschaften.

Die technischen Modalitäten beim Verkauf unterscheiden sich nicht vom Kauf:

- Verkaufe am besten tagsüber, wenn die meisten anderen Anlegenden auch handeln. Dann bekommst du in der Regel die fairsten Kurse.

- Setze dir ein Limit, also einen Mindestpreis, zu dem du verkaufen möchtest. So schützt du dich davor, beim Verkauf «über den Tisch gezogen» zu werden.
- Prüfe vorher, welche Ordergebühren anfallen, und wähle, wenn möglich, einen günstigen Handelsplatz.

Tipp: ETFs langsam auszahlen lassen

Einige Banken bieten auch für ETFs Auszahlpläne an. Dabei verkauft dein Depotanbieter automatisch regelmäßig ETF-Anteile – ähnlich wie bei einem Sparplan, nur eben in umgekehrter Richtung. Das ist praktisch, vor allem wenn du dir ein Zusatzeinkommen auszahlen lassen möchtest. Du kannst ja mal schauen, ob dein Broker beziehungsweise deine Direktbank diesen Service zu guten Konditionen anbietet.

Zurück zum Finanzamt: Beim Verkauf von ETF-Anteilen musst du in Deutschland auf deine Gewinne Abgeltungsteuer plus Solidaritätszuschlag und gegebenenfalls Kirchensteuer zahlen. Das Gute dabei: Da du durch die Teilfreistellung 30 Prozent deines Gewinns schon einmal steuerfrei kassieren darfst, sinkt der effektive Steuersatz auf rund 18 bis 19 Prozent. Noch wichtiger zu wissen ist jedoch, dass das Finanzamt nach dem sogenannten Fifo-Prinzip («First in, first out») Steuern berechnet – das bedeutet: Beim Verkauf rechnet das Amt so, als hättest du diejenigen Anteile verkauft, die am ältesten sind, die du also zuerst erworben hast. Und genau hier liegt der Haken.

Angenommen, du hast über Jahrzehnte regelmäßig in einen ETF eingezahlt. Wenn du jetzt Anteile verkaufst, gelten diejenigen Anteile als verkauft, die am längsten im Depot lagen und den vermutlich größten Wertzuwachs erzielt haben. Also zahlst du auf diese Anteile auch relativ viel Steuern. Das wiederum bedeutet aber, dass du Anteile für relativ viel Geld brutto verkaufen musst, um netto nach Zahlung der Abgeltungsteuer die Summe herauszubekommen, die du gerne auf dem Tages- oder Girokonto haben möchtest. Damit schwinden allerdings die ETF-Anteile auf deinem Wertpapierdepot schneller.

Was also tun? Hier verweise ich auf eine Strategie, die die geschätzten Kolleginnen und Kollegen des Finanzportals Finanztip entwickelt haben.[18] Zugegeben, diese ist recht kompliziert und aufwendig. Die Grundzüge will ich dir aber nicht vorenthalten, schließlich kann es um zehntausende Euro Steuer mehr oder weniger gehen, die du bei deiner ETF-Ernte zahlen musst.

Das Entscheidende bei dieser legalen Steuersparmethode: Wenn du zuerst die jüngeren Anteile verkaufst, also nach dem Prinzip «Last in, first out» (Lifo) verfährst, fällt die Steuerlast geringer aus. Denn auf diese Anteile ist wahrscheinlich der Gewinn – und damit auch die Steuer – niedriger. Nur, wie geht das?

Möglichkeit eins: Du zahlst in einen bestimmten Aktien-ETF ein, zum Beispiel in einen ETF auf den MSCI World. Finanztip schlägt nun vor, zum Beispiel nach zehn Jahren den Anbieter zu wechseln und einen anderen gleichartigen MSCI-World-ETF zu wählen und vielleicht nach weiteren zehn Jahren in einen dritten entsprechenden ETF einzuzahlen. Die älteren ETFs verbleiben dann einfach im Depot. Dann kannst du, bei Bedarf, die zuletzt angesparten ETFs veräußern. Diese weisen dann sehr wahrscheinlich weniger Kursgewinne auf, und damit musst du auch weniger Steuern zahlen. Mit anderen Worten: Dir reicht eine kleinere Bruttosumme bei den Verkäufen aus, um die gleiche benötigte Nettozahlung herauszubekommen. Der vorgeschlagene Zehn-Jahres-Rhythmus ist natürlich nur ein Beispiel, du kannst auch einen anderen Rhythmus wählen. So oder so, in deinem Depot bleiben mehr ETF-Anteile, die weiter ordentliche Renditen erwirtschaften können.

Möglichkeit zwei: Der Lifo-Steuerspar-Kniff kann auch für älterer Sparer und Sparerinnen funktionieren, die schon lange in Fonds eingezahlt haben. Sie müssten dann aber einen größeren Teil ihrer Fondsanteile auf ein neues, zweites Depot bei einer anderen Bank oder auf ein Zweitdepot bei ihrer Depotbank übertragen, sofern diese Zweitdepots anbietet. Übertragen werden dann jeweils die älteren ETF-Anteile. Benötigst du nun Auszahlungen, kannst du Anteile aus deinem ersten Depot verkaufen, dort liegen ja die jüngeren Anteile, weil die älteren auf das zweite Depot übertragen wurden. Entscheidend dabei ist: Du profitierst mit dieser Methode ebenfalls von dem Steuereffekt, und zwar in Form von barer Münze. Ist dein erstes Depot dann irgendwann so gut wie leer geräumt, überträgst du einen Teil der älteren Anteile aus deinem zweiten Depot wieder in das erste Depot. Jetzt wird das zweite Depot «geplündert» – aus diesem verkaufst du dann wieder die jüngeren Anteile. Unterm Strich bleiben mehr Anteile übrig, weil für die gewünschten Nettoauszahlungen brutto weniger entnommen werden muss.

Fazit: In einer Modellrechnung von Finanztip hatten

Musteranleger am Ende 28 000 Euro mehr netto auf dem Depot, vergleicht man diese Strategie mit den Steuerabzügen nach dem Prinzip Fifo. Je nach Vermögen, Anlage-Rhythmus und angenommenen Renditen können natürlich ganz anderen Beträge herauskommen. So oder so: Mit diesem Hin- und Hergeschiebe kannst du jedenfalls eine Menge Steuern sparen, ohne dass das Finanzamt dir Ärger macht – vorausgesetzt, dein Geld ist dir so viel Mühe wert.

KAPITEL VII

Wie Emotionen zu teuren Fehlern bei der Geldanlage führen und wie sich das vermeiden lässt

Du hast es vermutlich längst gemerkt: Keiner muss ein Geld-Genie sein, um 100 000 Euro zu vermehren oder zum Beispiel jeden Monat 100 Euro für die zusätzliche Altersvorsorge zurückzulegen. Du musst auch nicht mehrere Anlage-Ratgeber gelesen haben oder täglich die Börsenkurse verfolgen, um bei der Geldanlage erfolgreich zu sein. Wenn's ums Geld geht, schwingen aber immer Gefühle mit, dann geht es auch um Angst und Gier, Neid und Hoffnung. Womit wir schon mittendrin in einem immens wichtigen Thema sind: den psychologischen Aspekten der Geldanlage. Wer selbst an der Börse investiert, vielleicht auch mal die eine oder andere Einzelaktie versuchsweise kauft, sollte seine eigenen menschlichen Schwächen kennen, um sich nicht zu falschen Entscheidungen verleiten zu lassen und typische Anlegerfehler zu vermeiden. Denn die können viel Geld kosten.

Fehler Nummer 1: Nach Bauchgefühl investieren

Diesen Fehler kennst du längst. Aber wir müssen hier noch einmal darauf hinweisen, weil er am Anfang einer langen Fehlerkette stehen könnte. Du solltest nie aus einem Bauchgefühl heraus anlegen und finanzielle Entscheidungen treffen, ohne zu wissen, was für ein Anlegertyp du bist, ohne deine Risikotragfähigkeit zu kennen, ohne Strategie und vorherige Planung. Klar, der große Kassensturz, die Ermittlung deiner Vorsorgelücke und der Aufbau eines Pantoffel-Portfolios dürften manchen Menschen ungefähr so wenig Freude bereiten wie kurz vor Abgabeschluss noch schnell die Steuererklärung zu erstellen oder zum dritten Mal die Masterarbeit deines besten Freundes gegenlesen zu müssen. Aber dein Geld – erst recht, wenn du es selbst mühsam angespart hast – sollte es dir wert sein, einmal richtig zu planen und dann strukturiert so loszulegen, wie du es dir vorgenommen hast.

Fehler Nummer 2: Auf das richtige Timing warten
Viele Anlegerinnen und Anleger grübeln lange über das richtige Timing, du vielleicht auch. Sie würden gern loslegen mit einem ETF-Sparplan oder einer Einmalanlage, fragen sich aber, ob jetzt wirklich ein guter Zeitpunkt ist. Vielleicht sind die Aktienkurse bereits hoch oder der Krieg in der Ukraine hat sie verunsichert. Auf niedrigere Einstiegskurse oder bessere Zeiten zu hoffen, ist aber ein Fehler. Schließlich gab es immer wieder große Krisen, trotzdem sind langfristig die Gewinne der Unternehmen gestiegen und mit ihnen die Aktienkurse. So gesehen lautet die Antwort auf die Frage nach dem idealen Zeitpunkt für den Einstieg an der Börse ganz banal: jetzt. Also lieber gleich anfangen, vorausgesetzt, die Finanzplanung steht, denn Nichtstun kostet auf Dauer viel Geld. Damit sind wir wieder einmal beim Zinseszinseffekt und beim Faktor Zeit.

Beispiel 1: Eine 30-Jährige will 10 000 Euro ansparen. Sie legt 200 Euro im Monat in einen thesaurierenden Aktien-ETF an. Der ETF hat eine jährliche Rendite von drei Prozent, die Steuern sind bereits abgezogen. Die 10 000 Euro hat sie mit diesen drei Prozent pro Jahr nach vier Jahren zusammen. Um 50 000 Euro zusammenzubekommen, braucht sie nun aber nicht fünfmal so lang, also fast 20 Jahre, sondern 16 Jahre und drei Monate. Und für 100 000 Euro benötigt sie auch keine 32 Jahre, sondern gut 27 Jahre. Wer früh anfängt, kann also umso mehr vom Zinseszinseffekt profitieren. Läuft es gut, vermehrt sich das Geld schneller, weil jeder Ertrag wieder angelegt wird und zusätzliche Erträge generiert, die wiederum das Sparkapital vergrößern. Der US-Investor Warren Buffet bezeichnete deshalb den Zinseszinseffekt als den wichtigsten Erfolgsfaktor beim Investieren.

Beispiel 2: Du willst ein Vermögen von 100 000 Euro aufbauen. Bei einer Rendite nach Steuern von jährlich 3,0 Prozent genügt bei einem 30-jährigen Anlagezeitraum eine monatliche Sparrate von 173 Euro. Hast du hingegen nur noch zehn Jahre Zeit, müsstest du monatlich bereits 716 Euro zurücklegen – selbst für Gutverdienende eine echte Herausforderung.

Beispiel 3: Du verfügst bereits über 100 000 Euro, hast das Geld aber bislang nicht investiert. Dadurch verliert dein Geld nicht nur durch die Inflation an Wert. Jeder Tag, jeder Monat und jedes Jahr kosten dich bares Geld. So wären bei einer jährlichen Netto-Rendite von 3,0 Prozent deine 100 000 Euro nach zehn Jahren bereits auf 134 392 Euro angewachsen. Würdest du hingegen das Kapital zwei Jahre lang ungenutzt ruhen lassen und es erst danach für acht Jahre zu einer Rendite von 3,0 Prozent anlegen, kämst du lediglich auf 126 677 Euro – also fast 8000 Euro weniger.

Hinzu kommt: Wer weniger Zeit für Vermögensaufbau

und seine Kapitalanlage hat, muss ein höheres Risiko tragen. Denn bei längeren Zeiträumen lassen sich zwischenzeitliche Verluste – etwa durch Kursschwankungen – wesentlich besser aussitzen. Je kürzer der Anlagehorizont, desto größer die Gefahr, Verluste einzufahren.

Fehler Nummer 3: Rendite und Kosten aus dem Blick verlieren

Wer mehr als ein, zwei, vielleicht drei Prozent Zinsen auf dem Tages- oder Festgeldkonto kassieren will, muss etwas wagen und auf dem Aktienmarkt investieren. Aktienanlagen haben im historischen Durchschnitt weitaus höhere Renditen erbracht als festverzinsliche Wertpapiere, weil du an den Unternehmensgewinnen beteiligt bist. Schon ein oder zwei Prozentpunkte mehr Wertzuwachs im Jahr summieren sich langfristig aber zu einem riesigen Unterschied. Aus einer monatlichen Einzahlung von 100 Euro sind nach 20 Jahren ohne Zinsen 24 000 Euro geworden. Bei einer Rendite von vier Prozent sind daraus rund 36 500 Euro geworden. Und bei sechs Prozent sind es bereits nicht ganz 46 000 Euro. Wenn du nur ein oder zwei Prozent Rendite erzielst, schaffst du es bei einer Inflation von durchschnittlich zwei Prozent nicht einmal, deine Kaufkraft zu erhalten. Wie hoch deine Rendite ausfällt, hängt aber immer auch von den Kosten ab. Hohe Kosten sind ein entscheidender Renditekiller. Deshalb solltest du komplizierte Angebote meiden, die oft mit hohen versteckten Gebühren überfrachtet sind. Am besten, du kaufst nur Anlageprodukte, die du selbst gut verstehst und einem guten Freund oder deiner besten Freundin mit wenigen Sätzen erklären könntest – wie zum Beispiel Aktien-ETFs.

Fehler Nummer 4: Zu viel Patriotismus beim Anlegen

Viele Bankkundinnen und -kunden kaufen mit Vorliebe das, was sie am besten zu kennen glauben, und stecken daher einen zu großen Teil ihres Vermögens in Unternehmen aus ihrer Heimat (*home bias*). So haben deutsche Anleger überproportional viele Fonds mit dem Anlageschwerpunkt Deutschland im Depot. Auch bei Einzelaktien sind bekannte deutsche Unternehmen sehr beliebt. Je nachdem, in welche wissenschaftliche Untersuchung man guckt, halten deutsche Anleger im Durchschnitt 50 Prozent deutsche Aktientitel in ihren Wertpapierdepots. Zum Vergleich: Aktien aus Deutschland hatten im Weltindex MSCI World im Sommer 2025 einen Anteil von weit weniger als drei Prozent.

Für dieses Verhalten gibt es rationale und psychologische Gründe: Zum einen wollen Anleger Währungsrisiken umgehen, indem sie keine Wertpapiere in Fremdwährungen kaufen. Die Steuerabgaben und Kosten sind bei Wertpapiergeschäften im Ausland meist höher. In vielen Ländern sind die politischen und wirtschaftlichen Risiken (Korruption, staatliche Eingriffe, Hyperinflation wie in der Türkei) ungleich höher, ohne dass sich dies von Deutschland aus gut einschätzen lässt, zumal womöglich bestimmte Informationen nur in der Landessprache zugänglich sind. Manche Anleger glauben auch, sie hätten einen Informationsvorsprung, was deutsche Aktiengesellschaften angeht, könnten deshalb besser beurteilen, wie es in bestimmten Branchen läuft und wie es den dort tätigen Unternehmen geht, zumal es keine Sprachbarriere gibt. Ein weiterer Grund kann sein, dass Anleger aus rein patriotischen Gründen glauben, dass es den Unternehmen und der Wirtschaft in ihrem Heimatland allgemein auch in Zukunft gut gehen wird. All das spricht auf den ersten Blick dafür, in die «Heimat» zu investieren.

Doch die Pro-Argumente führen in die Irre: Viele große Unternehmen, die Mitglied im DAX sind, leben von Exportgeschäften außerhalb der Euro-Zone und haben deshalb ebenfalls Währungsrisiken. Einen Informationsvorsprung gibt es auch nicht, weil alle Informationen, zumindest diejenigen, die legal erhältlich sind und weitergegeben werden, für alle Anleger frei verfügbar sind. Gerade die Unternehmen im DAX sind stark vom Export und damit davon abhängig, dass die Konjunktur weltweit gut läuft. Der beste Patriotismus nützt nichts, wenn etwa in China die Nachfrage nach deutschen Autos drastisch sinkt.

Zu großes Vertrauen in die Wirtschaft der Heimat ist deshalb gefährlich: Solltest du vor allem oder ausschließlich auf deutsche Werte setzen, auch per ETFs, hast du ein Klumpenrisiko und machst dich von der Entwicklung der Unternehmen hierzulande zu sehr abhängig. Wenn du die deutsche Wirtschaft in deinem Depot haben willst, dann besser als kleine Beimischung mit einem Anteil von eher weniger als zehn Prozent. Weltweit anlegen hat sich langfristig stets mehr gelohnt: Hättest du zwischen 2014 und 2024 nur in den DAX Geld gesteckt, hätte sich dein Einsatz in etwa verdoppelt, inklusive der Dividenden. Bei einem ETF-Investment in den MSCI World hätte sich dein Startkapital hingegen mehr als verdreifacht.

Fehler Nummer 5: Selektive Wahrnehmung

Menschen erinnern sich lieber an ihre Erfolge als an ihre Niederlagen. So geht es auch Anlegern und Anlegerinnen. Wer denkt schon gerne an sein Desaster mit der Telekom-

Aktie oder der Tesla-Aktie? Oder daran, dass man es verpasst hat, in den Aktienmarkt einzusteigen, als die Kurse noch viel niedriger waren? Wir neigen dazu, auszublenden, was nicht in unser Weltbild passt. Je mehr du aber von dir selbst überzeugt bist, desto mehr stellt das Scheitern eine Gefahr für dein Selbstbild dar. Das kann dazu führen, dass du Informationen selektiv verarbeitest. Du nimmst nur das auf, was dich in deiner Meinung stützt, und blendest aus, was deiner Auffassung widersprechen könnte. In diese Falle der teils unbewussten Form der Informationsbeschaffung und -verarbeitung tapst du vor allem dann, wenn du mit deinen Investitionen, zum Beispiel mit Themenfonds oder doch einzelnen Aktien, einmal total danebengegriffen hast. Du wirst dann leicht in Versuchung geraten, gern Informationen aufzugreifen, die deine damaligen Annahmen und Kaufüberlegungen im Nachhinein bestätigen, statt dir einzugestehen, dass du schlicht danebengegriffen hast. Aus dieser Falle kannst du nur herauskommen, wenn du dir quasi selbst über die Schulter guckst, dein Verhalten analysierst und bewusst Informationen aufnimmst, die deine bisherigen Überlegungen infrage stellen.

Fehler Nummer 6: Selbstüberschätzung

Viele Autofahrer glauben, dass sie gut und sicher fahren – jedenfalls besser als derjenige, den sie gerade überholen. Wir Menschen tendieren systematisch dazu, unsere eigenen Fähigkeiten zu überschätzen. Das gilt auch für die Geldanlage. Vor allem in guten Börsenphasen ist die Gefahr groß, sich selbst ein überdurchschnittliches Talent fürs Geldanlegen zuzuschreiben. Das Risiko dabei: Immer riskantere Anlageentscheidungen zu treffen – und zum Beispiel zu glauben, ein Gespür für die nächsten Super-Aktien zu haben, die sich einmal so gut entwickeln werden wie Apple, Amazon oder SAP, und schlauer zu sein als die anderen am Markt. Das kann eine Weile gut gehen, früher oder später wird man mit solchen Bauchgefühl-Entscheidungen aber auf die Nase fallen.

Läuft es dann schlecht, tendieren Anleger mit einer solchen Selbstüberschätzung dazu, das als reines Pech abzutun. Sie trösten sich damit, dass auch andere Verluste gemacht haben. Vor allem jüngere Anlegerinnen und Anleger kennen – von der sehr kurzen Corona-Krise an den Börsen und den vorübergehenden Kursverlusten wegen der irrlichternden Zoll-Politik von US-Präsident Donald Trump einmal abgesehen – nur steigende Kurse an den Aktienmärkten. Das wirkt verführerisch. Motto: Was dreimal geklappt hat, funktioniert auch beim vierten Mal. Fachleute sprechen von der «Kontrollillusion». Doch wenn Anleger glauben, sie seien der «Master of the Universe», ist das schlichtweg eine Illusion.

Daher meine Empfehlung: Halte dich lieber nicht für cleverer als die anderen. Schon der Dramatiker William Shakespeare wusste: «Der Narr hält sich für weise, aber der Weise weiß, dass er ein Narr ist.»

Fehler Nummer 7: Hyperaktives Handeln

Täglich gibt es weltweit Zehntausende neuer Nachrichten. Wer sich zu sehr mit den News befasst, läuft Gefahr, ständig darauf zu reagieren, neue Anlageentscheidungen zu treffen und von den eigenen Zielen abzuweichen. Besser ist es, sich ein bekanntes Börsen-Sprichwort in Erinnerung zu rufen. «Hin und her macht Taschen leer», heißt: Wer ständig kauft und verkauft, häuft eher Verluste statt Gewinne an – oder er verschenkt mögliche Gewinne. Deshalb raten Fachleute: lieber ruhig bleiben, an der eigenen Strategie festhalten und ab und zu mal ins Depot schauen und prüfen, ob Korrekturen oder ein Rebalancing des Portfolios fällig ist.

Fehler Nummer 8: Heißen Aktientipps folgen

Als zur Jahrtausendwende der Neue Markt boomte, machten überall ständig neue Aktientipps die Runde. Doch viele Internetbuden, mit deren Aktien Millionen Bundesbürger spekulierten, gingen kurz darauf pleite. An der Flut von Aktientipps hat sich nicht viel geändert, nur dass sie nun vor allem über die sozialen Netzwerke, WhatsApp-Gruppen oder Finanzportale weitergereicht werden. Besonders gefragt sind Tipps von sogenannten Börsengurus. Nicht wenige Anleger folgen ihnen – wie einst unsere Vorfahren als Jäger und Sammler dem Alpha-Mann. Je größer die Fangemeinde, desto unangefochtener die Meinung des Gurus. Wir kennen das vom Herdentrieb. Man sollte sich dabei stets fragen, warum ein vermeintlicher Guru Aktientipps verteilt, welches Eigeninteresse könnte dahinterstecken? Das gilt erst recht für selbst ernannte Experten und unseriöse Internet-Influencer, die einem das Blaue vom Himmel versprechen. Wer auch immer dir suggeriert, du könntest dein Vermögen über Nacht oder binnen weniger Wochen verdoppeln und verdreifachen, wer dir verspricht, du könntest mit dieser oder jener neuen Kryptowährung zum Millionär oder zur Millionärin werden, wer dir sagt, er sei sich ganz sicher, dass diese oder jene Aktie bald zum Überflieger wird, ist entweder ein Betrüger, ein Scharlatan oder schlichtweg ein Dummkopf. Genauso wenig solltest du aber dem jovial lächelnden «Berater» in einer Volksbank, der kundig wirkenden Wertpapierspezialistin in einer Privatbank oder der stets freundlichen Mitarbeiterin in der Sparkasse vertrauen. Wer dir irgendwelche Fonds oder Zertifikate oder fondsgebundene Rentenversicherungen von einem bestimmten Anbieter empfiehlt, hat fast immer von seinem Arbeitgeber Vorgaben bekommen, bestimmte Anlageprodukte zu verkaufen, die Provisionen bringen. Vertraue lieber dir selbst und lege dein Geld in eigener Regie an.

Tipp: Anlage-Tagebuch führen

Wenn du den Kick brauchst und trotz allem auf heiße Tipps und Einzelaktien setzen willst oder Modethemen für vielversprechend hältst, solltest du zumindest ein Anlage-Tagebuch führen, um später ehrlich Bilanz ziehen zu können. Darin hältst du fest, warum du was wann zu welchen Kosten gekauft und gegebenenfalls verkauft hast. Kursgewinne, die nur auf dem Papier stehen und die du noch gar nicht realisiert hast, sollten dabei keine Rolle spielen. Mit so einem Anlage-Tagebuch wirst du womöglich bald feststellen (sofern du dich bei der Analyse nicht selbst betrügst), dass es deinem Depot nicht gut getan hat, Aktien mehr oder weniger willkürlich herauszupicken oder auf Fonds mit Modethemen zu setzen. Ist das nicht der Fall? Du hast Supergewinne erzielt? Dann hattest du bei deinem Blindflug ohne Finanzplanung – mit Verlaub – mehr Glück als Verstand. Aber eben nur bisher. Das kann sich wieder ändern.

Fehler Nummer 9: Sich von falschen Bezugspunkten täuschen lassen

Das Gehirn stützt sich gerne auf Anker, auf Bezugspunkte. Das gilt auch für Anleger und Anlegerinnen. Sie orientieren sich an dem Preis, dem Kurs, den sie beim Einstieg bezahlt haben. An der Börse kann dies fatale Folgen haben – nicht nur bei Investments, die sich als falsch herausgestellt haben und an denen trotzdem festgehalten wird. Auch Gewinne werden zu oft realisiert – aus Angst, einmal erzielte Gewinne nicht rechtzeitig in bare Münze umzusetzen. Wir fürchten uns nun mal vor sinkenden Kursen. Dieses Phänomen kennst du bereits, es geht auch hier um die Verlustaversion. Nicht selten werden aber auch Fonds unnötig mit Gewinn losgeschlagen, nur um Verluste anderswo rechnerisch auszugleichen. Doch so planlos und hektisch zu agieren, führt zu keinem guten Ende: Das Risiko im Depot wird dadurch schlechter verteilt, das Gewicht der Investmentruinen, man spricht auch von den «Depotleichen», die nur Verluste bringen, wird stattdessen noch größer.

Fehler Nummer 10: Sich an Verluste klammern

Der Schmerz über einen Verlust ist größer als die Freude über einen spiegelbildlichen Gewinn. Das sagen Börsenkenner, die sich mit dem menschlichen Faktor bei Anlageentscheidungen befassen. Deshalb werden Verluste gerne verdrängt und aus dem Kopf gestrichen. Menschen blenden lieber aus, was nicht in ihr Weltbild passt und was an ihrem Selbstbild rüttelt. Gewinne hingegen bleiben eher im Gedächtnis haften. Die Folgen können fatal sein. Verluste tragen dazu bei, dass wir Informationen selektiv verarbeiten. Die Anleger sagen sich dann: Das wird schon wieder.

Sie halten eisern an miesen Aktien fest, obwohl sich die Prämissen für ihren Einstieg längst als falsch herausgestellt haben. Dies fällt ihnen leichter, als sich einzugestehen, dass sie tatsächlich Geld verloren haben. Damit verlieren Anleger allerdings die Kontrolle über ihre Kursverluste. Sie haben jahrelang oder jahrzehntelang Investmentruinen im Depot – wie damals nach der Jahrtausendwende, als die New-Economy-Blase platzte. Oder, was auch passieren kann: Sie schätzen vorübergehende Aufwärtsbewegungen an der Börse als Korrektur ein. Die Folge: Anleger kaufen die gleichen schlecht gelaufenen Aktien noch einmal zu niedrigeren Kursen ein, um ihren durchschnittlichen Einstandspreis zu verringern. Ist die vermeintliche Korrekturphase zu Ende und geht es weiter abwärts, haben diese Anleger ins fallende Messer gegriffen, wie es an der Börse heißt, sie erhöhen dadurch ihre Verluste noch. Experten sprechen von der «Bullenfalle». «Bullen» stehen für die Investoren an der Börse, die optimistisch sind, kaufen und an steigende Kurse glauben. Die «Bären» hingegen stehen für die Pessimisten, die mit einem Kursverfall rechnen. Das ist auch der Grund, warum sich neben der Frankfurter Börse lebensgroße Bronze-Skulpturen eines aufwärtsgerichteten Bullen und eines Bären in geduckter Haltung gegenüberstehen.

Vielleicht hast du auch schon ein Wertpapierdepot, das du vor Jahren aufgebaut hast, damals allerdings noch ohne Plan und eher nach Bauchgefühl. Befinden sich darin Verlustbringer, die dir auf dem Papier bereits drastische Einbußen eingebracht haben, solltest du das Geschäftsmodell des Unternehmens überprüfen oder die Anlagestrategie des Fonds checken und dir die Frage stellen: Würde ich die

Aktie oder den Fonds jetzt wieder kaufen? Bedenke, dass es gerade bei ehemaligen Highflyern unwahrscheinlich ist, dass es wieder zu einer Gegenbewegung kommt, wenn die Marktteilnehmer sich erst einmal von dem Titel abgewandt haben. Im Gegenteil, nur weil eine Aktie schon weit gefallen ist, heißt es nicht, dass sie nicht noch weiter fallen kann. Und bedenke auch: Sinkt eine Aktie um zehn Prozent, muss sie um gut elf Prozent zulegen, um auf ihr Ausgangsniveau zu gelangen. Bei einem Minus von 50 Prozent ist dafür schon ein Plus von 100 Prozent nötig und bei 75 Prozent bereits 300 Prozent! Bist du davon überzeugt, dass sich die Aktie nicht mehr erholt, solltest du sie besser verkaufen. Das Gleiche gilt für Fonds, insbesondere Themenfonds, die mit einem dunkelroten Minus von 30, 40, 50, 60 oder mehr Prozent die Bilanz deines Depots trüben. Auch hier heißt die Devise: Lieber ein Ende mit Schrecken als ein Schrecken ohne Ende. Vorteil: Wenn du dein Depot aufräumst und dich von den Leichen im Depotkeller trennst, gewinnst du freies Kapital für eine Anlage, die dann in deine neue Finanzplanung passen sollte.

Fehler Nummer 11: Die Gier

Neben dem falschen Umgang mit Verlusten gibt es eine weitere große Gefahr für Anlegende: die Gier. Es gibt Menschen, die mit ihrem Aktien-ETF selbst dann nicht zufrieden sind, wenn er sechs, sieben oder acht Prozent Plus im Jahr gebracht hat. Warum? Weil ihre Freundin, der Nachbar, die Kollegin oder der Kumpel aus dem Fitnessstudio erzählt haben, dass sie mit ihrem viel spekulativeren ETF 20 oder meinetwegen 30 Prozent in einem Jahr verdient haben oder gar mit Kryptowährungen gleich ein paar 100 000 Euro

Gewinn auf einen Schlag. Das Gefühl, dass dir vermeintlich Gewinne entgangen sind, kann so schmerzhaft sein wie reale Verluste.

Deshalb, lass dir gesagt sein: Wer auch immer dir so was erzählt, oder wo auch immer du das gelesen hast – bleib gelassen! Freue dich über deine Gewinne, stehe zu deiner Anlagestrategie und deinem Pantoffel-Portfolio und denke daran, dass sich Zuwächse von 20 Prozent oder mehr, die binnen weniger Monate aufgelaufen sind, ganz schnell auch in Verluste in ähnlicher oder noch größerer Höhe verwandeln können. Gerade bei Trendthemen an der Börse wie KI, Kryptowährungen oder Wasserstoff kann dies ganz schnell passieren. Auf keinen Fall solltest du dann schnell noch nachträglich einsteigen – der Zug ist schon längst abgefahren!

Fehler Nummer 12: Die Ungeduld

Mal angenommen, du hast alle deine Hausaufgaben erledigt. Dein Finanzcheck ist fertig, deine Finanzplanung ebenso. Das Depot ist eröffnet, dein Sicherheitsbaustein ist bestückt, die Aktien-ETFs hast du auch ausgesucht. Daueraufträge und Sparpläne sind eingerichtet, die Einmalanlage überwiesen. Dann kommt jetzt die vielleicht schwierigste Aufgabe: ganz einfach nichts tun, den Kursen ihren Lauf lassen und Zinsen und Erträge arbeiten lassen. Es kann nämlich passieren, dass die Börse ausgerechnet dir als Neueinsteiger oder Neueinsteigerin gleich übel mitspielt: Die Kurse fallen und fallen und dein Renditebaustein schrumpft, um 10, 20 oder sogar 30 Prozent binnen weniger Wochen oder Monate, obwohl du, wie empfohlen, breit gestreut und möglichst ohne Klumpenrisiko investiert hast. Das fühlt sich schrecklich an, weil uns die Information, dass unsere Aktien-ETFs plötzlich so viel weniger wert sind, mental belastet. Wir wollen handeln, die Kontrolle zurückgewinnen. Und schon wird die unvermeidliche Frage im Kopf immer lauter: Sollte ich nicht lieber alle Aktien-ETFs verkaufen und später, wenn der Tiefpunkt erreicht ist, wieder einsteigen?

Umgekehrt kann es natürlich genauso sein: Die Kurse steigen und steigen, dein Renditebaustein hat schon binnen weniger Monate 20 Prozent zugelegt. Und schon ist der argwöhnische Pessimist in dir geweckt und denkt: So kann das nicht weitergehen, irgendwann müssen die Kurse fallen. Sollte ich nicht lieber alles verkaufen, die Kursgewinne sichern und dann, wenn die Kurse niedriger stehen, wieder voll einsteigen? Der Gedanke liegt nahe, nur wird das nicht funktionieren, weil du die Zukunft nicht vorhersehen kannst. Deshalb kann der Versuch, den Markt zu timen, also die optimalen Zeitpunkte für Ein- und Ausstieg zu treffen, nur scheitern. Niemand kann treffsicher voraussagen, wann die Aktienkurse wie lange steigen oder ob sie noch weiter sinken werden und wann ein Tiefpunkt erreicht ist. Niemand kann sagen, wie lange es dauert, bis aus dem Minus wieder ein Plus geworden ist.

Beispiel eins: Der DAX stieg auf dem Höhepunkt des New-Economy-Booms Ende März 2000 bis auf knapp 8000 Punkte. Dann ging es mit dem Deutschen Aktienindex mehr als zwei Jahre lang abwärts, der DAX verlor zwei Drittel seines Wertes. Bis er wieder die Marke von knapp 8000 Punkte erreichte, sollte es mehr als sieben Jahre dauern, im Juni 2007 war es endlich so weit. Natürlich kann es auch sein, dass sich die Kurse viel schneller erholen, wie im Frühjahr 2020, als die Coronapandemie die Weltbörsen erschütterte. Der DAX stürzte damals von nicht ganz 13 800 Punkten Mitte Februar um fast 40 Prozent binnen eines Monats auf knapp 8500 Zähler ab, aber Ende 2020 war er schon wieder auf dem Niveau vom Jahresbeginn.

Beispiel zwei: Angenommen, du hättest im Jahr 2007 einen Aktien-ETF auf den MSCI World gekauft, dann hättest du in der Finanzkrise 2008 und 2009 erhebliche Kursverluste in Kauf nehmen müssen. Hättest du trotzdem deine ETF-Anteile behalten und diese zum Beispiel zehn Jahre später verkauft, hätte dir das immerhin eine jährliche Rendite von durchschnittlich 4,5 Prozent gebracht. Wenn du aber versucht hättest, deine vorübergehenden Verluste während der langen Börsenbaisse zwischen Dezember 2007 und März 2009 zu begrenzen, wäre dies wohl kaum geglückt. Denn, so eine Erkenntnis von erfahrenen Börsianern, nach ganz schlechten Tagen für Aktien kommen oft direkt danach die besten Börsentage mit den höchsten Kursgewinnen. Die aber auf den Tag genau zu erwischen, ist praktisch unmöglich. Wenn du nur ein bisschen zu spät bist, wirst du mit deiner Timing-Strategie nichts als Verluste einfahren. Statt auf das richtige «Timing» zu setzen, solltest du deshalb lieber «prognosefrei investieren». Das heißt, du bemühst dich erst gar nicht, den besten Ein- oder Ausstiegszeitpunkt zu erwischen, weil das ohnehin nicht klappt. Lieber bleibst du bei deinem Finanzplan und hoffst darauf, dass die Börsenkurse wie in der Vergangenheit der einen großen langfristigen Gesetzmäßigkeit folgen – und steigen. Warren Buffett, der berühmte US-amerikanische Börseninvestor, sagte einst, befragt nach seinem Erfolgsgeheimnis: «Zeit, Disziplin und Geduld.»

Sicher, solltest du schon einmal einen Absturz der Kurse miterlebt haben, der sich ein, zwei Jahre oder länger hingezogen hat, wirst du dich leichter tun, diese Geduld zu zeigen. Aber selbst dann, wenn du gerade erst angefangen hast, in Aktien-ETFs zu investieren, kannst du versuchen, gelassen zu bleiben, indem du dir Folgendes in Erinnerung rufst: Irgendwann kommt immer eine Schwächephase der Börse (im Fachjargon ist dann von der «Korrektur» die Rede) oder sogar ein Crash (dann fallen die Kurse innerhalb eines Tags oder weniger Tage besonders drastisch) – aber früher oder später erholen sich die Kurse auch wieder! Gefährlich ist für dich deshalb nicht der Crash an sich, sondern, aufgrund der Erwartung eines Crashs aus übertriebener Vorsicht und Verlustangst falsch zu agieren. Bist du aus dem Markt ausgestiegen und stehst am Spielfeldrand, läufst du immer Gefahr, die besten Börsentage, sozusagen die Torflut auf dem Spielfeld, zu verpassen. Besser, du schützt dich vor den schlimmsten Folgen eines Crashs dadurch, indem du deine Aktienanlagen breit streust.

DURCHHALTEN UND SICH BELOHNEN

Nachdem du dir nun der psychologischen Streiche bewusst bist, die dein Gehirn dir spielen kann, fragst du dich vielleicht jetzt erst recht: Wie oft soll ich trotzdem in mein Depot schauen? Wann muss ich handeln, ohne in Aktionismus zu verfallen?

Das hängt wieder davon ab, wie du tickst. Den einen oder anderen mag es beruhigen, wenn er einmal die Woche oder häufiger ins Depot schaut und feststellen kann: Ist noch alles da, läuft. Andere mag dieser ständige Blick ins Depot beunruhigen, wozu auch die rote Farbe beitragen kann, die Banken bei gefallenen Kursen gerne verwenden. Für einen langfristig orientierten Anleger hat ein Tageskurs keinerlei Aussagewert. Aber gefallene Kurse in roter Farbe lösen bei uns starke Emotionen aus, was den Trugschluss nahelegt, dass gar nichts in Ordnung ist und es an den Börsen abwärtsgeht. Der tägliche Blick ins Depot kann dich auch zum Kaufen oder Verkaufen nach Bauchgefühl einladen, was deine eigene langfristige Anlagestrategie nur durcheinanderbringt. Genährt wird dies übrigens schon länger von Direktbanken, Brokern und diversen Finanzdienstleistern, die dich mit Psychotricks zum Zocken an der Börse verleiten wollen. Sie belohnen Kunden mit Vergünstigungen und gebührenfreien Transaktionen, wenn sie es schaffen, eine bestimmte (hohe) Zahl von Käufen oder Verkäufen von Wertpapieren innerhalb eines begrenzten Zeitraums zu erreichen. Schließlich wissen die Marketingstrategen in den Geldhäusern nur allzu gut: Kurzfristige Belohnungen sind für unser Gehirn, das schlecht auf langfristigen Erfolg reagiert, eine starke Verlockung. Wenn diese Geschäftsmasche, womöglich begleitet von der Warnfarbe Rot, bei dir unüberlegte Kauf- und Verkaufsimpulse auslöst, bist du gut beraten, möglichst selten ins Depot zu schauen. Einmal oder zweimal im Jahr ist jedoch Pflicht, weil du prüfen musst, ob du per Rebalancing deinen Sicherheits- und Renditebaustein wieder in die gewünschte Position bringen musst.

Bleibt am Ende eine spannende Frage: Können Anlegerinnen und Anleger aus ihren Fehlern lernen? Das ist – das weiß der Autor dieses Textes aus eigener Erfahrung – nicht immer leicht, auch weil wir uns schwer damit tun, uns damit auseinanderzusetzen, und einen gewissen Hang zur Trägheit haben, der uns daran hindert, unser Anlageverhalten zu hinterfragen. Das einfachste Rezept dagegen ist: sich mit einem oder mehreren Sparplänen selbst zu binden und so regelmäßig und langfristig Geld in ausgewählte ETFs zu investieren.

Auch eine unabhängige Kontrollinstanz ist hilfreich. Das können sehr gute Freunde, der Partner oder die Partnerin, oder ein Berater sein, dem es nicht um seine Provisionen geht. Jemand, der die Rolle des Advocatus Diaboli übernimmt, kann dabei helfen, nicht immer wieder die gleichen Fehler zu machen, sich nicht in einem Anlageharakiri zu verlieren und durchzuhalten. Was auch hilft: Um dich zu motivieren, kannst du auch eine Belohnung aussetzen – für dich selbst.

Die Belohnung gibt's aber nur, wenn du mit dem Geldanlegen wirklich angefangen hast, und das, sagen wir mal, auch ein Jahr durchgehalten hast. Du könntest dir zum Beispiel mit den Zinsen oder anderen Erträgen aus einer Geldanlage einmal im Jahr etwas Besonderes leisten, auf das du dich schon vorher freuen kannst. Vorteil: Durch die Belohnung wird das Geldanlegen, von dem du erst in Zukunft profitieren wirst, heute schon für dich etwas attraktiver. Du hast quasi einen Verbündeten, der dir auf die Füße tritt, weil es die Belohnung ja nur gibt, wenn du dranbleibst. Viel Erfolg!

Anmerkungen

1 Richard Thaler: *Misbehaving: Was uns die Verhaltensökonomik über unser Leben verrät*, München 2016.

2 Interview mit Dan Ariely im *Handelsblatt*, 16. September 2018, https://www.handelsblatt.com/finanzen/anlagestrategie/trends/verhaltensoekonom-dan-ariely-unser-gehirn-ist-nicht-dafuer-gemacht-mit-geld-umzugehen/23057262.html

3 Daniel Kahneman und Amos Tversky: «Prospect Theory: An Analysis of Decision under Risk», in: *Econometrica* 47, 1979, S. 263–292.

4 Siehe dazu auch: Daniel Kahneman: *Schnelles Denken, langsames Denken*, München 2014.

5 Siehe www.test.de/Rechner-Eigenheimfinanzierung-So-teuer-darf-Ihr-Haus-werden-4520153-0/

6 Das neue, quasi amtliche Vergleichstool findest du hier: https://kontenvergleich.bafin.de

7 Siehe www.test.de/Einlagensicherung-Wo-Spargeld-in-Europa-gut-gesichert-ist-5757592-0/

8 Zu finden unter test.de, einfach in der Suchmaske «Warnliste Geldanlage» eingeben.

9 Siehe u. a.: Nadine Oberhuber: «Bausteine fürs Vermögen: Das brauchen Sie neben dem MSCI World», *Capital*, 30. Mai 2025.

10 Timo Halbe: «Schützen dich ETFs nicht vor der Inflation?», *finanztip.de*, 23. August 2024; Timo Halbe: «MSCI World Index: Aktien-Allrounder für deine Geldanlage», *finanztip.de*, 8. Oktober 2025.

11 «Aktiv versus passiv 2024», *Scope*, 13. Februar 2025, www.scopeexplorer.com/files/get/?name=news.ReportFile/bytes/filename/mimetype/Scope_Studie_Aktiv_versus_passiv_2024.pdf

12 Timo Halbe: «MSCI World Index: Aktien-Allrounder für deine Geldanlage», *finanztip.de*, 8. Oktober 2025.

13 André Kostolany: *Kostolanys Wunderland von Geld und Börse*, München 2023.

14 www.deutsche-finanzagentur.de – dann einfach auf Bundeswertpapiere klicken.

15 Siehe www.bvi.de, dort im Suchfeld einfach «Wertentwicklungsstatistik» eingeben.

16 www.einlagensicherungsfonds.de

17 Gut und einfach zu bedienen: www.zinsen-berechnen.de/entnahmeplan.php

18 Timo Halbe: «ETF verkaufen – So machst Du Dein Investment wieder zu Geld», *finanztip.de*, 16. April 2025; Siehe auch: Hermann-Josef Tenhagen: «So sparen Sie bei der Rente 28 000 Euro Steuern», *Spiegel*, 26. August 2023.